教师高效阅读秘笈

熊纪涛 著

中原出版传媒集团
中原传媒股份公司

大象出版社

图书在版编目(CIP)数据

教师高效阅读秘笈／熊纪涛著. — 郑州：大象出版社，2021.7 (2022.11重印)
ISBN 978-7-5711-0739-0

Ⅰ.①教… Ⅱ.①熊… Ⅲ.①中小学-教师-读书方法-研究 Ⅳ.①G635.12②G792

中国版本图书馆 CIP 数据核字(2020)第 162366 号

教师高效阅读秘笈
JIAOSHI GAOXIAO YUEDU MIJI

熊纪涛 著

出 版 人	汪林中
责任编辑	梁金蓝
责任校对	牛志远
装帧设计	王 敏

出版发行	大象出版社（郑州市郑东新区祥盛街 27 号　邮政编码 450016）
	发行科　0371-63863551　　总编室　0371-65597936
网　　址	www.daxiang.cn
印　　刷	河南龙华印务有限公司
经　　销	各地新华书店经销
开　　本	720 mm×1020 mm　1/16
印　　张	16.25
字　　数	234 千字
版　　次	2021 年 7 月第 1 版　2022 年 11 月第 2 次印刷
定　　价	45.00 元

若发现印、装质量问题，影响阅读，请与承印厂联系调换。

印厂地址　河南省获嘉县亢村镇纬七路 4 号
邮政编码　453822　　　　电话　0373-6308296

序

熊纪涛老师写了本《教师高效阅读秘笈》，几次邀请我给他写个序言，一直拖到今天。主要原因是觉得自己不适合写序言，尤其不适合给一本谈阅读的书写序言。最终答应，是觉得今天能坐下来认认真真读几本书的老师本就不多，能用心思指导学生阅读的更少，熊老师应该算一位。

我一直认为阅读是个人的事情，每个人的遗传基因不一样，每个人的兴趣点不一样，所教的学科不一样，每个人的人生阅历不一样，每个人的阅读取向自然也不一样。就阅读的共性而言，我认为最重要的一点是回到经典源头去，教育学、心理学、课程论等均应该涉猎一些。不管是何专业出身，也无论兴趣多寡，共通普适且具有一定意义的经典之作，都是不可回避的。如果条件许可，还可以关注"上下游"："上游"即教育哲学，如《理想国》，它对建立个人的教育观、学科观将产生深远影响；"下游"即操作性书籍，有实践指导意义。阅读的共性还指：与教育领域有一定交集甚至无交集但有借鉴意义的书，也应该读。一个合格的学科老师，只读本学科的书注定是不够的；一个合格的教育工作者，只读教育领域内的书也是浅薄的。社会学、政治学、经济学、传媒学、脑科学……这些都是丰富学养、提升品质的领域。

有人认为"开卷有益"，我看未必。有些书是毒药、迷药，会让你在不知不觉中迷上它，慢慢中毒而不自知。有些书尽管是解药，甚至可以疗毒，但读不进，或者读进去了，没有批判，没有内化，说不定也会转而成毒。所以，从某种程度上说，开卷不仅未必有益，许多情况下，我们是在开卷"吸毒"，中小学生尤其如此。我常常反思的是，给中小学生开书单，应该是一件慎之又慎的事，搞不好就是误导，再说，阅读恐怕不是按图索骥的事情，读什么，什么时候读，怎么读，远不是我们这些好为人师的人能把握的。我们能做的恐怕只是走近他们，看看他们的兴趣所在，适时援手，给予一点参考性的建议。关键是要率先垂范，自己读起来，想起来，用所读诊断和指导所教，努力为他们营造一种读书的环境与氛围。自己不读书，何以劝人读书？自己读书太浅、太窄，何以指导他人读书？佩索阿有言："有些人环游了四大洋，却走不出自己的单调。"看看许多读书人的状况，有多少不是如此呢？

　　因此，教师要推广阅读，自己得有鉴别力。比如，有些书是不能读的，读得越多，可能受害越深。比如那些大谈教学模式神话、大谈高效课堂奇迹的，翻翻或许可以，但如果信以为真，则可能会使我们走向反智甚至反常识的境地，对这些要保持高度的警惕。还有那些所谓的畅销书、鸡汤文，也是要警惕的。物以类聚，人以群分，不同人的朋友圈自然有不同的阅读取向。我一直主张要"啃一点难啃的书"，这就需要有一干"少数派"的朋友。

　　其实读书在某种意义上说，是一件比较难的事。因为有内涵的书是不大容易读的，需要慢慢"啃"。我说的"啃"，一方面是说"选择大于努力"——再努力认真，如果当初选了本有害的书，后果不言自明；另一方面是说"咬定青山不放松，立根原在破岩中"，需要有十年磨一剑的韧性，读书不能速成，凡是宣称一年读了多少多少本的，一笑即可。关键是，"啃"好一本书的背后，常常需涉猎相关学科、领域的多种书籍，读到最后就成了一摞书、一批书了（"从薄到厚"），即所谓的"主题阅读"。而这一摞书、一批书，不需要本本句句字字读透，只需围绕"元问题"的核心即可，读没读通又可以从能不能缩书成句、缩句成词来体现（"从厚到薄"）。凡不能简明扼要地以大白话抓住主旨者，都是因为"啃"得不到位。所谓的"啃"还有自己的评价标准在里面。

阅读还牵扯到阅读伦理的问题。第一是不要以古非今、东西对立。阅读带来的不是迷信与盲从，它提供的是一种可能的理论，即按照波普尔说的，知识是"可证伪"的。一旦我们看什么信什么，尤其是迷信古代、迷信西方、迷信专家，则本身就跑到了阅读的反面去了。第二是不要责全求备，不妨读一点是一点。一本书能有一个观点、一句话使人的精神生命受益，已经不错了。要小心"茅塞顿开""醍醐灌顶"的说法，这种说法不仅仅和一本好书有关，更重要的是与阅读者本身的经验、修为到了相应的水平有关。实际上，真正评价一本书是不容易的，因为情境、立场、历史条件、技术条件均不同。所以，不要指望会有让人拜服的奇书。第三是阅读需用于实践，尤其是教育阅读，一定要和实践相结合，和常理、常情有关。"阅读理解教育，阅读明白管理"，关键在"理解"与"明白"，这当中自己的取舍是关键，目的在于提升自己的认知，帮助自己想明白了再做，或者将正在做的和已经做的想明白。我不是讲阅读要有功利性，而是说它必须要有知行合一的可能。无论是书的原因，还是读者的个体因素，凡不能行知合一的，恐难成为理性阅读。当然，消遣式的阅读可能又是另一回事。

以上只是我个人的一些想法，未必就是同人们能够认同的，熊老师这本书一样是从他的视角出发的，自然也未必是同人们能够认同的。任何言说与书写，只不过是个人的经验与视角而已。取舍，同样是个人的。所以我说，阅读是个人的事，也是一件为难的事。

凌宗伟

目 录

第一辑 阅读管理有学问

一、教师阅读需要用点儿管理学 …………………… 3
二、教师阅读离不开学校的阅读规划 ……………… 8
三、教师阅读需要个人规划 ………………………… 20
四、教师阅读的时间管理 …………………………… 43
五、教师阅读：学校何为 …………………………… 58
六、教师阅读：个人何为 …………………………… 68
七、手机时代教师阅读的有效管理 ………………… 79
八、教师阅读，也可以实施项目制 ………………… 93

第二辑 阅读心理可细察

一、教师阅读行为的心理学审视 …………………… 101
二、破解阅读障碍而提高理解力 …………………… 111
三、教师阅读障碍的成因透视与行为干预 ………… 120
四、教师阅读的重要他人 …………………………… 125

五、教师阅读中的关键事件 …………………………… 135
六、教师阅读：实践转化的提升途径 …………………… 141
七、教师阅读：滋养教师表达的源头活水 ……………… 154
八、教师阅读促进教师成长的案例 ……………………… 167

第三辑　阅读评估很重要

一、手机时代，教师阅读的困境与突围 ………………… 179
二、教师阅读的评估方法和技术 ………………………… 185
三、教师阅读的诊断与诊断方法 ………………………… 192
四、教师阅读诊断：基于案例的分析与建议 …………… 196

第四辑　经典这样读

一、经典诵读的认识、目的和做法 ……………………… 207
二、用专业的立场研读中国文化经典 …………………… 214
三、用专业的立场读整本书之《论语》 ………………… 224
四、用专业的立场读整本书之《道德经》 ……………… 230
五、用专业的立场读整本书之《庄子》 ………………… 236
六、陪伴学生在人类经典中散步寻美 …………………… 242
七、读书年报：营造一座人生的精神花园 ……………… 246

第一辑
阅读管理有学问

　　阅读需要管理吗？这一问题，值得深思。用管理学来观照教师阅读这个综合性工程，教师可以获得更为清晰的评估、诊断、分析和反馈。

　　教师通过有效的自我管理，将阅读所萃取的知识转化为自己的行动，进而转化为教师专业发展的成果或绩效。

一、教师阅读需要用点儿管理学

教师是研究者，更是阅读者。教师阅读需要管理吗？这一问题，值得深思。

很多教师说起自己的阅读状态，大多用"随心而读"这四个字来形容。问其来由，美其名曰"好读书，不求甚解；每有会意，便欣然忘食"，俨然一个高人隐士的思想做派。其实，陶渊明在《五柳先生传》中自叙性情所说的这句话，按照管理学的观点来看，完全是一种目标管理，他读书的目标只在于兴趣。学术界研究表明，陶渊明读书主要是为了依文取兴，感发深微，获一己之心得。引用、化用《诗经》最多，有三十多处，常读的书有经书、子书、史书、小说家言之类著作，如《礼记》《左传》《逸周书》《论语》《老子》《庄子》《孟子》《荀子》《列子》《韩非子》《史记》《汉书》《三国志》《吕氏春秋》《淮南子》《孔丛子》《山海经》《穆天子传》《列女传》《高士传》等，还有文学类的著作《楚辞》等，以及贾谊、董仲舒、扬雄、张衡、蔡邕、王粲、曹植、陈琳、张华、阮籍等人的作品。这个书目足见陶渊明是一个饱学之士。

用管理学的眼光来看，陶渊明的阅读书目是否真的很庞杂呢？这要探究一下。陶渊明是一个由儒入道的人，既有儒家志向而又有道家情怀，所谓"达则兼济天下，穷则独善其身"而又"乐夫天命复奚疑"。在他的阅读书目中，《礼记》《左传》《论语》《孟子》《荀子》等书是他必读的儒家经典著作，《老子》《庄子》等书是他必读的道家经典著作，此外还有贾谊、董仲舒等汉代儒家人物所写的论著。在陶渊明的读书谱系中，儒、道两家的经典书籍超过了20%，这完全符合管理学的"二八法则"。管理学认为，一个组织的发展和变革由20%的人来决定，即通常所谓的中高层管理者决定组织的前途和命运，无论是学校还是企业，概莫能外。就阅读而言，"二八法则"的要义是，20%的书起到了80%的作用和效果，即20%的阅读书籍构成了一个人主要的精神底色和思想质地。

阅读的"二八法则"对教师阅读实践有何启示呢？那就是我们每个人的阅读可以杂乱，但不可以无根基。教师阅读必须有几本经典著作打底子，例如：文化与哲学类的"论孟老庄"和《理想国》《论自由》等，文学与历史类的《左传》《三国演义》《红楼梦》等，教育教学类的《大教学论》《民主主义与教育》《课程与教学的基本原理》等，思维与心理学类的《儿童心理学》《动机和人格》《多元智能理论》《爱的艺术》等。朱永新教授等人所倡导的新教育实验以及开办的新教育实验网络师范学院，招募学员时有一个重要要求，就是让学员梳理自己的阅读史来反观自己的精神成长史，最终进行"合理知识结构中的根本书籍研读"。由此可见，教师阅读必须抓住根本书籍，突破关键领域和主问题，才能保证思想上台阶、境界有提高。

面对一个阅读碎片化的时代，微阅读、快餐化阅读和电子化阅读铺天盖地，包括教师在内，我们人人都有机会和权利成为阅读者。不过，作为这样的阅读者，我们又常常感到自己思考的深度性和系统性严重匮乏。这种阅读习惯导致我们虽然拥有开阔的视野，但总是缺乏思想和思考力。叔本华说："虽然我们可以随意安排自己阅读和学习，但随意安排自己思考却的确非自己力所能为。"一个人只有经过相对系统而深入的思考，才能获得属于自己的真知灼见，"只有经过自己的思维活动，一整套连贯、统一的思想才得以发展、形成，哪怕这一整体的思想严格来说还没完备"。阅读一本书，要想进入一种相对系统而深入的思考状态，必定需要一定的时间作保障。那么，多长的时间才算合适呢？管理学研究发现有个"90分钟"现象，一个普通人超过90分钟精力就难以集中，不够90分钟则难以处理好一件事。因此，教师阅读要想进入佳境，必须排除一切干扰，保证"90分钟阅读"，否则难以取得最佳效果。

  时间是稀缺资源。身为教师，工作事务千头万绪，如何分配时间、保证阅读的时间，的确考验着一个人的智慧和能力。如果我们采用管理学的做法，将有效化解这一难题。我们身边常常有同事发出这样的感慨：今天好像什么也没干；如果不是上了两节课，真觉得什么都没干。这样的人，和阅读基本上是无缘的，因为他们不懂得管理自己的阅读、管理自己的时间。管理学认为,时间是容易流逝的，所以必须抓住时间、充分利用时间，才能提高工作的有效性。在生活中，人们对时间的感觉往往是不可靠的。一位教师可能会有这样的时间安排：1/3 用于备课上课，1/3 用于研究业务，1/3 用于交通交际；或者是 1/2 用于备课上课和批改作业，1/3 用于研究，1/6 用于交通交际。事实上，这位教师在这三方面并没有如此花费时间，只是在他想象中"应该是这样"。管理学认为，作为一名有效的管理者，教师要记录自己的时间，对"时间花费"进行诊断，弄清楚时间用在何处、怎么消耗或被谁掠夺了。教师只有学会用管理者的眼光看问题，有效地管理时间、分配时间，教师阅读的时间才能在整个时间系统和工作生态中得到保障，最终在每天中划出相对完整的阅读时间板块。

  教师阅读的目的，除了获得相关知识和精神愉悦，大多是和专业发展紧密相连的。如何才能让阅读促进专业发展呢？这就要看教师阅读对图书的判断和选择。虽然我们经常说"计划赶不上变化"，但是管理学研究发现，规划可以提高目标的系统性、科学性和可行性，进而在执行上提高效率。管理学所谓的规划，和通常所谓的计划，根本不在一个层级上。所以，一个教师要想实现较快的专业发展，需要做好阅读规划。阅读规划可以参考本学科的必读和选读书目，按照难易程度逐级阅读；也可以请教本领域的权威人士，开列具体的书单，自己一次性购买多本，按照兴趣逐本阅读；还可以根据名师成长录等书籍，搜集名师们认为给自己影响最大的书，然后逐人阅读。一言以蔽之，无论是必读书目，还是名师名家所列书目，都是经过人们实践检验的切肤之见，非常具有必读性和可读性。通常来说，这样的阅读具有一定的系统性，图书层次也比较高，教师专业发展就会比较快。这正如科学家牛顿所言："我之所以看得远是因为我站在巨人的肩上。"教师选择较高的阅读起点，构建良好的阅读生态，完全可以促进教师的专业发展。

教师阅读如何推动专业发展，不仅是一线教师关注的问题，也是很多教育管理者关注的问题。如何才能在最大程度上保证阅读推动教师的专业发展呢？管理学可以明确给出的一个答案是，阅读能否促进发展，在很大程度上取决于教师自己是否重视阅读贡献。如果教师阅读一本有关教学设计的专业书，按照这本书的理论、方法和技术积极地实践，反复运用和操作，最终改变了自己的认识和行为，提高了自身的专业技能和素养，这就属于阅读贡献较大的教师阅读。否则，则属于阅读贡献较低的教师阅读。也许，有人会说教师阅读理论图书，能有什么阅读贡献？事实上，阅读理论书籍，确实没有可以直接进行操作应用的具体实务，但是我们能否可以从中获得一些启示呢？我们能不能根据这些启示去转变自己对待他人、对待工作和生活的某些观念，进而改变自己的一些行为和做法呢？教师如此阅读，方能成为具有较高贡献值的阅读，否则阅读所获只能是一些记忆性的知识，而毫无提升实践水平的可能，时间一长，这些知识终将随着记忆的消退而烟消云散。

教师通过阅读促进专业发展，除了重视管理学所说的读书贡献值，还需要依靠组织的介入。在管理学的理论中，组织是一个集体，有着共同的目标、基本的制度和运行模式，并且能够形成一种相对稳定的结构生态和组织文化。现在，很多学校提出了建设科研型学校、书香校园等理念，其目的就是增强组织的内在力量。为了促进教师阅读，很多部门和机构都相继成立了关于教师读书、教师教研乃至教师专业发展的实体组织或虚拟组织，目的就是增强教师阅读的归属感、使命感和方向感。这种"抱团取暖"的做法，鼓舞了一大批教师投身阅读实践，借助团体和团队的力量获得了较快的成长。因此，一些教师加入教师阅读、教研等专业发展团队时，常常会情不自禁而高兴地说："终于找到组织啦！"这种赞叹所流露出的幸福感是一种内在潜能的激发和传递，对教师群体性阅读的支持、延续和发展相当重要，是一种珍贵的资源。

管理是一门科学。用管理学来观照教师阅读这个综合性工程，教师可以获得更为清晰的评估、诊断、分析和反馈。然而，令不少教师感到棘手的是，这一系列程序的规划者是教师自己，执行者是教师自己，监测者还是教师自己，完全是自己一个人的苦战和经营。所以说，教师阅读就是教师本人进行自我管理的一种活动。这种管理活动特质不是通常所谓的"如何管理他人"，而是"如何管理自己"。教师通过有效的自我管理，将阅读所萃取的知识转化为自己的行动，进而转化为教师专业发展的成果或绩效。

当前，中小学教育正处于新课改的深水阶段，对渴望寻变、发展的教师来说，为了取得最好的成果和最大的绩效，教师阅读应专注于关键领域，抓住关键的人生阶段，聚焦关键问题，争取时间上的主动权。

二、教师阅读离不开学校的阅读规划

从中小学所开展的教师阅读现状来看，学校管理层对教师阅读的管理与指导仅仅停留在规定和计划的层面。一些管理者虽然试图极力推动教师阅读，但大多是只关注教师阅读的某一点、某一线，缺乏一种生态整体的眼光，学校所开展的各种教师阅读活动要么是零敲碎打，要么是凭经验办事，缺乏系统性、科学性和实际操作性。古人说，不谋全局者，亦不足以谋一域。一个学校缺乏教师阅读规划，教师阅读实效不佳就在所难免。因此，中小学有必要着眼于全校大局，研制全校教师阅读规划，以发挥其顶层设计、提前谋划、循序提升的作用。可以说，中小学开展教师阅读能否取得成效，关键在于其是否具有规划意识，是否进行科学规划。这是教师阅读活动能否顺利有序地实施、诊断和评估的前提。

案例一：

某学校对教师专业发展十分重视，先后制定了教师阅读的相关规定，为了彻底落实规定，还特意出台了相应的配套措施。例如，为了落实每人每学期读一本教育名著的规定，学校就采取了相应的措施：只要每人上交一篇千字以上的原创读书笔记，就可以按照规定的程序凭发票去报销书款。然而，这些规定出台后，最终应者寥寥。

案例二：

某校长上任后，为了大力推动教师阅读活动，先后成立了读书小组、助读会等教师阅读组织，均由副校长、科研处主任等领导牵头，计划每月读一本书、每周开展一次研讨会。此举的理念是：建设书香校园，教师先行；学生读书，教师带头。但不到一个月，各种阅读组织就已经处于名存实亡的境地，整个学校的教师阅读跟原来的状况并无二致。

这些散布于学校的教师阅读组织，开展的阅读活动具体实效不佳，其原因究竟何在呢？仔细分析，这两个案例都存在一个突出的问题：在学校管理层面上，教师阅读虽有一些具体的活动，但是都严重缺乏强烈的规划意识和科学的规划行动。

目前，一些中小学已经不同程度地开展了制定学校章程的"一校一章程"和三年规划早行动的"学校发展规划"等活动，进一步明晰了学校的定位、资源、发展等重大问题，极大地推动了学校的发展。所以，一所学校的教师阅读完全可以采用科学规划的思想，制定学校教师阅读规划，促进教师阅读和教师专业发展。就全校的教师阅读规划来说，学校领导不仅需要具有高瞻远瞩的思想眼界，而且需要集中多方智慧、付出艰辛探索的汗水，以期带领全校教师通过调研、论证等环节，及早研制成文，并在学校整体发展规划甚至学校章程中予以体现。如果想进一步使全校教师阅读规划得到落实，切实起到促进教师专业发展的功用，还需要按照规划，制定一些对应的活动和措施进行细化和保障。

科学认识学校教师阅读规划

阅读规划是预先决定"阅读什么"和"如何阅读"的一个管理过程。这个过程决定学校教师阅读的发展方向，将其转化为各种目的和目标，并进而制定达成这些目的和目标的各种策略。除此之外，阅读规划的过程还包括评价标准的制定，并据此评价标准对规划的实施结果进行评估。

学校教师阅读规划是在国家和地方教育政策的指导下，回顾检查学校的教师阅读活动，并对这些阅读活动进行优先排序，为教师和学校的发展提供可行的策略，进而达到有效管理教师阅读、教师专业发展以及学校发展的目的。从实施期限上看，可以分为长期规划、中期规划和短期规划。从实施层次上看，可以分为战略性规划、战术性规划、操作性规划。从规划顺序上看，依次分为愿景、使命、总目标和具体目标四个阶段。就学校教师阅读规划来说，可以有如下理解。

愿景是学校想要通过教师阅读达到的基本目的和价值取向，既支撑着学校的总体愿景，也为学校各项教师阅读活动的管理工作构建了一个基本背景。

使命是学校教师阅读从阅读基础、阅读资源、阅读时间、阅读管理和阅读条件等方面，赋予自身一定的期望和责任。使命是达成愿景的一种决心、干劲和期望的展示与描述。通常来说，使命以"使命陈述"或"团队目标"的形式界定和描述全校教师阅读所需要处理的活动与事务。确立使命是一项全校的战略性活动，既需要学校领导班子的宏观统筹，也需要全校每位一线教师建言献策。

总目标是学校教师阅读的未来发展途径的详述，是把"使命陈述"分解到若干可操作领域。

具体目标是对总目标的细化分解，包含着实现总目标的方式、方法和细节等内容。

案例三：

在××××理念引领下，遵循××××的办学宗旨，坚持教师阅读促进教师专业发展、教师专业发展促进学校快速发展，通过三年基于教师阅读的教师专业成长活动，培养一流的专业教师队伍，办成一所既培养学生又发展教师的学校。

案例四：

阅读的目标是培养师德高尚、底蕴深厚和技艺精湛的高水平教师。其基本特征是阅读、学习、思考、实践。

阅读（Reading）：培养教师的阅读意识、阅读习惯、阅读技能……

学习（Learning）：高水平教师具备过硬的学习能力……

思考（Thinking）：培养教师教育教学的思考意识……

实践（Practice）：培养教师扎根实践……

这两则案例分别是学校教师阅读发展规划的使命和总体目标。对一个学校的教师阅读发展规划来说,愿景、使命和目标,共同构成了学校的教育哲学的重要内容。这些内容的确立,得益于规划者对学校的发展历史、内外环境等方面的清晰认识与诊断。由于其在一定时期内具有相对稳定性,不宜进行频繁和重大修改,在面对新的教育形势和教育环境重大变化时,可以重新挖掘既有内容的价值,在传承中发展。

学校教师阅读规划的形成,需要经历以下环节:1.回顾或校情分析;2.对学校总目标的界定或重新界定;3.规划文本的起草;4.预算过程;5.规划的实施;6.监督、诊断、评估并形成报告。学校教师阅读规划在制定中,绝不应把下一轮当作另起炉灶的过程,而应看作对其前面这一轮的升华,这样使规划在多轮循环后,呈现出一种螺旋上升的态势。参看下图:

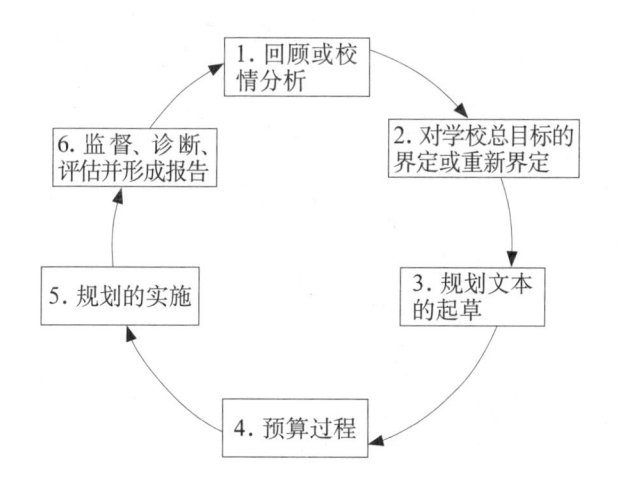

一个学校的教师阅读规划,无论是研制还是调整,都有一些原则需要遵守:一是坚持学校特色的原则,体现学校的办学历史积淀,依托教师阅读的现状;二是坚持民主合作的原则,凝聚所有教师的心力,实现教师阅读共同体内每一位成员的发展;三是坚持继承发展的原则,对教师阅读做到尊重客观历史、弘扬优秀传统、瞄准前瞻创新;四是坚持系统设计的原则,整体谋划教师阅读乃至教师专业发展等工作。

在确立学校教师阅读的愿景、使命和目标等内容后,各种各样的项目则成为实现这些内容的抓手和载体。本着把握轻重缓急的原则，教师阅读规划项目可以把特色项目、关键项目等作为优先发展项目，以在注重基础的前提下取得扬长避短、关键突破、提升特色、深化内涵等效果。教师阅读规划的具体项目有德育阅读项目、课程理论阅读项目、课堂教学提升阅读项目、教育科研阅读项目、心理学阅读项目等。

学校教师阅读规划研制方法

制定学校教师阅读规划，离不开对学校资源、教师阅读等情况的了解、掌握和分析。因为校情、读情等现状是对学校教师阅读进行正确定位的现实基础，也是预想、设计、开发项目的客观依据。了解、掌握和分析校情、读情等现状的方法，决定着研制学校教师阅读规划的可行性和有效性。那么在现实中，都有哪些相对熟悉、简易而又实用的方法呢？请看下面的案例及其所使用的方法。

案例五：

谢谢您的支持，请回答下列问题。填写无记名，当然很欢迎您留下姓名和联系方式。

1. 你平时阅读吗？阅读时长是多少？
2. 你经常阅读的内容是什么？
3. 你认为全校教师阅读最大的问题是什么？
4. 在阅读上，你最大的困难是什么？你最急需的帮助是什么？
5. 你对学校的报刊资源满意吗？请在相应的选项上画圈标记。

A. 很满意

B. 满意

C. 不太满意

D. 不满意

6. 对教师阅读的支持，学校还有哪些方面需要改进？

这则案例所使用的方法是问卷调查法。问卷调查法是以书面呈现问题的形式间接获取信息的一种调查形态。按照问题的类型，可以分为主观问卷、客观问卷和混合型问卷。按照媒介的类型,可以分为报刊问卷、网络问卷等。问卷的设计,通常由卷首语、问题、回答方式、信息采集等部分组成。

案例六:

1. 为什么要制定全校教师阅读规划?请列举几个主要原因。
2. 制定学校教师阅读规划,对教研组有什么作用呢?
3. 教研组如何分组制定教师阅读规划?
4. 从学校教师专业发展的角度看,怎样筛选学校的优先发展方向?
5. 请结合学校实际谈谈全校教师阅读愿景是什么。

这则案例所使用的方法是访谈法。访谈是访谈任务的执行者和被访谈对象通过面对面交流而获得信息的方法。按照访谈进程的标准化程度,可以分为结构性访谈和非结构性访谈。结构性访谈的目的在于,确保每一个被访者在访谈中以同样的顺序面对同样的问题,确保答案总体上可靠,并确信不同样本群之间或不同测量周期之间具有可比性。非结构性访谈,又称为非标准化访谈、深度访谈、自由访谈,是一种无控制或半控制的访谈,事先没有统一问卷,只有一个问题大纲,由访谈者与访谈对象在这一范围内自由交谈,具体问题可在访谈过程中边谈边形成边提出。对于提问的方式和顺序,回答的记录,访谈时的外部环境等,也没有统一要求。

案例七:教师阅读现状分析

	优势	劣势	机遇	挑战
学校建制和文化	学校新建,有大量办学经验教训可供学习参考,可多方探索发展路径,开展教育教学改革实验没有历史包袱。	学校缺乏文化积淀,各项规章、制度、秩序和规则都有待进一步建立和完善。学校价值体系有待确立,师生价值追求和行为方式认同不够。	普通高中教育的变革为新建学校提供了发展契机。市教育局"抓改革、建机制、定规则"的工作思路为学校制度建设明确了指向。	学校管理体系、文化建设、特色培育等头绪多,难度大,优势在短时期内难以彰显。优秀学校文化需要长期积淀和培育。

续表

	优势	劣势	机遇	挑战
师资和管理队伍	现有一支年轻化、高学历、研究和学习力强、发展潜力大的教师队伍。管理干部工作干劲大，执行能力强，学习改变的意愿高，干群关系好	新入职青年教师数量较大，教育教学经验有待积累，教科研能力有待提高。学科带头人、名教师、专家型教师比例不高。梯队结构性失衡明显。管理干部专业指导能力和教学管理能力尚有较大提升空间	教师编制有剩余，可引进高水平教师。教师主观能动性强，热心学校创业发展，需建立科学合理的评价制度和激励机制调动积极性。对管理干部加强引领和培训，可提升管理水平和服务能力	青年教师专业发展需要时间积淀。区域及校际缺乏人才流动机制，引进骨干教师难度极大。符合生育政策的女教师多，学校师资力量调剂难度加大。优秀中层管理干部数量不足，制约着学校规模发展
教师阅读资源	……	……	……	……
教师阅读水平	……	……	……	……

　　这则案例以表格形式呈现，所使用的方法是SWOT分析法。所谓SWOT，即S（strengths）是优势、W（weaknesses）是劣势、O（opportunities）是机会、T（threats）是威胁。这种方法源于企业管理，运用它可以对研究对象所处的情境进行全面、系统、准确的研究，从而根据研究结果制定相应的发展战略、计划以及对策等。按照企业竞争战略的完整概念，战略应是一个企业"能够做的"（即组织的强项和弱项）和"可能做的"（即环境的机会和威胁）之间的有机组合。它是用来确定自身的竞争优势、竞争劣势、机会和威胁，从而将组织的战略与内

部资源、外部环境有机地结合起来的一种科学的分析方法。SWOT方法的贡献就在于用系统的思想，将那些似乎独立的因素相互匹配起来进行综合分析，使得全校教师阅读规划的制定更加科学全面。

在学校制定教师阅读规划的具体工作中，取得系列性的数据、真实的内心期望等信息，所使用的方法是多种多样的。研制者应根据本校资源、教师意愿和任务重点，选取适切的方法加以系统化设计，然后有针对性地实施，以尽可能低的成本取得较多的信息，从而实现信息的深度挖掘和工作的不断增值。

学校教师阅读规划基本格式

为促进教师发展和学校发展，学校教师阅读规划一旦制定，必须考虑用适切的文本进行呈现，不仅确保每一位教师都能理解和内化文本信息，而且发挥文本凝聚全体教师智慧和心力的作用。

学校教师阅读规划在具体表述上，具有以下特征：1. 简洁性。对学校教师阅读规划和优先发展项目做出简明扼要的概述，其细节问题则分解到下位的领域或层级的规划文本之中。2. 可读性。使阅读者能够看懂并形成清晰而深刻的印象，需要考虑语言的专业术语与日常用语的搭配和转换等问题。3. 对应性。文本的内容和具体行动具有对应关系，执行部门和执行人可以明确地认识到自己所要肩负的分工和合作关系。4. 可行性。文本便于操作和使用，在实施、诊断和评估等环节可以方便地对照、查验并做出解释。5. 清晰性。文本的语言表述、图表绘制应当清晰，印刷质量也要保证清晰。

关于教师阅读规划的基本格式，目前尚无非常成熟的案例。因为当前很多学校尚未开展学校教师阅读规划的制定活动，这就很难在确定格式上取得统一的认识。然而，根据一些学校所制定的学校发展规划来看，大部分是以文字叙述为主，兼有图表。所以学校教师阅读规划的呈现格式，可以是以文字或图表为主的格式，也可以是图文充分结合的格式，只要能取得实效就完全可以不拘一格。

学校教师阅读整体发展规划（格式示例）

第一部分：学校教师阅读简介，包括学校教师阅读发展目标
第二部分：学校教师阅读发展趋势概述（包括外部趋势和内部趋势）
第三部分：学校教师阅读中期发展规划
第四部分：本年度、下一年度的阅读行动规划（包括短期目标、目标、任务、时间进度和达成标志或指标，经费投入和人力投入等）

上图所示是一个基本格式，显示了学校教师阅读规划的主要内容和呈现顺序。当然，其中的很多地方可以根据实际进行添加或删减，一些文字也可以转换为图表的形式来呈现。下面两个具体案例，是学校教师阅读规划的具体呈现，可以作为参考样例。

案例八：

××××中学三年教师阅读规划（2015—2018）

前言

第一部分　学校教师阅读背景与现状分析

一、教师阅读背景

二、现状分析

（一）教师阅读现状分析

（二）教师阅读的主要优势及问题

第二部分　学校教师阅读思想与发展目标

一、学校教师的阅读思想

（一）教师阅读的核心价值观

（二）教师阅读的核心价值观解读

二、学校教师阅读的发展目标

（一）教师阅读发展目标

（二）教师阅读发展目标内涵

第三部分　教师阅读主要工作规划

一、阅读管理

二、阅读资源

三、阅读课程

四、阅读活动

五、阅读评价

六、阅读师资

七、阅读科研

八、阅读国际化建设

九、阅读信息化建设

十、后勤建设

第四部分　自评机制与保障措施

上面的这个案例，特点是以文字表述的形式呈现学校教师阅读规划的基本内容。这种分门别类的规划，可以在一定程度上充分发挥学校的办学自主权，分析学校教师阅读所存在的问题，找准学校阅读的现实起点和发展定位，通过对阅读的资源、条件等进行整合优化，呈现学校促进教师专业发展、提升管理质量的决心和行动。

案例九：

××××小学教师阅读规划

一、学校教师阅读规划过程

为满足学校和教师日益增长的需求……在过去××年的发展过程中，学校大多数教师保持了良好的阅读习惯，形成了阅读研修的成长文化……

在未来的三年中，根据现实基础、既有传统和学校发展的一揽子规划，学校教师阅读的优先发展领域主要集中在如下领域：

（一）阅读资源

（二）阅读课程

（三）阅读活动

…………

这些领域反映了学校在过去××年积累的优势和学校在未来发展必须解决的至关重要的问题，每项内容都经过了学校全体教师的意见征集和充分吸纳，是全体教师阅读发展理念和综合行动的共识。

二、学校教师阅读使命陈述

学校教师阅读的目标是将教师培养成阅读意识强烈、阅读习惯良好、阅读技能专业并能及时将阅读转化为实践的教师。这一目标有利于教师在教育教学中成为专家型教师，在社会中成为终身阅读和终身学习的人。

学校通过营造一个积极、支持和综合立体的阅读生态环境，按照规划进度而达成既定的目标，在教师个体需要和能力的基础上，培养教师成为高水平教师而提升学校的发展水平，最终促进教师成长和学校发展。

三、学校教师阅读规划优先发展项目

在未来×年中，学校教师阅读规划将在焦点领域和关键问题上开展以下项目，形成任务驱动型的发展模式：

第一，建设学校阅读资源。

第二，建立阅读管理制度。

…………

四、学校教师阅读规划进度分解表

学校教师阅读整体规划	第一年 (2016—2017)	第二年 (2017—2018)	第三年 (2018—2019)	时间目标（进度节点或完成期限）	达成标志或绩效指标
阅读管理	重点：制度建设、时间管理	……	……	……	……
阅读资源	……	……	……	……	……
……	……	……	……	……	……
政策保障	……	……	……	……	……
经费投入	……	……	……	……	……

本案例的特点是文字与图表结合，图文并茂。学校教师阅读的整体发展规划的目标、任务及达成标志等要目都一一显示在图表中，层次清晰，重点突出，非常便于执行部门和执行教师使用。

学校教师阅读规划是一种基于校本的全新管理理念、方式和手段，能够充分利用全校教师阅读的深层需求，深入地挖掘全校教师的阅读潜力，有效推进全校教师由阅读向实践的思想转变与实践转化，用系统设计、要素集约和综合生态的眼光实现教师阅读、教师专业发展乃至学校发展的实质性提升。

三、教师阅读需要个人规划

教师阅读是基于教师个体的行为，但是这种行为是否经过理性的思考和设计，对教师阅读的结果所产生的影响是截然不同的。个人规划对教师阅读具有不可低估的价值。这种价值集中表现在，教师阅读通过规划而增强科学性，减少盲目随意、低效乃至无效的行为。

从教师阅读的主体性作用来看，教师阅读的自发状态和自觉状态有着很大的区别；从教师阅读的专业性来看，教师阅读的自发状态和自觉状态也有着很大的区别；从教师阅读的有效性来看，教师阅读的自发状态和自觉状态同样有着很大的区别。教师阅读的自觉状态和自发状态，有着一道分水岭，而这道分水岭的重要支撑就是教师阅读是否具有规划意识。

所谓阅读规划，是对阅读条件、阅读基础、阅读对象、阅读时间、阅读流程等诸多因素进行统筹设计和安排而减少阅读受阻、阅读低效等行为。众所周知，教师阅读需要时间、图书和环境等资源条件，也需要阅读的技能、方法和思路。教师阅读如果具有一定的规划意识，那么阅读的效率意识、实践转化意识以及教师阅读和其他活动的协调搭配就会变得统筹合理。否则，教师阅读不是浅尝辄止、半途而废，就是有名无实、心手不一。

阅读是一种学习活动。教师阅读的过程是教师的精神成长和思想发展的过程。可以说，教师阅读的个人规划，不仅决定着教师的阅读实效，而且关联着教师学习状态、教师专业发展水平和教师职业幸福感。那么，对中小学一线教师来说，应该如何做好教师阅读的个人规划呢？下面结合具体案例，分析教师阅读个人规划应当注意把握的主要原则和内在实质。

教师阅读的专业意识

专业意识，是教师阅读的一种价值追求。或许有人会说，教师阅读一旦太专业了，教师不就变得视野狭窄了吗？答案并非如此。教师阅读需要深入教育的核心，而深入教育的核心需要通过阅读专业的书籍来反观教育实践。由此来看，指向教育核心和学科核心的阅读是不可或缺的。更重要的是，专业意识是一种价值指向，并非意味着仅仅局限于专业书籍的阅读而忘记美学、管理学、经济学等领域的阅读。可以说，拥有了专业意识，即使教师阅读美学、管理学等领域的书籍，思考的仍然是教育的问题——如何为教育实践提供有益的启示和借鉴。一言以蔽之，教师阅读的专业意识不等于教师阅读专业书籍，教师阅读专业书籍有利于培养教师阅读的专业意识。

案例一：

教师读书并不是为了消遣，而是为了提高自己的教育教学能力，提升自己的专业素养和人文素养。但是，很多教师阅读时，没有目标、没有计划、没有选择。文学、哲学、古典历史，只要是文字便不加辨别、不加分析，一股脑地揽在怀里"孜孜不倦"。他们看起来读得很热闹，实则并没有什么实质性的收获。

教师的专业阅读必须有一根支撑阅读的"桩"。教师首先要阅读的是与自己专业相关的书籍：如果你是学科教师，那么就要熟读本学科的专业书籍；如果你是班主任，就要读些班级管理方面的著作；如果你是学校管理者，就要阅读与学校管理有关的作品。这种专一阅读，为教师积淀出必要的专业素养。当专业书籍读到一定程度时，教师就要开始阅读普适的教育经典和教育理论书籍，从而把"阅读桩"的根基做大做强，以丰厚的教育基本理论稳固专业阅读之桩。（王维审：《教

师读书怎么读》,《山东教育》2014年第12期)

　　上面案例所说的"阅读桩",其实就是专业意识。专业意识,是在教师时间、精力和经济条件等受到限制的情况下,迫不得已而做出的一种主动选择。一个教师如果阅读经验不太丰富,阅读技能很一般,又缺乏强烈的自我效能感,在阅读上不加取舍,那么对教师专业发展无异于大海捞针。书海茫茫,专业意识如同一座灯塔,阅读者树立牢固的专业意识才能回头是岸。可以说,从学科性的专业书籍开始读起,然后进入教育学理论和心理学理论等专业书籍,这对大多数老师来说是一种切实可行、循序渐进的阅读规划。

　　目前,许多教师认识到了教师阅读专业性的重要,即教师阅读要跟教师专业发展高度相关。其实,所谓专业性阅读,是相对而言的,但是专业意识是一种追求,是超越学科界限的。就专业性阅读来说,其相对性至少可以分为三个层次:其一,以学科为分界线,把书籍分为学科性书籍与非学科性书籍;其二,以教育学、心理学等理论为分界线,把书籍分为教育学、心理学等书籍和非教育学、心理学等书籍;其三,以人文社科为分界线,把书籍分为人文社科类书籍和非人文社科类书籍。然而在阅读高手眼里,这些所谓的学科分界和专业归属等区分,几乎是毫无意义的,因为他们已经具有了强烈的专业意识,无论读什么书,总会在生命和教育的深处实现贯通。

　　案例二:

　　我的藏书量,没有精确地统计过,大概有六千多册吧。我也有一间书房,顶天立地的都是书。书房里,我自己拟了一副对联,上联是:明月一帘无心照;下联是:诗书半斋随意读。

　　到书店,拿到书,只要对这本书有感觉,我看一下目录,或看一下章节,就买下来,一定读。我读书没有计划,很随意,很随便,比如——流行的书,我读。于丹的《〈论语〉心得》,读!易中天的《品三国》,读!刘心武的《揭秘红楼梦》,读!流行的书读,不流行的书也读。如汪荣祖的《史学九章》、钱穆的《晚学盲言》、杨成寅的《太极哲学》等。入世的书,帮助我更好地活在俗世的书,我读。早几年,读卡耐基的《积极的人生》，帮助我克服了自己的焦虑，帮助我看到了自己人性上的弱点。

出世的书我也读，如六祖慧能的《坛经》、南怀瑾先生的《如何修证佛法》、索甲仁波切的《西藏生死书》等。（王崧舟：《读书与境界》，《小学语文教学》2011年第3期）

藏书量六千多册，相当于一个小规模的学科图书室。买书不讲所谓专业不专业，完全是跟着感觉走，"只要对这本书有感觉，我看一下目录，或看一下章节，就买下来"；读书更不讲所谓专业不专业，"读书没有计划，很随意，很随便"。这种买书、读书貌似直觉的判断和做法，其实是阅读深入之后而浅出的境界，非经历苦读、强读、乐读之人而不能为也。

有六七年的时间，王崧舟老师面对"穷""苦"等平庸琐碎的生活，并没有甘于平庸，也没有随波逐流，而是研读各种书籍，宗教的、哲学的、文学的、美学的、历史的、医学的、"老三论"的，无不尽收眼底。正是这六七年的沉潜，这些书深深融入他的血液，浸润着他全身上下每一个细胞，使他脱胎换骨，犹如佛家的涅槃般进入了心境澄明的人生境界。

有人问王崧舟老师在业余时间怎样读书，王老师则直接回答，请去掉"业余"两字，并说："读书跟我吃饭一样，跟我呼吸一样，在我的生活当中是非常自然的。"王老师的读书与教学一样，挥洒自如，这是由其底蕴决定的。底蕴何来？答曰：底蕴是书堆起来的。王老师说："读书，实际上就是一种精神修行的方式。"王老师是在经过漫长的阅读省悟过程后，破除了专业、学科等外在区分形式，而直奔生命、诗意和教育等直指人心的思想认识精髓，可谓早就形成了教师阅读的专业意识。

在某种意义上，教师用专业意识开展阅读的过程，就是教师的教育立场形成的过程。那么如何培养教师阅读的专业意识呢？这就需要教师从人的存在、发展和培养等方面来着眼，以教育学的基本原理、教育心理学的重要规律等内容为抓手，对自己的教育实践和思想观念做一次相对系统的筛查与清理，把人立在教育的最中央。所谓让人站在教育的最中央，不仅是让人站在教育理论的最中央，而且要让人站在教育实践的最中央。否则，阅读再多的书籍，无论专业还是不专业，都等于没有内化和改变。

案例三：

1986年深冬，一个风雪交加的下午，吴正宪听了儿童心理学专家张梅玲的专题报告。当听到"心理健康、心理体验、新型师生关系、人文精神"等新名词时，她立刻被打动了，并开始反思"为何没想到孩子们的喜怒哀乐会与学习数学连在一起"。报告结束后，她主动向张梅玲请教。张梅玲借给她《儿童数学思维的发展》《学与教的心理学》《现代教学论发展》等书籍，吴正宪如获至宝，一头扎进书中……

在后来的日子里，吴正宪又认真阅读了山内光哉的《学习与教学心理学》，林崇德的《智力发展与数学学习》，巴班斯基的《教学教育过程最优化问答》，苏霍姆林斯基的《给教师的建议》等书籍，为她日后的儿童教育与教学研究奠定了重要的基础。她渐渐懂得，每个儿童都有情感，有个性，有独立的人格。教师要尊重儿童，用心地读懂儿童，真诚地和他们交朋友，友善地走进他们的心灵，站在孩子的角度去思考问题，努力把自己和孩子们的生命融在一起。（张贵勇：《吴正宪：一个师字万卷书》，《未来教育家》2013年第4期）

吴正宪老师当时已经是一个擅长让学生考高分的数学教师，但她没有满足于学生的高分成绩，而是想到教育的对象及其成长，即孩子们的喜怒哀乐与数学学习紧密相连，然后一头扎进教育学书籍和心理学书籍，开始了大量的阅读。

我们完全可以设想，此时吴老师再去读哲学和管理学等书，也会思考"为何没想到孩子们的喜怒哀乐会与学习数学连在一起"这一问题。为什么这种假设可以成立呢？原因是，吴老师此时的阅读开始形成专业意识，这是一种不可扭转的教师专业发展趋势，也是一种教师生命成长的内心觉醒。这足以给教师阅读带来深刻的启示：如果一个教师通过阅读而用教育学的基本原理、教育心理学的重要规律来检视和思考自己学科教学的时候，就意味着教师阅读开始形成专业意识。

调查数据显示，在小学、初中和高中三个学段中，特级教师的藏书量明显高于普通教师；不管是特级教师还是普通教师，男教师的藏书量均要高于女教师，在特级教师中体现得尤为明显。特级教师的读书取向比普通教师更集中，基本集中在"专业领域""文史哲""教育理论"三类；女教师比男教师更喜欢"教学辅导""武侠、言情类、网络文章"的阅读，男教师比女教师更喜欢"文史哲类""财经类""教育理论"的阅读。特级教师比普通教师更关注专业、更关注教育理论的阅读，普通教师比特级教师更关注教辅和武侠、言情类、网络文章的阅读。对特级教师和普通教师影响较大的前三本书是《给教师的100条建议》《教育心理学》《魏书生文选》。总体而言，特级教师和普通教师的阅读，均显得宽泛有余而专精不足；相对而言，特级教师的阅读数量和质量都要好于普通教师。（王咏田、张寿松：《特级教师与普通教师阅读状况的比较研究》，《教学月刊（中学版）》2010年第9期）无论是特级教师，还是普通教师，教师阅读的专业意识，都还有巨大的提高空间。

教师阅读是教师丰富自身学养和提高教学核心技能既有实效而又成本较低的途径。有人说，教师的专业生命由坚实系统的教学思想、相对完善的知识结构和十分过硬的授课技术构成。可以说，教师阅读是建立相对完善的知识结构之必需环节，也是构建教师专业生命的应有之义。毋庸置疑，教师从丰沛自身的专业生命而走向优秀和卓越，需要从书籍这个取之不尽、用之不竭的思想智慧源泉中汲取养分。

教师阅读的核心书目

一个教师想要成为优秀的教师需要爱心，但是仅有爱心也是不够的，因为教育需要专业的理论、知识、方法、技术和智慧，而专业的理论、知识、方法、技术和智慧的获取离不开基于教师阅读的学习。对教师来说，没有专业的理论、方法、技术和智慧的支撑，仅凭爱心而实现一堂堂高质量的课堂教学，无疑是非常困难的。教师阅读应把专业的理论、知识、方法、技术和智慧等作为重点内容，而承载这些重点内容的书籍则可谓重点书籍、根本书籍或核心书目。当然，阅读核心书目非常有助于形成教师的专业意识，而筛选和确定核心书目本身即是一种能够体现阅读规划意识的行动。

值得说明的是，教师阅读核心书目并不意味着教师完全把自己关进专业的笼子里，而忘记博览群书和广阔的社会生活。也就是说，教师无论是在形成专业意识前，还是在形成专业意识后，都可以博览群书。对个人来说，精读和泛读虽有时间和精力上的冲突、矛盾，但是在教师的成长和贡献上本身并无冲突和矛盾。教师阅读核心书目和博览群书，是值得鼓励和提倡的。因为这本身不仅是一种阅读规划，而且符合管理学的"二八法则"。教师阅读核心书目的比例，大约是百分之二十，而这部分书籍的阅读却决定了一个教师成长的方向、宽度、高度和深度，由此可见核心书目对教师阅读和教师专业发展之重要。所以选定核心书目，是教师阅读走向高品质和高质量而不可绕过的阅读规划环节。那么，教师如何选定核心书目呢？

案例四：

工作了大约 5 年的时候，我渐渐觉得，我的专业理论过于贫乏，并开始影响我的专业发展了。那时尽管我参加了一些公开课比赛，也取得了很好的成绩（县级、市级、省级都是一等奖），但是，我觉得我只能上课，而且底气不足，别人叫我怎么上我就怎么上，却不知道为什么要这么上。

我开始调整自己的阅读方向。我重新拾起师范学过的教育学、心理学，但觉得还是那么枯燥晦涩。我读得晕头转向，于是就向我的导师求助。在导师的指点下，我找来了朱智贤的《儿童心理学》，花了近半年的时间，细细地啃了一遍，做了很详细的读书笔记，但我总觉得书上讲的理论和实际教学很难紧密结合起来。后来我又在导师的指点下，找来了邵瑞珍主编的《学与教的心理学》，或许是有了前面那本书的基础，或许是这本书中举的例子很多是数学方面的，我感觉读得特别畅快。在近一年的时间里，我把这本书翻了不知多少遍，有些章节还能背出来。至今，它仍然是我案头的常用书。

后来，由于教学研究的需要，我还读了《教育统计学》《教育科研方法和原理》《认知心理学》等专业书籍，但也主要是根据需要选读其中的一些章节，或者是套用一些计算公式如方差、标准差、t检验、x2检验等等。（徐斌：《兴趣指引，教育自觉：我的阅读四阶段》，《教师之友》2004年第6期）

从上面可以看出，徐斌老师获奖而感到困惑的真正原因，不是教学技术、实践经验等方面的不足，而是专业理论的缺乏。此时，他没有满足于当一个获奖专业户，也没有沾沾自喜于学生考试成绩优异，而是捧起了教育学和心理学的书籍，开始了积极而认真的专业阅读。可以说，当一个教师参加比赛到了一定程度而想要实现自我突破的时候，可谓非阅读而不能实现。这种内在的觉醒，意味着教师阅读开始走向自觉，特别是想要去系统地阅读教育学理论、教育心理学等专业书籍，就已经步入了阅读核心书目阶段。

在现实生活中，当一个教师处于为学生成绩而挣扎的境地，或许意识不到教师阅读的重要性，然而这个教师一旦稳住学生成绩而想迎来教师专业发展质的飞跃，则非阅读而不能为。而教师阅读规划所解决的问题，正是将教师对阅读核心书目的认识，从历经漫长时间摸索而觉醒的自发状态转变为提前规划和行动的自觉状态，运用以结果为导向的思维，来实现积极干预、问题前置。

案例五：

"我上中师时，可读的书并不多，大多是一些苏联小说，但正是这些小说温暖了我的心灵，在我心中积淀了一种普世的价值观，让我始终以一种宽容的心态对待孩子、对待教育。"张云鹰说。

1991年8月，她被调往湖南怀化市教科所，从事小学语文和小学思想品德研究工作。那段时间，她系统阅读了艾思奇的《大众哲学》。这本深入浅出的哲学书使她初步学会了用辩证的观点对待问题，多角度地处理问题，印象很深的有冯增俊等翻译的《教育人类学》。尽管这种介于教育科学和人类学之间的边缘学科在当时还属于新学科，但却让她打开了视野，并尝试运用其他学科的研究方法解决日常的教育难题。（张贵勇：《张云鹰：唯有阅读才能培养教育家气质》，《中国教育报》2012年4月30日第9版）

在案例中，张老师到教科所工作后，才对哲学、教育学等书籍有了更为深入的阅读。如果没有工作的调动，还会有这样的阅读吗？也许有，也许没有。在很多教师看来，或许《教育人类学》并非是核心书目的理想候选之书。然而，此书对张老师来说却意义非凡，"让她打开了视野，并尝试运用其他学科的研究方法解决日常的教育难题"，这标志着教师阅读的专业意识开始萌芽。

根据上面的两个案例，可见看出教师阅读的核心书目，不是人人都完全一致。不过，教师形成专业意识，其阅读的核心书目应当优先选择教育学和心理学等书籍，这应当是一个共识。对中小学一线教师来说，教师阅读的核心书目，因人而异，因时而异，但是教育学和心理学方面的书籍应当是主要来源。可以说，核心书目的来源可能不会仅仅限于教育学和心理学的书籍，但教育学和心理学的书籍应当是其中的主要部分。这种认识，可以经得起其他教师阅读历史的检验吗？请看下面的案例。

案例六：

"我曾经是个文学青年，王安忆、铁凝、陈丹燕等女作家轮番成为我的偶像，直到现在，我对文学的热爱仍有增无减。"在山东章丘实验小学教书时，为了备出一堂好课，闫学常常要阅读大量的书籍和资料。尽管兼任班主任、教务主任和少先队辅导员，尽管她执教的班里有82个孩子，白天忙得一塌糊涂，但晚上在女儿睡着之后，她常常抛开倦意，潜心读书，一读就到深夜一两点。

但那时的阅读还是不自觉的，更多的是出于兴趣和教学的需要。闫学坦陈，她曾在阅读美国课程论专家小威廉姆·E.多尔的《后现代课程观》时，几乎不知作者所云。渐渐地，她意识到，原因还是在于自己教育理论基础的不足、知识结构的不完善。于是，她决定加大阅读的难度，开始"有坡度"的阅读，刻意研读相关的教育理论书籍。（张贵勇：《闫学：阅读，生命中最重要的遇见》，《读书成就名师》，教育科学出版社，2013年）

案例显示，一个文学青年变成教育的行家里手，其中的一个关键之处在于"刻意研读相关的教育理论书籍"。如果一个教师没有教育理论等专业书籍的研读，无论是不是文学青年，都很难成为一个真正具有专业意识的教师。而专业意识缺乏的背后，是阅读规划意识的缺失。目前，一些教师对阅读非常热爱，孜孜以求，遗憾的是，相当缺乏阅读规划意识。其表现是，没有核心书目的概念，在阅读过程中过于随意散漫，或者是跟"为了备出一堂好课""常常要阅读大量的书籍和资料"如出一辙，而处于不自觉的状态。确立核心书目，是为了优先阅读、重点阅读、经常阅读，使自己的阅读整体过程具有核心的指向和教育的灵魂。

教师阅读的核心书目，究竟可以有哪些呢？根据众多名师的阅读史和书目推荐，以下图书值得列入每位教师阅读的核心书目。

其一，皮亚杰的《皮亚杰教育论著选》、巴班斯基的《教学过程最优化：一般教学论法方面》、蒙台梭利的《蒙台梭利幼儿教育科学方法》、斯宾塞的《斯宾塞教育论著选》、洛克的《教育漫话》、维果茨基的《维果茨基教育论著选》、马卡连柯的《马卡连柯教育文集》等。这一批书籍均收入人民教育出版社出版的"外国教育名著丛书"。

其二，苏霍姆林斯基的《育人三部曲》、阿诺德的《阿诺德论教育》、亚米契斯的《爱的教育》、牧口常三郎的《牧口常三郎教育论著选》、罗素的《罗素论教育》、包尔生的《德国大学与大学学习》等。这一批书籍均收入人民教育出版社出版的"汉译世界教育经典丛书"。

其三，多尔的《后现代课程观》、范梅南的《教学机智：教育智慧的意蕴》、范梅南的《生活体验研究：人文科学视野中的教育学》、佐藤正夫的《教学原理》、佐藤学的《课程与教师》和《学习的快乐：走向对话》、阿巴兹的《贫困生的有效学习：认知神经科学的前沿观点》、克罗恩的《教学论基础》、派纳的《课程：走向新的身份》等。这一批书籍均收入教育科学出版社出版的"世界课程与教学新理论文库"。

其四，卢梭的《爱弥儿》、涂尔干的《教育思想的演进》、福泽谕吉《劝学篇》、勒温的《拓扑心理学原理》、皮亚杰的《发生认识论原理》等。这一批书籍均为商务印书馆出版的"汉译世界学术名著丛书"。

其五，《课堂管理要素》《开发和运用课堂评估》《选择性课堂：满足学生的需要》《真实世界的教学设计》等。这一批书籍均为中国轻工业出版社出版"当代教师新支点丛书"。此外，《教师评价：提高教师专业实践能力》《教师专业发展评价》《教师发展：学生成功的基石》《美国教师专业发展学校》等。这一批书籍均为中国轻工业出版社出版的"教师专业发展策略译丛"。

其六，布鲁姆的《教育目标分类学》、加涅的《教学设计原理》、加德纳的《智能的结构》等。

其七，本学科的课程论、教学实录、讲座等书籍，例如于漪的《于漪与教育教学求索》、王荣生的《语文科课程论基础》、张景中的《数学家的眼光》和《数学与哲学》、李吉林的《李吉林与情境教育》、于永正的《于永正与五重教学》、窦桂梅的《窦桂梅与主题教学》、吴正宪的《吴正宪与小学数学》、赵谦翔的《赵谦翔与绿色语文》、任勇的《任勇与数学学习指导》、张思中的《张思中与十六字外语教学法》、余映潮的《余映潮讲语文》等。

事实上，随着教师阅读走向纵深，很多书目都是后续添加的，并非都是一下子购买齐全的，因为有些书不易买到，即使可以买到，也不是一下子读起来毫不困难的。当然，也可以一次购买几十本甚至更多，以便在很长一段时间内，有一个先读还是后读的选择余地。然而，无论如何选择，教师阅读只要围绕着核心书目，总归是不会发生根本的或原则性的阅读失误，这对教师阅读来说就是规划的一种价值所在。

教师阅读的梯度设计

面对几十本、上百本书籍，阅读难度不一，教师只有注重阅读规划，才能有效降低自己的畏难情绪，避免硬读、强读而伤害阅读兴趣和阅读胃口。换句话说，教师想把握难易适度的阅读，而不是每一次阅读都要硬啃一本书，这就必须注重教师阅读书籍的梯度设计。从总体上说，教师阅读的过程是一个阅读技术和理解能力不断提升的过程，未来的技能不会低于目前的技能。所以应当尝试让书籍的阅读难度从低到高跟自己的阅读过程对应起来，这不仅是一门技术，也是一种智慧。

教师怎样让自己的阅读过程跟书籍的难度按照从低到高的顺序实现一体化呢？就原则来说，对有些书暂时没有兴趣，而且阅读起来难度极大，就可以暂时往后放一放；而有些书，读起来启发大，虽有难度但难度不大，就可以先读。这种基于整体过程考虑的阅读梯度设计，也是一种基于过程的阅读规划。这种设计，也被叫作缓坡阅读，当然还可以叫作基于最近发展区策略的阅读。

案例七：

循序渐进，量入为出。我们知道，引导学生阅读时，第一步是培养兴趣、请君入瓮，其实教师读书也是这样，特别是一些专业性很强的书籍。如果觉得韦勒克和沃伦合著的《文学理论》无趣，不妨先从孙绍振、王先霈的文本细读指导丛书读起。觉得《万历十五年》太过理性，《明朝那些事儿》足够通俗易懂。《存在与时间》太有挑战性，《苏菲的世界》《思想的盛宴》也是不错的速成替代品。凡有所得，必成学问。（张贵勇：《窦桂梅：被阅读改变的教育人生》，《中国教育报》2011年7月21日第6版）

窦桂梅老师所说的"专业性很强的书籍"和"不错的速成替代品"，就分别指阅读难度大和阅读难度小的书籍。教师先读替代品，再读专业性很强的书籍，是一种循序渐进的阅读方式。其实，这何尝不是注重和调整阅读难度设计的另一种说法呢？

根据广大中小学教师的实际状况，在设计教师阅读的梯度时，按照一定的主题词或关键词来搜集书目，可以考虑以下策略，来形成适宜个人的阅读路径：

其一，基于兴趣的阅读策略。

按照自己的兴趣，进行阅读梯度的设计。一般来说，最想读的书，兴趣较大，阅读难度较低一些，可以作为优先阅读的对象。例如：以"课程"为关键词，可以检索到的书目有《课程与教学的基本原理》（泰勒，中国轻工业出版社）、《后现代课程观》（小威廉姆·E.多尔，教育科学出版社）、《当代课程规划》（帕克，中国人民大学出版社)、《课程理论新突破》(雷诺兹、韦伯，浙江教育出版社)、《教育展望——课程改革：为动态的教育体系寻找创新模式》(联合国教科文组织国际教育局，华东师范大学出版社)、《好课程：如何设计?》(丛立新，教育科学出版社)、《课程：扩展儿童的经验》(塔索尼，北京师范大学出版社)《课程导论》(麦克尼尔，中国轻工业出版社)、《课程与教学论》(张华，上海教育出版社)等。从这些书目里挑选书籍，即使按照兴趣阅读，假以时日，也是一种规划性的阅读。

其二，基于工作的阅读策略。对中小学教师来说，工作往往就是教学，然而对于教研组长、中层干部以及教科研人员等人来说，工作不一定就是课堂教学，很可能涉及课题研究、教师专业发展、教育评价等内容，此时就有必要按照工作的要求开展阅读，以满足工作所需。以"教师专业发展"和"教师成长"为关键词，可以检索到的书目有《学会教学：教师专业发展导引》《教师专业发展》《教师专业发展制度》《学校本位教师专业发展》《教师专业发展中的关键事件研究》《教师专业发展的理论取向与实现路径》《教师专业发展的实效性研究》《中外教师专业发展研究：热点、问题与对策》等。

其三，基于技能的阅读策略。所谓技能，是中小学教师进行某种活动或从事某种工作所必须具备的能力。例如课堂教学中的导入、提问、过渡、评价等技能，再如班级管理、教学设计、试题设计、教育写作、课程开发等技能。这些技能往往决定着教师的教育教学水准。以"教学设计技能"为关键词，可以检索到的书目有《教学设计原理》(加涅，华东师范大学出版社)、《有效教学设计：帮助每个学生都获得成功》(凯·M.普赖斯、卡娜·L·纳尔逊，中国人民大学出版社)、《目标本位教学设计——编写教案指南》(斯蒂芬耶伦，福建教育出版社)、《学习、教学和评估的分类学》(安德森，华东师范大学出版社)、《基于标准的教学设计：理论、实践与案例》(李锋，华东师范大学出版社)、《教学设计：原理与技术》(徐英俊、曲艺，教育科学出版社)、《教学设计理论与实践》(钱玲、喻潜安，教育科学出版社)等。语文教师还可以增加《阅读教学设计的要诀：王荣生给语文教师的建议》(王荣生，中国轻工业出版社)、《余映潮语文教学设计技法80讲》(余映潮，广东人民出版社)、《这样教语文：余映潮创新教学设计40篇》(余映潮，教育科学出版社)、《语文教学设计与案例分析》(包建新等，浙江大学出版社)等。

其四，基于学科的阅读策略。学科教学，离不开本体性知识，因为本体性知识常常是教学内容的来源。语文教学中的语言学、文字学、训诂学、文学理论、古代文学、写作学等，数学教学中的几何学、数论、代数学、概率论、拓扑学、数学史等，物理教学中的力学、光学、电学、磁学、声学等，每个学科都有许多重要的学科分支，这些内容都是值得深入学习的对象。以"数学史"为关键词，可以检索到的书目有：《数学史》《奇妙数学史》《中国数学史大系》《数学史赏析》《文明之路：数学史演讲录（第二版）》《中国传统数学思想史》等。

教师阅读的规划技术

从教师个体的层面来看，教师阅读规划不是教师个体心中想当然的事情，个人想怎么读就怎么读，而是基于理性和思考的态度，运用规划的一些方法和技术，预见并减少教师阅读过程的不合理之处，而尽力提升教师阅读活动专业意蕴。教师阅读的规划，就是基于理性和设计而提高实效性的教师阅读行动。

在阅读实践中，教师阅读的个人规划，可以借助纸笔、网络等工具，从一些简单易行的方法、技术着眼，理性思考和设计教师个体阅读的整体框架，以提高教师阅读的科学性和专业性。教师阅读规划，作为一种理念、方法和技术，可以贯穿于教师阅读的顶层设计、执行过程和读后评估等多个方面。其具体表现主要是，自问自答或写作阅读史，自我梳理教师专业发展与精神发展的轨迹；对照教师知识结构的分类，在未来的阅读发展轨迹中集中精力突破教师专业发展与精神发展的瓶颈；实施积极的干预策略，采取加入读书会、请人指导、参加阅读培训活动、自定书目专一研读等措施，自觉改变阅读的起点、效果和指向。下面简要说明教师阅读个人规划的主要流程和做法。

其一，设计调查问卷。教师个人设计调查问卷，不是为了检测别人的阅读状况，而是为了诊断自己的阅读状况。更重要的是，这是一种通过教师自我设计、自我作答而培养教师自我管理的举措。在问卷设计中，应抓住教师阅读的主问题或根本问题，反映阅读的真实状况和实质水平。

事关教师专业发展和核心素养的问题，都是调查问卷中值得写入的主问题和根本问题。这些问题，大致有哪些呢？第一，学科类的书读了哪些？写出经典性的著作和普通的著作。第二，教学理论、方法和技术类的书籍读了哪些？写出经典性的著作和普通的著作，列出具体学科教学论的书名。第三，管理学、哲学等人文社科类的书读了哪些？写出经典性的著作和普通的著作。第四，自然科学类的书读了哪些？写出经典性的著作和普通的著作。其余问题，可以自行设计，设计的目的是分门别类地盘点自己阅读的经典著作和非经典著作，除了确定经典著作有无近期重读的必要，还要确定哪些重要的书籍尚未阅读。关于教师阅读与研修的关键问题，可以参看下面案例中的论述。

案例八：

有研究表明，教师的专业知识结构由四部分组成：一是学科知识，该学科知识的来龙去脉，学科历史的沉淀以及最新知识的前瞻；二是学科教学知识，有关教学的实践性知识和实践智慧；三是条件性知识，主要是教育理论，教育学、心理学、课程论、教学论、方法论等知识；四是文化性知识，文学的、艺术的、哲学的、历史的，甚至经济的、政治的，等等。

暂且不去讨论结构中四个方面之间的关系，从阅读的角度讲，它对我们有极大的启发。其一，教师的阅读要围绕教师专业发展来展开，从专业发展需要出发，为专业发展服务。在某种意义上看，教师的阅读生活是教师的专业发展，在阅读中彰显自己的专业价值，享受专业发展的幸福。其二，教师的阅读应当比较全面。教师阅读固然要考虑自己的阅读兴趣，形成阅读个性，但是，不能只偏于一方面或一类。比如，不少教师读得最多的是教学经验类书籍，而忽略了学科本身的发展，专业知识必然就会变得陈旧和浅薄。全面的阅读，有利于专业知识结构的完善，避免阅读的功利倾向和技术倾向。其三，教师阅读要超越。为学科而学科，为专业而专业是不行的，需要条件性知识和文化性知识的阅读。文化性知识的阅读可以丰富教师的知识背景，可以积淀教师的文化底蕴。一个知识背景开阔、文化底蕴丰厚的教师，才可能在教学中走向自由境界，才可能成为优秀教师，成为有专业魅力、学生喜欢的教师。（成尚荣：《教师该读些什么》，《中国教师报》2011年4月20日第15版）

在这个案例中，成尚荣先生对教师的专业知识结构的描述可谓非常精要，并据此对教师阅读展开分析，切中了教师阅读中任性而读、读无目的和短板严重等病灶，值得广大中小学教师仔细对照和思考。

根据学术界研究，教师阅读大致可分为专业性阅读、日常性阅读、休闲性阅读和公共性阅读这四大类别，而专业性阅读是教师的专业发展的基石，其他三种类别的阅读仅是必要的补充和拓展。为了提升教师阅读的层次，教师阅读需要从"偏食性阅读"转变为"交叉性阅读"，从"适应性阅读"转变为"前瞻性阅读"、从"一般性阅读"转变为"科研性阅读"，从"舒适区阅读"转变为"挑战区阅读"。

其二，总结阅读历史。一个教师阅读的历史，与其心理成长和价值观发展息息相关。在某种程度上，教师的书橱、书房和书库，是教师精神世界的仓库和后花园，是教师的思想面貌和精神人格的折射，甚至可以映现教师的心智与灵魂。教师通过写一篇文章，回顾个人阅读经历中的书目、感受和思考，不失为一种有效的思想整理技术。

怎样写教师阅读史呢？以朱永新教授为发起人的新教育团队认为，教师阅读史的书写达到比较理想的效果，需要注意以下方面：第一，教师阅读史应是真诚而真实的书写。第二，教师阅读史书写的重点是书籍与生活乃至与生命之间的关联。第三，教师阅读史的撰写需要以生活史为背景。总之，真正好的阅读史，往往是教师精彩而真实的"个人故事"。在写作中，教师书写个人阅读史涵盖的时间，可以从上学前一直到书写之时，还可分为若干小节来书写；尽可能真实地甚至带着生命感动来写，教师应认识到写作阅读史是对自己历史的一种重要回顾，好的书写本身便是一种回报。

案例九：

开放的语文教学与生活连接起来，这给语文教学带来了无限生机，孩子的作文水平迅速提高。这给我很大的启发和鼓舞，并引起我新的思考。我想，这是为什么呢？思来想去，其中一条重要的原因就是我优选的场景为孩子提供的作文题材都是"美"的。我知道"美"是教育的磁石，魅力无穷。倘若我们的课堂美起来，那就会像磁石一样吸引孩子。那我们的课堂又怎么美起来？再三思量，感到就语文想语文，束缚在学科里思考，走不出新路。由此我想到美学，想到艺术，并找到美学的书刊读起来。跨学科的思考，借鉴边缘学科，拓宽了我创新的思路。我以为，教育学、美学、哲学都是相近的，而文学和艺术更是相通的。这种相近、相通的边缘学科可以帮助自己跳出本学科，打开思路，甚至可以找到灵感。(李吉林：《我"悟"教育创新30年》，《人民教育》2008年第20期)

李吉林老师写下的阅读史，言简意赅，背后所藏着的是大量的书籍。无论是"找到美学的书刊读起来"，还是"跨学科的思考，借鉴边缘学科"，都是对自己阅读的总结。这种总结对当事人有着深刻的观照和反思价值，但不易于学习者和研究者观察其细节，例如阅读的具体书目、阅读过程中所产生的转折和过渡等。对新手教师来说，应当详细地写下阅读的历程，至少按照时间、学科或话题等线索书写，以便考察教师专业知识结构和教师阅读之间的对应关系，进而评估教师阅读的得失和成效。

其三，搜集名师书目。名师大多是热爱阅读而又有着深刻领悟的教师，其阅读经历和推荐书目对大多数教师有着一定的借鉴价值和启迪作用。在某种程度上，无论是理论名著，还是实践经验，名师的看法和评价，都能反映出中小学教师阅读的取向、深度和高度，值得广大中小学教师重视。

目前，很多名师的教学实录、成长自述等教育叙事体的著作，都不同程度地谈到了阅读经历，甚至还会推荐若干书籍，供同行参考。例如特级教师王崧舟的《诗意语文七讲》，是他给骨干教师培训时的讲稿和讲课实录的结集，不仅谈到了王荣生教授的《语文科课程论基础》、王尚文教授的《语感论》等课程论、教学论方面的通识性书目,而且提到了索甲仁波切的《西藏生死书》、稻盛和夫的《活法》、彼得·圣吉的《第五项修炼》等中小学一线教师不太爱看或甚少接触的宗教类、管理类书目。再如窦桂梅的《玫瑰与教育》和《窦桂梅与主题教学》、高万祥的《高万祥与人文教育》、程红兵的《做一个书生校长》和《程红兵与语文人格教育》等,都提到了一些书目,可用来作以对照和追踪。

一些名师推荐书目,数量只有三五本的时候,常常各不相同,中小学一线教师有不少人对此感到困惑,其实,当推荐范围扩大到三五十种的时候,书目重叠的概率就会显著提高。这是因为数量较少的时候,需要考虑对自身影响最大、多年来经常研读、兼顾学科教学或教育管理等诸多因素,难免存在很大的差异。教师阅读,应放眼于长时段、大范围和经典性,才能塑造出最美的自己。

案例十:

教师首先要清楚自己的专业局限,理论素养不足则多读《教育心理学》《儿童的人格教育》等理论类书籍,文学素养不足则要多看《童年的消逝》《夏洛的网》等人文类书籍,教育视野欠缺则应多读《第56号教室的奇迹》《教学勇气》等域外经典著作。

对于教师来说,真正的阅读过程像怀特海说的,是从浪漫到精确再到综合。浪漫是专业发展的第一个时期,感性、直觉和自发地进入教育场景,尽可能地大量阅读文学作品,与学生分享感受,文学、哲学、艺术等书籍都涉猎。精确是系统阅读学科知识和学科教学理论,更好地理解自己的学科以及教学。综合时期是已经形成了比较自觉的教育哲学,形成了专业本能,这个阶段不断阅读新的教育理论,不断丰富、加深和修正自己的教育哲学。

具体来说,浪漫期阅读,最忌贫瘠。贫瘠有二义:一是数量不够,二是类型单一。精确期阅读,最忌单眼理性,无辨证之心,进得去而跳不出来。综合期已属难能可贵,但忌固守自家理论而视天下其他思想为谬论,最终只是抱残守缺。只有达到了知识的融会贯通,游刃有余的教育实践才可能发生。(王健:《知性阅读考验教师专业素养》,《中国教育报》2011年11月10日第6版)

这则案例从阅读过程这一视角，描述了教师阅读的发展阶段，以及每个阶段中最有可能出现的问题和相应的对策。其实，一些名师的成长自述中的阅读经历，往往就是弥补自身短板、提升自身优势的修炼史。一些名师的阅读史轨迹和"从浪漫到精确再到综合"这一轨迹，基本一致。所以教师个人制定阅读规划，有必要预先采用这一轨迹，对自己的阅读史和阅读现状加以审视，做出注重理论指导而又基于实践过程的阅读决策。

案例十一：

"教师专业素养基本书架"包括两类：一类是"教育理性与智慧类"，包括经典和教育新理论类著作。如《陶行知教育名篇》《杜威教育名篇》《杜威学校》《杜威在华教育演讲》《国际教育新理念》《赏识你的学生》《给教师的建议》《怎样培养真正的人》《和教师的谈话》《帕夫雷什中学》《教学教育过程最优化》《教学论与生活》《论教学过程最优化》《论小学教学》《中学教学方法的选择》《爱情的教育》《公民的诞生》《孩子们！你们好！》《孩子们！祝你们一路平安！》《孩子们！你们生活得怎样！》《教育漫话》《大教学论》《再论教育目的》《爱弥儿》《学会生存——教育世界的今天和明天》《从现在到2000年教育内容发展的全球展望》《教育的使命》《教育——财富蕴藏其中》《全球发展的历史轨迹——国际教育大会60年建议书》《全球发展的研究热点——90年代来自教科文组织的报告》《教育中的自发活动》《有吸收力的心理》《童年的秘密》《蒙台梭利方法》《多元智能》等，都是对人类教育产生过重大影响的图书。作为教师，不读这些书就说明还没有进入教育者的状态。

另一类是"教学智慧与探索类"，主要为了帮助老师们吸收他人的一线教学经验和智慧。例如，《新课程课堂诊断丛书》《新课程教学现场与教学细节》《新课程备课新思维》《新课程说课、听课与评课》《听名师讲课》《梳理课堂——窦桂梅"课堂捉虫"手记》《推敲新课程课堂》《另类课堂》《英美精彩课堂》《教师科研有问必答》《名师备课经验》《课改新课型》《课堂掌控艺术》《教师反思的方法》等。（张圣华：《为教师读专业素养图书找门道》，《中国教育报》2006年9月7日第6版）

中小学一线教师究竟需要读哪些书？案例指出教师应当形成教师专业素养基本书架，可分为两大类：教育理性与智慧类、教学智慧与探索类。两者侧重点不同，前者主要是教育教学的理论研究方面，而后者主要是教育教学的实践操作方面。中小学一线教师应当根据自己的理论素养和实践技能各取所需，也可以统统买来。如果全部购买，按照半年、一年等不同的期限，等于划出固定时段内的阅读范围，然后按照兴趣阅读，可以实现书目范围大致固定、挑选书目相对自由的阅读，这是一种一次性投入成本略大但实际效果比较显著的阅读规划。

其四，统筹阅读进程。教师阅读仅有书是不够的，还必须有相对充足的时间、作息规律等作为保障。统筹阅读书籍的进程，意思是教师怎样利用时间、心情进行阅读。这是每个热爱阅读的教师需要思考和规划的问题，非常考验教师个人生活智慧和教师专业发展投入。

从阅读进度来说，速度快慢、时间长短等，教师均可因人制宜，自主调节。根据名师阅读史，大多数名师都有着一套属于自己的阅读习惯和方法。至于阅读方法，很多名师可能还会谈论，但是阅读的习惯，尤其是阅读怎样穿插于日常生活的衣食住行之间，一些名师往往羞于言说、不屑谈论或有意无意忽视，使广大中小学教师无法从阅读习惯与日常生活作息上获得可资借鉴的经验。其实，真正能够支撑名师成长的内容，大多是细节的坚持和集聚。在某种意义上，这才是名师的个人绝活或独家秘笈。下面请看于永正老师的阅读史片段。

案例十二：

自1962年走上讲台以来，于永正始终保留着四个习惯、一个爱好。四个习惯是读的习惯、看和听的习惯、观察和思考的习惯、操笔为文的习惯；一个爱好便是唱京戏。他规定自己每天读50页书，睡前常翻的三本书就是《论语》、叶圣陶的《语文教学文集》和苏霍姆林斯基的《给教师的建议》。他特别喜欢苏霍姆林斯基的作品，因为苏霍姆林斯基的著作是"做"出来的而不是"写"出来的，书中的许多故事更贴近一线教师的教学实际，更容易引起共鸣，有助于他跳出语文学科看教育，学会如何当好一名班主任，而不是仅仅当一名教书匠。（张贵勇：《于永正：一辈子

做个读书人》，《未来教育家》2013年第2期）

　　名师往往有着自己的绝活，那就是独到的阅读方法，乃至个性化和私人性的阅读习惯、生活特色。"每天读50页书"，保证阅读的质与量兼顾，既能做到细水长流，又能保证累不着，阅读习惯可见一斑。"睡前常翻的三本书就是《论语》、叶圣陶的《语文教学文集》和苏霍姆林斯基的《给教师的建议》"，则说明注重阅读书籍的种类搭配，三本书分别体现了思想经典性、学科专业性和教育理论性，并且几十年如一日研读，怎能不化为自身的精神血肉呢？这可谓于永正老师独具特色的阅读之法和治学之道。

　　其五，注重调节方法。教师阅读，不下功夫、不花时间而唯方法是从，并不可取，但这不意味着可以轻视方法的重要性。就书籍来说，每一种书，其产生的时代背景、内在的文化语境和思想精神含量，已经潜在地决定了大多数读者的阅读节奏。一些读者常常感到自己无论怎样努力，都没有办法提高阅读的速度和理解的深度，此时，相对可行的方法就是按照书籍自身的阅读节奏，在拉长阅读进程中培养阅读的毅力、意志和耐心，咬定青山不放松，啃读一本书。

　　在阅读过程中，教师根据自己的兴趣、学科、工作等需要，可以采取的阅读方法是散点阅读和定点阅读相结合，既能照顾到时间、工作和兴趣等实际状况，也能实现精读和泛读的有机结合和互相发明。在这方面，于永正老师几十年如一日"睡前常翻的三本书就是《论语》、叶圣陶的《语文教学文集》和苏霍姆林斯基的《给教师的建议》"，可谓定点阅读，而平时阅读其他书籍和报刊，相对来说则属于散点阅读。可以说，以定点为阅读中心，以散点来扩大阅读范围，在实践中是行之有效的方法。这种做法，在中小学一线教师身上能否得到验证呢？请看下面的案例。

　　案例十三：

　　不过有些书阅读的速度会慢很多。像《信息哲学——理论、体系、方法》《毛泽东选集》等需要充分体会、理解的就慢得很。毛选三个多月才能看完一本，一年中《信息哲学》也仅仅通览了一次，没有详细阅读完。一般来说，需要充分理解内容的书籍，像哲学、理论类的图书阅读速度都适合慢一些。

有些书是需要反复阅读的。这是以前看《红楼梦》时学会的方法，需要在不同的心情下，以不同的视角阅读才能体会其中深意、找到更有意思的内容。身为信息技术教师，因为对信息加工处理方面的疑问较多，所以《问题解决心理学》《认知心理学（第3版）》等书就要反复读。这类书中既有需要记忆的内容，也有需要理解的，每一次读都会有收获。

从选书到买书，再到读书是复杂的过程。选书时范围尽量要广，可以根据他人推荐、工作需要或者从论文的参考资料列表中选择。（武健：《信息技术教师读什么书——百本书的读后感》，《信息技术教育》2008年第1期）

从这个案例可以看出，信息技术学科的教师在实践经验上达到了一定的高度。"《信息哲学——理论、体系、方法》《毛泽东选集》等需要充分体会、理解的就慢得很"，触及教师阅读节奏这一问题。"像哲学、理论类的图书阅读速度都适合慢一些"，足以表明教师对阅读节奏有着深刻的体会与认识。"有些书是需要反复阅读的"，并且以《红楼梦》《问题解决心理学》《认知心理学（第3版）》等书籍举例，足见教师对定点阅读有着坚定的信念和行动。这个案例启示着广大中小学一线教师，不仅应该而且可以通过注重阅读方法，把书读得很透彻，实现精读和泛读齐头并进。就教师阅读而言，语文、政治、历史等学科的教师比起信息技术学科的教师或许更有优势。在教师阅读规划和行动中，有意识地运用一些行之有效的阅读方法，更能提高教师阅读的实效。

案例十四：

从随便翻翻到重点阅读，这是由博返约、由"多方面兴趣"转向"专业阅读"的过程。专业阅读需要虚静而专一。一旦选择了重点阅读的基本文献，则应该以专一不二的姿态与这本书保持深度交流。

选择一本书，实际上是选择一个愿意长时间交往的朋友。人可以有众多的点头之交，但几乎不可能有太多的长时间交往朋友。合适的读书态度是做一个"一本书主义者"：先读破一卷，再读第二本，再博览群书。（刘良华：《教师阅读的理由与

方法》,《基础教育》2007 年第 11 期)

对教师阅读来说,精读和泛读是一个经久不衰而又引人深思的重要话题。根据上面案例中刘良华教授的论述,教师阅读应当以精读为基础,再泛读。精读和泛读不仅应当有机结合,而且应当互相促进,形成循环往复的螺旋式发展形态。教师必须立足阅读的实践经验,形成富有个人特色的阅读习惯,恰切地处理两者之间的平衡关系,避免偏重一端而导致两者脱节的情形。

总而言之,教师阅读规划通过采取一定的方法、技术和手段,实现阅读历史、阅读现况和阅读行动的积极干预,是切实有效的自我管理行为和教师专业发展举措。专业意识,决定教师阅读的境界;核心书目,决定教师阅读的起点;规划技术,决定教师阅读的路线。在工作实践中,教师阅读应本着规划书目优先阅读的原则,以《大教学论》《教育漫话》等教育教学核心书目为基,贯通学科课程论、学科教学设计等学科类的核心书目和《论语》《道德经》等人文社科类的核心书目,用持之以恒的意志、决心和毅力,完成教师既定的个人阅读规划,进而实现教师阅读的方法、理解力、精神品质以及实践转化率等方面的实质性突破。

四、教师阅读的时间管理

中小学一线老师对自己的工作状态都有着深切的感受，甚至可以总结成一个字：忙！有人说，你不知道想安静地读书究竟有多难！也就是说，以教书育人为天职的人却无法读书，这的确是一件很悲哀的事情。其中的根本原因在哪里呢？应该说，在不能改变客观环境的情况下，根本原因在教师自身。唯物辩证法告诉我们，内因是事物变化发展的根据和根本原因。即使外在环境再宽松自由，教师也未必人人能够做到热爱阅读。所以在现有条件下，怎样促进教师阅读，就需要从教师自身找出不利于阅读的因素，尤其是妨碍教师阅读的关键因素。经过对阅读兴趣、阅读价值、阅读习惯和阅读时间等因素的调查，发现阅读时间是制约教师阅读最为关键的因素。

大多数教师都有阅读兴趣，只是程度不同而已，没有特别厌恶阅读的人，反倒有少部分是特别喜爱阅读的人；都能认识到阅读价值，至少可以调节心情、充实一下自己，专业阅读更能提高自己；养成阅读习惯的情况参差不齐，好坏之间差距很大，缺乏阅读时间和缺乏阅读习惯形成恶性循环。可以说，无论是否认识到阅读价值，是否具有阅读兴趣和阅读习惯，阅读时间都是教师阅读的前提，没有时间就没有阅读。

时间是做好一切事情的前提。时间，对每个人来说都是宝贵的，也是无法再生的。时间的重要和珍贵，无论怎样形容都不为过。有人说，时间是生命，因为生命是由时间累积而成的；有人说，时间是金钱，因为财富的产生离不开时间；有人说，时间是希望，因为每个人的梦想都需要时间来实现；有人说，时间是绩效，因为虽然工作无限但是时间有限；有人说，时间是成就，因为人类的文明与进步都是时间的产物。只有拿出时间阅读，真正把时间投入到阅读之中，教师阅读才可能取得实质性的进展。否则，所有的阅读设想、阅读计划乃至阅读规划等一系列工作，都将彻底失去意义。

为教师阅读分配时间，不仅考量教师阅读的意义，而且考量教师生命的意义。为了让教师阅读能够提高教师生命的价值和意义，怎样诊断时间的使用状况，从而减少时间的浪费来保证阅读时间，则成为至关重要的问题。

诊断时间的使用状况

所有的中小学教师的内心都有一种期望目标，那就是每天在学校工作期间能够提高效率。几乎所有教师都盼望自己能够在当天基本把学校的工作完成，这样才能不把手头的工作带回家。很多老师还希望在当天完成学校工作的同时，能够留出一些用来阅读、上网等活动的时间。无论是否具有时间管理的意识、方法和能力，每个人都在自觉或不自觉地使用自己的时间，无论是主动还是被动，这是不可逆向、不可改变的事实。

如果放眼现实状况，就会发现中小学教师中处于悠闲状态的人并不多，尤其是高中教师能够做到当天工作当天完成而又有闲暇阅读、上网的人则更少。每天如此，内心的期望目标和现实生活形成强烈的落差，使一些教师陷入自怨自艾、抱怨连连的状态之中。因此我们需要追问的是，时间到底都去哪了？到底用在了什么事情上了呢？在中小学教师群体里，一旦问起这个问题，许多教师能够说出一些自己所做的工作，然而并不明白时间是否存在很大的浪费现象，更不清楚时间究竟浪费在哪些地方。有鉴于此，教师很有必要对自己的时间消费状况进行诊断，筛查哪些明显是属于浪费时间的环节和事情。

下面是来自中小学一线教师的真实生活案例，对一天的生活和工作等内容有着较为详细的记录和描述，可以作为诊断中小学教师时间使用状况的材料。

案例一：

6点30分，"丁零零……"刺耳的铃声骤然响起，我一下子从睡梦中惊醒，习惯性地努力睁开双眼，迅速坐了起来。看看窗外，依然黑漆漆一片。蹑手蹑脚地下床，穿好衣服，摸黑来到了洗漱间，以最快的速度洗漱完毕。望着镜子中已经清爽的自己，张开嘴使劲笑了笑，尽量让紧绷着的肌肉柔和些。"总不能让学生看到自己僵硬的面孔吧。"然后，发动了院子里的摩托车，轻手关上大门，骑着车赶往学校。

6点50分，天色微微亮。再过10分钟早读就开始了，我先进教室，教室里48个学生全都坐在了自己的位子上，又像是约定好了似的，齐刷刷地捧着课本，大声地读起书来。那清脆的有点稚嫩的声音宛如一首轻快美妙的曲子，一点点浸润了我的心田。我坐在讲台上，同学们就争先恐后地上来背书了。

7点40分，早读结束的铃声欢快地在校园里响起来。铃声中，我轻轻地把手一挥："走吧，同学们，吃早点！"学生们欢呼雀跃，按秩序而出，奔往食堂，我也到了食堂维持学生吃早点的秩序，并在食堂买了一个馒头一碗豆浆作早点。

8点整，第一节课上课了，我任的是七、八年级语文课，因此，几乎每天都上第一节课，每天上午大都有两节课，如果没有课就备课写教案，批改作业，找学生谈心，和学生家长沟通。

到12点整放学了，急急忙忙地赶回家吃午饭。因为学校实行的是半封闭管理，所以只有一个小时的吃饭时间，饭后还有45分钟的午辅课，之后下午的三节课，除了上课，就是写教学笔记，完成学校临时安排的一些工作。

17点钟放学，慌慌张张地吃了饭，又要赶往学校，因为18点开始又上自习了。自习要上三节课，一直要到21点15分。下自习了，披星戴月赶回家，用热水烫烫脚，感到身体有点舒坦了，再看一点自己喜欢的书，完成自己的那点业余爱好。

这就是我，一个普通的中学教师的一天。想想，虽然辛苦、平淡，但是觉得生活还是充实的，因为我的每天都有收获，都有难忘，都有欣慰，甚至还有精彩和快

乐。(左荣彪:《一个普通教师的一天》,《大理日报》2011年12月26日第B3版)

面对这位教师在一天中的时间使用状况,采取什么样的方法来诊断呢?根据事物的重要和紧急这两个维度,采取坐标分析法进行诊断。这种方法,又称四象限法则。

这种方法所要回答的问题正是:究竟是什么占据了人们的时间?因为管理学一直在致力于研究和解决这个经常令人困惑的问题。后来,著名管理学家柯维提出时间管理原则,基本上可以分为四个"象限":既紧急又重要、重要但不紧急、紧急但不重要、既不紧急也不重要。所以,这个时间管理的四象限法则,也称为柯维四象限。事实证明,这种时间管理原则和方法是行之有效的。在现实生活中,针对事情按照紧急、不紧急、重要、不重要的排列组合分成四个象限,这四个象限所划分出的优先程度,有利于我们对时间进行深刻的认识及有效的管理。

"值得注意的是,要解决好第二优先和第三优先的关系,就是要正确区分重要但是不紧急、不重要但紧急的工作,将二者的模糊性和不确定性清晰化。因为不重要但很紧急的工作对企业领导者的欺骗性是最大的,把紧急的工作造成它很重要的假象,耗费了领导者大量的时间;另外,正是由于领导者荒废'重要但是不紧急'的工作,使原本不紧急的事情变成重要而紧急,在危机中疲于应付,使得本应第二优先的工作转变为第一优先,使自身无时无刻不处于'忙'的状态。"(官志勇:《企业领导者时间管理的现状及路径设计:基于四象限法则的分析》,《中外企业家》2016年第12期)

对教师来说,只有划清时间管理的象限,才有可能对各种事务做出一定的统筹和排序,避免处于无休止的忙碌状态,以至于丧失投身阅读与写作等活动的时间。

第一象限:这个象限包含的是一些紧急而且重要的事情,这一类事情具有时间的紧迫性和影响的重要性,无法回避也不能拖延,必须首先处理优先解决。它表现为重大项目的谈判、重要的会议工作等。

第二象限:这个象限包含的事件是那些紧急但不重要的事情,这些事情很紧急但并不重要，因此这一象限的事件具有很大的欺骗性。很多人认识上有误区，认为紧急的事情都显得重要，实际上，像无谓的电话、附和别人期望的事、打麻将三缺一等事件都并不重要。这些不重要的事件往往因为它紧急，就会占据人们很多宝贵的时间。

第三象限：这个象限不同于第一象限，这一象限的事件不具有时间上的紧迫性，但是它具有重大的影响，对于个人或者企业的存在和发展以及周围环境的建立维护，都具有重大的意义。

第四象限：这个象限的事件大多是一些琐碎的杂事，没有时间的紧迫性，没有任何重要性，这种事件与时间的结合纯粹是在扼杀时间，是在浪费生命。发呆、上网、闲聊、游逛，这是饱食终日无所事事的人的生活方式。

具体到每个象限的事务，应该如何处理呢？第一象限，立即行动；第二象限，请人代劳；第三象限，制定计划；第四象限，杜绝出现。下面的示意图，显示了事务所在象限、应当采取的态度与做法。

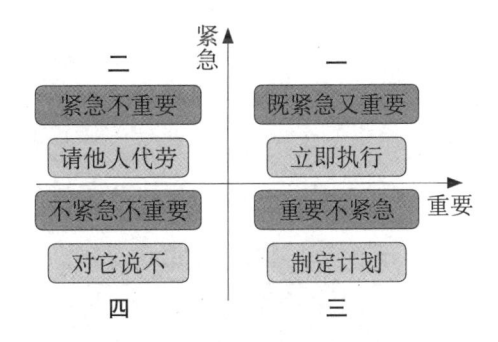

```
          紧急 ↑
    二    |    一
 紧急不重要 | 既紧急又重要
 请他人代劳 |  立即执行
 ─────────┼─────────→ 重要
 不紧急不重要| 重要不紧急
  对它说不  |  制定计划
    四    |    三
```

对教师来说，在现实生活中怎样用四象限法则呢？这就要把每天的工作列出清单，对每种具体工作进行命名后，划分每种具体工作的所用时长，进而做出诊断，以便分析时间是否存在浪费现象。

在第一个案例中，教师比较完整地叙述了自己在一个工作日内所做的事情。这种叙述，也是大多数教师对自己生活的感受、认识和描述的一种模式，可以采用坐标分析法的思维，对时间使用的具体状况进行诊断。由于这位教师已经列出了详细的清单，只需在此基础上对每项具体工作进行命名、划分所用时长即可。

第一个案例中的事情，按照时间发展进程，对具体项目命名、划分所用时长，具体情况如下：

6:30～6:50	起床、交通	时长20分钟
6:50～7:00	看班、查勤	时长10分钟
7:00～7:40	早读（学生）	时长40分钟
7:40～8:00	早餐、准备	时长20分钟
8:00～12:00	上课两节、备课、批改作业	时长4小时
12:00～14:30	交通、午餐、午辅	时长2小时30分
14:30～17:00	上课、写教学笔记	时长2小时30分
17:00～18:00	交通、晚餐	时长1小时
18:00～21:15	三节自习	时长3小时15分
21:15～	交通、洗漱、看书、就寝	

根据这张具体事务命名、所用时长表，诊断如下：

几乎每一种事情都是紧急而重要的，到了时间节点不做不行。可以说，这是一个教师根据工作日的流程做出的常规性必选动作，而教师阅读因为不是学校规定的必选动作，所以很多教师就有意无意地忽略或向后拖延时间，以至于在中小学教师中主动阅读、积极阅读的人所占比例不高。

下面，再来看一位教师对自己一天时间使用状况的介绍，并对具体事务进行了命名。

案例二：

5:20 起床，刷牙、洗脸、上厕所。

5:35 离家（孩子还没有醒）。

5:45 到学校看学生早操和晨读。

7:00 早饭（学校食堂——一个馒头、一份咸菜、一份豆角或豆芽、一碗清可见底的稀饭）。

7:20 看学生。

8:00 上课。

12:00 下课。

12:10 离开学校。

12:30 到菜市场买菜（拣时令菜买——便宜）。

12:50 到家做饭。

13:30 吃午饭。

14:00 刷锅碗。

14:10 休息。

14:40 起床。

14:50 到学校看学生。

15:00 上课。

18:10 放学。

18:30 到班看学生。

19:00 自己解决晚饭（离家近的回家吃，离家远的就在学生餐厅吃）。

19:50 上晚自习。

22:00 放学。

22:20 到家，洗漱。

22:40 上床休息（孩子已经睡了）。

周而复始（周六、周日依旧）。（佚名：《一个高中教师的一天》，摘自网络"天涯社区"）

这位教师按照时间节点，介绍了自己一天的时间使用状况。虽然对每项具体事务进行了命名，而且排布也很整齐有序，但是并未清楚地介绍每种事务的所用时长。在某种程度上，这个案例说明，当前中小学教师不仅对自己使用时间有效性的思考存在不足，而且对一天的时间状况进行诊断也缺乏适切有效的方法。

第二个案例跟第一个案例的相同之处在于，所列出的每种事务和工作，几乎都是教师的必选动作。然而，令人遗憾的是，每种具体事务的所用时长不清晰。

这让人无法了解到底有哪些事务的时间不具有伸缩性，而又有哪些事务的时间具有伸缩性，最终难以做出确切的诊断。

从所用时长的显示这一角度看，作为诊断样本的价值，第二个案例比第一个案例要低许多。即便如此，两个案例仍然反映出一个共性问题：除了那些时间不具有伸缩性的事务，所剩下的那些时间具有伸缩性的事务使用状况是不是效率很高，都有待于诊断。因为只有提高那些时间具有伸缩性的事务的处理效率，才有可能节省出一定的时长。那么，对于那些时间具有伸缩性的事务，教师应怎样提高其效率而节省出时间呢？这成为时间管理中至关重要而亟须解决的问题。

减少浪费时间的行为

根据教师在工作日内时间使用状况的诊断，得出的一个重要结论是：那些时间具有伸缩性的事务，其效率有待于诊断，以便节省时间。关于使用金钱的问题，人们大多有着普遍熟悉而且深刻的经验，那就是省钱就是赚钱。事实上，使用时间和使用金钱的原理是一致的。省时间就等于赚时间，其实质是提高效率，节省出时间来多做很多事情。对教师来说，在工作日内想要提高效率来省时间、赚时间，只有从那些时间具有伸缩性的事务入手。因为别处无法入手，更无法开源，每人每天的工作总时长都是固定的。

对教师来说，学会管理时间的重要切入点是，应先学会对每天的事务做出区分，即哪些事务的时间不具有伸缩性，又有哪些事务的时间具有伸缩性。就中小学教师而言，这是提高效率而节省时间的第一步。唯有如此，才有可能重新认识、选定和诊断自己每天当中的那些必选动作，发现其中存在的问题来做出改进，进而挖掘出其中可以节省时间的空间。

中小学教师学会管理时间，第二步是针对每天工作中普遍存在的必选动作，采取一定的措施提高效率，来加强每天的时间管理。那应该怎样加强管理呢？最好的回答是，采用以提高效率为导向的工作思路。也就是说，对一些可以变通的工作、所用时间具有伸缩性的事务，提高处理技术的熟练性来缩短所用时长，例如批改作业、写教学笔记等，完全可以进行优化处理。而一些工作属于时间没有伸缩性的事务，怎样采取提高效率的办法，所用时长都不会产生改变，例如上两节课的时间、午辅的时间等。

其实，一些工作和事务具有不可伸缩性，一些工作和事务又具有可伸缩性，这可以看作教师职业和工作的一个显著特点。中小学教师认识到这种对工作事务的两分法，有助于提高处理某些工作和事务的效率，从而节省出用来阅读、思考等进行教师专业发展的时间。

下面仍然以第一个案例为诊断对象，根据具体事务是否具有时间可伸缩性的特点，进行具体诊断。具体诊断时，应当对事务所用时间是否具有伸缩性以及具有伸缩性的空间大小，做出相对清晰的判断和定位，这样才能抓住解决问题的核心，从而选准提高效率节省时间的突破口。

时间	事务	时长	伸缩性
6:30～6:50	起床、交通	时长20分钟	（不可伸缩）
6:50～7:00	看班、查勤	时长10分钟	（不可伸缩）
7:00～7:40	早读（学生）	时长40分钟	（不可伸缩，但有自由度）
7:40～8:00	早餐、准备	时长20分钟	（伸缩空间较小）
8:00～12:00	上课两节、备课、批改作业	时长4小时	（伸缩空间较大）
12:00～14:30	交通、午餐、午辅	时长2小时30分	（伸缩空间较小）
14:30～17:00	上课、写教学笔记	时长2小时30分	（伸缩空间较大）
17:00～18:00	交通、晚餐	时长1小时	（伸缩空间较小）
18:00～21:15	三节自习	时长3小时15分	（伸缩空间较大）
21:15～	交通、洗漱、看书、就寝		（伸缩空间不定）

从以上诊断结果可以看出，上午、下午和晚上，均为伸缩空间较大的时段。事实上，这三个时段确实是中小学教师的大块时间，同时也是中小学教师应该提高效率的主阵地。

在上午、下午和晚上这三个时段，中小学教师心中应当有清晰而清醒的认识。

这涉及众多中小学教师作息规律和生活习惯的普遍性，值得探索一种基于节省时间而促进教师阅读的思路，从而提升教师专业发展水平。

根据案例，我们无法判断教师的实际效率如何，但是可以肯定的是，效率仍有提高的可能性，而且有些时段提高效率的可能性非常大。例如：晚上，就可以成为教师阅读的好时段，前提是白天充分利用时间，做好备课、批改作业等工作。如果晚上不能阅读，而且又没有到学校进班辅导自习，教师就应当思考自己是否存在浪费时间的行为，因为总不至于一辈子每个晚上都是安排满满的事情。其实，上午、下午等时段，也可以考虑是否存在浪费时间的行为。

对教师阅读来说，每分钟都是很宝贵的。然而，一些教师不爱阅读，经常做出浪费时间的行为，和热爱阅读的教师在行为上形成了鲜明的对比。既然教师在现实中形成了阅读人群和非阅读人群的显著差异，那么非阅读人群都有哪些特征呢？

第一，不由自主地成为"手机控"。在日常生活中，这样的浪费行为在一些教师身上司空见惯，放眼中小学教师群体可谓比比皆是，甚至教师自己都没有丝毫的察觉，根本没有认识到这是一种浪费时间的行为，更不用说自我警觉了。虽说现在是手机时代，但是每个人是可以自己把握使用手机的时间长度的。从实际情况出发，一个教师每天玩手机的时间长度最好控制在半小时以内，这样对整个业余时间系统才不会产生较大的影响和冲击，也才会有时间进行教师阅读等教师专业发展活动。

第二，喜爱在电脑网络上闲逛。不要说在电脑上聊天、购物、浏览八卦新闻等事情无法跟纸质阅读相比，即使是在电脑上阅读电子书，在通常情况下也无法跟纸质阅读相比，因为阅读的深度、眼睛的舒适度、用笔批画的便捷度等，两者根本就不在一个层次上。从教师阅读的角度看，在电脑上经常性地长时间聊天、购物、浏览八卦新闻乃至追看电视连续剧等行为，都属于无阅读、浅阅读而缺乏深度阅读与思考的行为，并不利于教师专业发展。只有理性地使用电脑，一个教师才不会变成电脑控，才会拥有时间进行教师阅读等教师专业发展活动。

第三，常常心神不宁而又烦躁。在学校里，经常会有这样一些教师，长期心神不定、情绪多变，或是因为家中事务而烦心，或是因为工作不如意而烦心。总而言之，这类教师难以保持一种平和、乐观和开朗的心态。当然，由于长期心神不定，这类教师在教师阅读等教师专业发展活动上，即使有一定的愿望和行为，也很难取得实际成效。一个教师既然来到学校工作，可见很多事情并没有学校工作重要，无论如何都应当让这些事情各归其位，重要的、不重要的，紧急的、不紧急的，做一番综合考量，进行分类处理，避免自己长期陷入人在学校心在外、心神烦躁不宁的状态。教师唯有抓好心态这个源头，其余事情方可势如破竹地提高效率，最终为教师阅读留出时间。

以上这三种特征，是非阅读教师的人群特征的显著之处。当然，关于非阅读教师的人群特征，在现实中还有很多，都非常值得深入思考和提炼。其实，这三种特征也是教师阅读的高手和非高手之间的分水岭。一般而言，教师阅读高手的显著特征，跟上述三种特征是截然相反的：理性地使用手机、电脑等电子媒介，使用而不沉迷，至于心态则非常平和，有着一种令人羡慕的沉静和从容。

一个教师是否具有浪费时间的行为，能否挤出时间阅读，主要取决于他的心态和时间管理水平。一个良好的心态是教师阅读的根本，高超的时间管理水平则是教师阅读的保障。

保证阅读时间的条件

根据前面案例的诊断结果，中小学教师阅读时间有限，但仍有挖潜的空间。具体来说，上午、下午和晚上，是中小学教师阅读时间进行挖潜的主要地方。中小学教师在日复一日的教育教学工作中，应该如何挖潜呢？这需要具体问题具体分析，找出每个时段的基本特点和时间长度的伸缩空间。

在三个时段中，上晚自习是很多高中和一些寄宿制初中、小学的规定。就高中而言，除了班主任需要在晚上看守班级，其余的教师只需要在晚上有自习辅导的时候到校进班即可，其余的教师晚上都可以自己做主。也就是说，一个教师即使晚上有自习课，也并非天天晚上都有，更非每个晚自习都要讲课。鉴于此种情况，教师应当充分利用没有自习课的晚上、不做讲解辅导的晚自习，进行教师阅读。对非高中教师和非寄宿制学校来说，义务教育阶段的初中、小学，广大教师根本不需要考虑晚上到校进班这件事。如果中小学教师没有自觉阅读的习惯，那么晚上的时间很容易在吃饭、聊天、看电视等一些行为中流逝，久而久之就丧失了利用八小时之外的时间进行专业修炼的意识。有人说，人与人的区别在于八小时之外如何运用。只是有时间的人未必成功，学会挤时间的人才能成功。八小时之内决定现在，八小时之外决定未来。由此可见，晚上这个时段是广大中小学教师阅读制胜的一个关键时段。

至于上午和下午，几乎所有的教师都是一样的，都要面对备课、上课、批改作业等事务。只是班主任们更忙而已，因为管理班级的确需要一些时间。

从教师的基本工作事务这一角度来说，一个教师应该如何针对上午和下午进行挖潜呢？通常来说，无论是上午还是下午，一个教师的备课、上课和批改作业等工作事务都是相对固定的，周周如此，这就让人有基本规律可循。即使每一天的上课时间不固定，但是从每周不变的情况看，教师需要对一周的上课时间和其他工作事务的时间进行专项划分，这样才有利于做好以周为单位的时间规划。

教师应通过切身经验，找出自己的"时间高效期"，用精力最好的时间做最重要、最难办的事情。每位教师都具有自己的工作时间周期。有些教师在上午工作效率最高，有些教师是在午后或晚上工作效率最高。我们要把最重要的事情放在工作效率最高的时间处理，把例行的和相对不重要的事情放在工作效率低的时间处理。这样可以有效地利用时间，从而提高工作效率和效果，为教师阅读留出相应的时间。

在教师的各种工作事务中，上课的时间长度是固定，具体哪一天需要进班多长时间都很有规律性。上课的时长没有任何弹性，无法而且也不可能缩短时长。

除了上课，备课、批改作业、找学生谈话等事务都是具有弹性的，教师可以采取一定的措施提高实效性,从而节省时间。那么在备课、批改作业、找学生谈话等事务上,如何提高效率呢?

例如,备课中的写教案,完全可以写成教学简案,教师应当设计主问题或教学线索,用主问题或教学线索贯穿各个活动环节,形成一种教学合力,达成既定的教学目标。如果教师将每一课时的教案全部写成教学详案,真不如好好整理这一节课的教学实录,然后对照教学简案,开展对比性研究,进而查阅相关的教学实录、优秀教案、教学法乃至教育教学原理等相关书籍。所谓的备课,不是背课,不是把一篇详细的教案都完整地背下来,在课堂上严格地实施,教师某一句必须如何提问、某个学生必须如何回答,复制和照搬教案,而是要研究性地备课,旁及教师阅读等活动,实现教师专业发展的立体化、多样态和协调性推进。

再如,批改作业是教师用时较长的一种事务。面对日复一日的用时重头戏,教师想提高使用时间的效率,需要不断地摸索和实践。确实,批改作业对很多老师来说是一件很头疼的事,很多时候不改又不行。但是,如果教师去思考诸如"布置什么作业""改多少合适""怎么改有效""什么时间讲评"之类的问题,不仅能优化作业设计与批改的质量,还能提高使用时间的效率。

如何优化和提高呢?这需要做到两方面。在教师这里,应当优化试题、习题的设计,从量和质上综合统筹考虑,而不是采用题海战术,把学习变成单打一的做题活动。在学生那里,教师应当培养学生的自主意识,学会管理自己的学习和时间,对作业、练习等内容有自我检查、思考总结的习惯与技能。如果教师一味地采用题海战术,抱着学生走,对学生丝毫不敢放手,将陷入学生和教师都很累的境地,哪里还能有时间阅读呢?目前,一些中小学一线教师只要谈起阅读就说没有时间,这或许就是其中一个重要的原因。对此,教师应当树立正确的教育观、教学观和考试观,做题是提高学生成绩的一种对应性训练途径,完全可以有,然而提高成绩、激发学生学习兴趣的途径有很多,并不局限于做题。在某种程度上,只有教师肯于解放学生,最终才能解放自己。可以说,没有学生的解放就没有教师的解放。如此一来,教师才会有更多的时间和更好的心情,为教师阅读保驾护航。

教师只有坚持阅读，在备课、批改作业、找学生谈话等事务上才会有更多的思考和智慧，才能有更多的规律性认识，最终才会树立正确的教育观和成长观。否则，教师长期缺失阅读，和落后的教育观、成长观等观念将形成互为表里、互为因果的恶性循环，教师最终必将被自身落后的观念和繁重的事务缠绕得喘不过气来。教师只有勇敢阅读，经过心灵的搏斗和现实的痛苦，才有希望斩断这种恶性循环的链条，最终走上教师专业发展的自由之路，实现从"必然王国"到"自由王国"的转变。

在中小学教师群体中，利用各种时间阅读的教师往往是最具成长力的教师。特别是名师，都是善于利用和管理时间的高手，大多数人也是教师阅读高手。

案例三：

b、p、m、f不认识，没学过，得从汉语拼音学起；只粗知英语语法，汉语语法没学过，我不得不用双倍乃至数倍的工夫学习，从语音、语法、修辞、逻辑到中外文学史，到阅读一定数量的中外文学名著，以文学史为纵线，以各个时代重要的作家作品为横线，纵横交错，再旁及其他，力求在两三年内把中文系的主要课程捋一遍，增添一点教学的底气。为此，拼命挤时间学。那时，一周有两个晚上的政治学习，回家总得九点半以后。每天晚上九点以前备课、改作文，九点以后学习、自修，咬着牙学，天天明灯陪我过半夜。不学，上课就没有发言权。（于漪：《"门"在哪儿》，《岁月如歌》，上海教育出版社，2007年）

案例四：

他勤奋，爱钻研，有毅力。妻子做饭时，他摇着风轮背《古文观止》；妻小回城过年，他独守寒舍写《滴水集》。（王鹏伟：《为了大写的人：记吉林毓文中学特级教师赵谦翔》，《语文教育：世纪之交的嬗变》，教育科学出版社，2011年）

于漪老师和赵谦翔老师的阅读经历，足以引起我们深深的思考：成长为名师容易吗？名师背后究竟应该有着怎样的行动支撑呢？面对纷繁复杂的环境，于漪老师拼着命咬着牙阅读，千方百计地挤时间；面对艰苦恶劣的环境，赵谦翔老师用毅力坚持阅读，利用干活时间背书。这是何等的决心和毅力啊！

当然，从两位前辈身上我们也可以看出开展教师阅读和保证教师阅读时间所须臾不可缺少的一些重要条件，那就是无论外界环境是多么的纷繁复杂和艰苦恶劣，毅力和行动是必不可少的条件之一，管理时间、挤时间也是必不可少的条件之一。因此，在教师阅读上，中小学教师应当用持之以恒的行动，来证实自己的决心和毅力，进而实现教师专业发展的提升。

　　在学校工作日，时间是常规的，无弹性，不能增加，不可逆转、无法取代，一切活动和工作都要耗费时间，但这并不意味着教师阅读可以完全舍弃。所以，想要拥有时间实现教师阅读，教师需要对自己工作日时间的使用状况进行规划、管理和检查，减少浪费时间的行为，在时间具有伸缩性的事务上挖潜。在某种意义上，一个教师的时间管理能力，比他的工作能力更重要，因为时间是做好工作的前提。自然，对教师阅读来说也是如此，教师做好阅读时间的管理，甚至比教师的阅读能力本身还要重要。

五、教师阅读：学校何为

提起教师和学校的阅读现状，常常有人感叹：教师是教人读书的人，然而一些中小学教师自己却不读书；学校本是读书的地方，然而一些中小学却只考试。这种印象和判断，跟公民阅读调查中纸质阅读在质和量两方面同时下降的趋势是非常吻合的。如何唤起教师阅读的兴趣，使教师热爱读书，进而带动学生读书，最终使学校变成一个真正读书的地方，这成为许多中小学校长甚至是教育管理部门关注和思考的问题。那么，从学校管理的层面看，教师阅读，学校何为？

回归到育人本位的大阅读观

学校是培养人的地方，阅读的教育价值自然也无须多提。在某种程度上，读书就是学习的同义词，甚至是教育的同义词。例如，"书犹药也，善读之可以医愚""黑发不知勤学早，白首方悔读书迟""为中华之崛起而读书"等。由此来看，阅读和学习是等值的，阅读和教育是等价的。可以说，阅读和教育有着共同的使命，即培养人、成就人。

在育人上，阅读具有求知、修身、练技和审美等重要价值。因为在知识的获取、德性的培养、能力的提升和审美的陶冶上，我们很难找出比阅读更为便捷有效、系统关联而又成本低廉的教育形式。之所以说阅读的使命在于育人，是因为教育的使命完全可以在阅读中实现。杨国荣教授在华东师范大学所做的演讲《教育的使命》中说："教育的使命在于人的完成。除了知识的传授、德性的培养和能力的提升，教育还涉及另一重要方面，即审美品格的培养，后者构成了人的完成过程中重要的内容。"虽然阅读和教育有着共同的使命，但是当前一些中小学和教师是如何对待阅读的呢？请看现实生活中的案例。

案例一：

在课堂上，某语文教师根据学练结合、堂堂清的模式，只要课文阅读一结束就立即安排学生做练习题，到了考前更是频频刷题。学生要求阅读名著，教师则以高中阶段学习紧张为由，让学生课外找时间。于是，学生高一、高二成绩遥遥领先，到高三虽有下降但仍居中上游。学校领导评曰：有效教学、优秀教师。

案例二：

一个高中化学老师担任班主任，根据学校的教学常规，在班级里严格规定：自习课必须看教材、做作业或习题，一律不准说话、睡觉，也不准看课外书，即使是《红楼梦》《三国演义》《巴黎圣母院》《人间词话》等中外名著也不行。理由是看闲书不如多做题，提高成绩要靠多做题，想看名著就在语文课上看。结果，一些任课教师反映，在课间学生大面积伏桌而睡，无论是白天自习课还是晚上自习课，发呆的学生日渐增多。学生厌学，加剧了教师厌教，以至于形成两者的恶性循环。

中小学是培养青少年儿童的地方，这是所有人的共识。问题是，几乎所有的中小学并没有将阅读作为培养学生的一种通识课程或公修课程，更没有认识到指导学生阅读科科有责而形成育人合力的重要性，只是寄希望于语文课来培养学生阅读的兴趣、技能和习惯。在现实中，很多中小学认为读书就是语文老师的事情，甚至同教语言学科的外语老师也如此认为。因为在这些教师心中，本学科的课堂学生只能阅读本学科教材，这样才能保证自己的利益不受损失。苏霍姆林斯基说："把学习仅仅局限于背诵必修的教材是特别有害的，——这种做法会使他们养成死记硬背的习惯，变得更加迟钝。"一言以蔽之，这是一种本位主义的狭隘心态。持有这种心态的教师也未必教会学生阅读本学科教材的方法，最终导致许多教师推卸了基于学科而开展阅读教学的责任。

当很多教师都抱着这种心态把指导学生阅读的职责一股脑推向语文老师的时候，语文老师也仅仅是将阅读作为提高分数的技能和途径，并不考虑如何实现阅读育人的最大功效。所以，重新认识阅读的价值和使命，就必须超越考试本位的狭隘阅读观而走向育人本位的大阅读观，这是基础教育阶段的学校和教师应当坚守的要义。教师持有本位主义的心态和狭隘的阅读观，足以说明教师对阅读的价值和使命的认识是模糊的，甚至是严重错误的。其对待学生阅读如是，对待自身阅读亦如是。阅读观的错位、错误，是一些教师虽然积极投身阅读、拼命督促学生学习却都很难见效的一个重要原因。

学校肩负着培养学生的重任，因而需要指导学生阅读，这是学校教育的应有之义。但是一些中小学开展教师阅读，大多出于教师投身工作所需，对阅读的价值和使命并没有清晰的认识。一些学校表示，学校哪有时间和精力去指导教师阅读呢？这反映出学校根本没有认识到阅读在教师成长过程中的价值和意义。其实，应该把满足教师工作所需这种短期发展和培养大批高水平教师的长远发展结合起来。归根结底，一个高水平的教师，研究教学所需要的知识、技术、方法、习惯、态度、思维等，哪一样能够离开教师的专业、深入而持久的阅读呢？这也是一些中小学年年搞教师培训却最终成效不大的一个症结所在。因为在这些学校里，教师长期以来缺乏通过阅读而自学、研修和研究的意识、习惯、技能，培训根本不能发挥点燃、助推和提升的作用，只能让教师现场听听激动、回去不读不动。所以学校有必要引导教师重新认识阅读对学生以及自身所具有的价值和作用，才能更好地推动教师投身阅读。

即使从教师阅读受益而滋养学生阅读的角度来看，学校也应该在阅读的方法、技能和习惯等方面对教师进行培养。没有教师高质量的阅读，就很难会有学生高质量的阅读。只有有了书香教师，才有可能出现大批的书香学生，学校最终才有可能变成书香校园。

学生是发展中的人，教师也同样是发展中的人，而阅读可以使学生的发展和教师的发展找到共同点和结合点。所以站在大育人观的高度，学校和教师只有重新审视阅读，才能深刻地理解和领悟阅读使命的真正内涵，即育人不只是促进学生成长，还包括师生相长和教学相长。

回归到育人本位的大阅读观，学校需要引领教师更新认识，将阅读作为一种终身学习的手段、能力和习惯，各科教师应当通力合作把学生培养成阅读者和善读者。因此，在中小学里，阅读不仅是一种课程需要在各科教学中予以体现，而且是一种育人的资源、手段和途径，更是一种把学生培养成终身阅读者、终身学习者的责任。学校和教师只有站在育人的高度，树立大阅读观，打通教师阅读和学生阅读的隔阂，才有可能真正实现自育育人、自觉觉人。

教师研究是校长的第一专业

说到教师阅读，不能不说教师阅读的心态。学校研究教师阅读的心理，如同教师研究学生学习的心理，两者的内在逻辑并无二致。成尚荣先生说："儿童研究是教师的第一专业。"类似推理，教师研究就是校长的第一专业。所以推动教师阅读，校长不能不研究教师的阅读心态。

教师阅读会有怎样的心态呢？除了上面提到的狭隘本位主义心态，还有教师阅读心态的矛盾性和复杂性。教师阅读心态的矛盾性和复杂性是怎样体现的呢？请看案例。

案例三：

一位初中教师是刚毕业的大学生，在某寄宿制学校既任班主任又是两个班的英语老师。学校每天在大屏幕上公示各个班级的纪律、卫生、自习、寝室等检查情况，形成各班评分排名一览表。这位教师说，心累，自己爱读书却读不成，内心非常矛盾。

案例四：

一所小学，要求教师每天的教案必须详写、每天的作业必须立即批改，每周导师跟学生谈话要有记录，同课异构、教职工大会、同班各科教师协作会、集体备课等活动必须人人参加，这些本来已经花掉不少时间了，还要创建文明学校，所有老师每天都要用半小时打扫卫生区。就这样也要上好课，考出好成绩，我想读书，可是我哪儿有时间读书呢？以前对读书我很纠结，现在根本不想读书，也就不纠结了。

案例五：

下午下班后，张老师回到家，吃过晚饭，刚拿起书，妻子就大喊："别看了！孩子的作业还没检查呢！你赶快辅导孩子的功课吧。"第二天早晨张老师到了学校，被年级组长请过去谈话："你是老教师，给大家带个头，想办法提高一下成绩。是不是练习题做得少？学生说作业批改得不够细致。你多想想办法。"张老师原本计划这几天好好读书的，结果一想到学生的成绩始终上不去，没有半点儿好心情，只好琢磨提高考试成绩的办法。终于到了周末，张老师还想读书，没料到家里又有了新的事情，张老师只好作罢。长期以来，张老师到家总想读读书来提高教学水平，不料被妻子批评："天天就知道看书！家里的事情你从来不知道多操心！也没见你挣多少钱！"张老师心酸难忍，日复一日，周而复始，盼望退休了百了。

教师都知道阅读的重要性，但是始终难以坚持阅读，尤其是难以坚持阅读经典名著。原因就在于教师在现实中遭受着各种因素的干扰，阅读的心态常常是矛盾的，甚至是复杂而多变的。如果不从教师阅读的心态着眼，就很难破解教师阅读热情不高、实效不佳的难题。实际上，这也正是许多中小学总想推动教师阅读却始终难以奏效，而对教师阅读感到无能为力、束手无策的根本原因。

从以上具体案例我们可以看出，一个教师真正而持久地投身阅读，那该需要拥有何等的决心和毅力！这样的教师又何等的令人钦佩！很多时候，包括校长在内的管理者和专家总是强调，教师要把学生看成一个有血有肉有情感的独立个体，从学生的视角研究教学，这样让学生学得愉快。然而，在教师阅读这一活动上，我们也应该把教师看成一个有血有肉有情感的独立个体，从教师的视角研究阅读，这样才能让教师读得愉快。

在案例中，我们可以切实感受到一些教师，尤其是青年教师对阅读的渴望，渴望通过阅读促进自己成长，但是一些学校以严格管理、规范管理为名，使教师无法保持安静的心态进行阅读。因此，校长需要研究并把握管理精髓，做到有所为有所不为，避免教师产生"树欲静而风不止"的感受，敢于解放教师，才有可能实现教师静心阅读。

在现实生活中，教师阅读的心态常常受到各种利益的掣肘和羁绊，这种复杂性远远超出校长们的想象。例如，一位教师说，自己收入本来就很低，买书花的都是自己的血汗钱，何况每一分钱都早已有了要用的地方。对此，很多人会说："买一本书有那么困难吗？一本书也就20块钱！"其实，这位教师的自陈心迹并非毫无道理，我们不必苛责，因为我们不能苛求所有的教师都嗜书如命。俗话说，一分钱憋死英雄汉。一些教师面对读书所产生的囊中羞涩的心态，校长不可不知，或许，这些教师正是因为这种囊中羞涩的心理，而始终不敢做出买书、读书等投资大脑的行动，糟蹋了自己原本不错的资质和潜力，最终沦为平庸的教师。

在关于教师阅读的口头访谈中，可以得出这样的结论：教师舍得花钱买书的力度，不仅代表着教师专业发展的投入比重，而且代表着教师为实现自身专业发展所能利用的条件、基础和资源，更代表着教师实现自身专业发展所拥有的决心、毅力、见识和境界。从区域性的层面来看，乡村教师每年敢于花钱买书在1000元以上者，教师阅读的状态相当不错；城市教师每年敢于花钱买书占工资十分之一者，教师阅读的状态自是上乘。

教师阅读心态的复杂，除了囊中羞涩、无法安定等，更多的应是一些难言之隐无法倾诉、无人理解的迷茫孤独。例如一位语文教师阅读文本解读的专著数年如一日，却始终无法窥其堂奥，未能转化为教学生产力，顿时感到迷茫：阅读这些理论专著有用吗？再如一位数学教师在阅读多种相关图书后，仍然无法让数学知识、数学思想跟情感、态度和价值观得以融合，于是陷入教师阅读和教师专业发展的瓶颈之中，内心十分焦灼。在中小学教师群体中，类似的阅读心态可谓普遍存在。如果校长能够把握教师阅读的心态，找准病灶而给予鼓励、施以援助，从而驱散教师阅读的心头迷雾，教师阅读的状态和效果自会渐入佳境。

对一位意志坚定的教师阅读者来说，阅读的痛苦不是无书可读，也不是阅读愉悦无人分享，而是想要通过阅读实现自身的专业发展却力不从心。校长应在教师阅读产生动摇心理时，巧妙地通过各种形式，给教师一颗定心丸，推动教师阅读走向高品质。所以，在中小学里，借助教师阅读而培养教师，校长需要把教师研究作为自己的第一专业。

用生态的环境滋育教师阅读

从中小学推动教师阅读的实践做法来看，激发全体教师读书的兴趣和热情主要有设立读书节、建立读书会、举办读书征文活动、开办阅读讲座、邀请作家座谈等形式，并且在实践中也产生了一定的作用。然而，用教育生态的眼光审视，一些旨在推动教师阅读的内容和形式，本身缺乏内在的关联性，也不足以优化教师阅读的生态，有时还容易被教师视为负担，遭到教师的"隐性抵抗"和"非暴力不合作"，背离了促进教师阅读的初衷。以生态环境的取向审视教师阅读，关于教师阅读的许多障碍将迎刃而解。

案例六：

数年前，我参加全市校本课程观摩会，问一位乡村小学校长：学校一年买多少书？校长含糊其辞。再三询问，他告知：学校经费少，只能买教辅，还有上头"压下来"的一些书。又问：为何不买一些教育教学名著？校长坦言：没钱。

案例七：

某教师喜读书，擅长教育写作，发表文章多篇，但学生考试成绩平平，排名不前不后。一旦有文章见报见刊，同事在背后立即评曰："发文章有啥用？咋不提高学生成绩呢？"领导婉言相告："好钢要用在刀刃上。"每到评优评先、晋级晋职，领导和同事不约而同地让这位教师靠边站，原因是班级考试成绩不行，一票否决。这位教师索性不写教学论文，转写小说、散文，出版多部文学作品，加入省市的作协和文联，最终成为教师队伍中的作家。

从教育生态环境的角度审视这两个案例可以发现，校长的态度与行动、学校的同事文化和评价生态,对教师阅读有着至关重要的影响。对此,我们必须认识到,决定一所中小学的教师们是否热爱读书的关键,在于校长能否建设一种适于教师阅读的同事文化和评价生态。

十多年前,特级教师高万祥担任张家港高级中学的校长,推动全校教师阅读的做法堪称系统而有内涵。高老师的梦想就是当一个书生校长、建设一个书香校园。为了引导教师读书,他说:作为妇女节礼物,我为全校100名女教师每人发一套《发现母亲》,后来还感到后悔,因为没有给男老师赠送这本书。为了促进全校师生读书,他在抓学生写作的同时,对教师的写作也有近乎苛刻的规定:全校教师都要写生活小故事,每个青年教师每周不得少于3篇,中老年教师每周也不能少于1篇。为了帮助教师阅读与成长,他特聘钱理群、巢宗琪、朱永新、曹文轩、王尚文、于漪、成尚荣等国内知名专家担任学校课题顾问和青年教师的导师,让学校老师与这些名人进行不同形式的交流。至于办报刊、置雕塑、选书目等活动,更是不在话下。高万祥老师回首自己人生之路说,读书、教书、著书,不可一日无书。其实,这既是他个人精神的写照,也是他治理学校的写照,阅读可谓"无孔不入""事事关联"。

一个学校建设理想的教师阅读生态环境,需要提前做好顶层设计。一个学校的顶层设计的呈现形式,一般是学校的整体发展规划,如三年发展规划、五年发展规划等。为了将教师阅读落在实处,在学校发展规划中,中小学既需要用条文的形式明确表述教师阅读的理念、性质、地位、作用和保障等相关内容,也需要将学校对教师阅读的谋划统筹、战略考虑等细化分解为各种各样的活动和项目,形成理念目标与行动跟进的联动递升机制。这种机制意在构建一种生态,凝成一种合力,系统地推动教师阅读,进而实现全校教师的专业发展、学校教育教学质量的提升。细化分解的活动和项目,包括图书来源、活动实施、视觉文化、评价体系、经费预算等,旨在谋划消除教师阅读的诸多障碍,而使教师阅读出现障碍和困难时能够更好地得到救济帮助。

良好的阅读生态,其建设非一朝一夕之功。中小学需要在管理理念、制度建设和教育评价上，尤其是教师评价上，着手改进和优化，甚至是重建。

例如，一些中小学凡是会议必讲考试，校长、副校长、教务主任、年级主任轮番讲，年复一年最终形成了学校最强大的舆论导向，即只要跟考试无关的事情就属于白费和折腾，说不定还要受到批评。本来一些校长不读书，已经难以对教师阅读产生带动和召唤作用，何况又以种种形式有意或无意地抑制教师阅读，加上教师阅读的生态原本就非常脆弱，如此一来，教师哪还会有阅读的意愿呢？若是又缺乏教师阅读的条件、资源等，具有阅读意愿的教师在这样的学校里还敢抱有希望吗？没有学校管理的重建，教师阅读的生态就难有根本的改善，仅仅依靠一些规定强制教师阅读，并不会从根本上激起教师阅读的意愿、动力和行动，更不会提升教师阅读的质量和实践的转化率。

且不说针对学生而举办需要教师参与的活动，仅仅针对教师而进行的同课异构、全体教职工会、年级会、同班各科教师协作会、集体备课等活动，一周之内就有十多种，美其名曰"以活动锻炼人，使教师在活动中成长"，几乎耗尽了教师的时间和精力，致使教师无法在工作日的八小时之内有喘息之机。对此，一些校长表示，很多活动时间都不长。然而教师颇有苦衷，因为开一次会，虽然学校计划用时半小时或一小时，但是一去一回，再加上提前去一会儿，这就需要多用半小时。当教师在校内的时间都被耗尽的时候，也不大可能在校外或者家中主动阅读，这是基于人的生理机能需要恢复、心理承受适度压力而反抗高强压力的必然选择。

智慧的学校管理者，非常懂得在工作时间内给教师"留白"的艺术，使教师在学校里就有时间和心情去阅读，获得阅读的乐趣并养成阅读的习惯，这样教师在走出学校和回到家中后，才有可能继续阅读。在良好的阅读生态环境中，个体阅读和集体阅读才会迎来春暖花开、花开烂漫的景象：一个人走得快，一群人走得远，所有的人都走在阅读成长的路上。

学校是一种综合生态，决定着教师阅读生态的品质和活力。教师阅读生态的建设，既有图书设备、场馆构成、景观设计等显性生态环境的建设，也包括课程管理、行为文化、舆论氛围等隐性生态环境的建设。对中小学来说，学校必须成为读书的地方，无论是教师还是学生，都应捧书而读。为此，一个学校，经费再少也要买书，校长再忙也要谈书，师资再弱也要送书，分数再低也要读书，唯有如此，学校才能到处弥漫着迷人而又持久的书香。

六、教师阅读：个人何为

学校是需要教人读书的地方，教师是需要教人读书的人，这是许多人的共识。然而，在中小学里，一些教师不读书，或者说不太喜欢阅读，尤其是不喜爱阅读教育专业的图书，几乎处于"不读书不看报"的境地，日益成为令人忧虑的问题。那么，既然身为教师，教师阅读，个人何为？

重塑价值：让人生多元发展

读书是获得知识、培养德性、提升能力和发展审美的便捷有效的途径，既系统关联又成本低廉，对整个人类的发展有着极为重要的意义。对教师来说，自然也不例外。唤醒教师的阅读意识，激发教师的阅读动机，必须先重塑阅读的价值，即阅读是教师重塑职业生命价值、提升人生生活质量和发展多元智能潜力的需要。

思想是行动的先导。教师只有在观念上重新审视、发现和重塑阅读的价值，才有可能在行动上坚定不移地开展教师阅读，感知教师阅读的魅力，体悟教师阅读的真义。

目前，一些中小学教师常常满腹怨言，不是感叹教师职业发展空间受限而让人无法施展才华，就是抱怨教师职业无法接触多种人群而缺乏丰富多彩的生活，或者认为教师待遇过低倍感地位和尊严受挫而令人失落，埋怨的理由不一而足。

然而，在不能改变社会职业环境的情况下，从阅读的角度仔细观察这些满腹怨言者，很快就会发现一个可悲的事实：这些心生埋怨的教师常常不读书，也缺乏教师应有应过的专业的生活。与此形成鲜明对比的是，幸福的教师常常是阅读丰富而且思想深刻的教师。

在当下，一些中小学教师深刻地感受到并经历着物质重压和内心渴求之间的考量与纠结，常常打着回归生活、面对现实等旗号，最终做出舍弃阅读而求物利的决定。事实上，阅读作为丰沛精神的一种生活存在，从来就不曾离开过现实生活。令人匪夷所思的是，一些教师为何要硬生生地将阅读从每天的生活中强行剥离？其实，人越是面对人生的困境和苦难，就越应该寻求智者的帮助和指导，而书籍恰恰就是一位帮人走出困境、超越苦难的智者。可以说，阅读是读者向智者叩问和寻求帮助的过程。在当今时代，面对来自社会的各种压力和内心的复杂感受，教师应当重塑教师阅读的价值，即让人生多元发展、充满多重意义和变得更加丰富。对教师来说，果真可以如此吗？

案例一：

窦桂梅说，那些人文经典让她拥有了宽广的文化视野和悲天悯人的人文情怀。在文学的熏陶和濡染中，经过时间的沉淀，她的内心变得丰富多情、细腻浪漫。而这也是她之所以成为一个对文字保持高度敏感、表达极具感染力的小学语文教师的源泉。（张贵勇：《窦桂梅：被阅读改变的教育人生》，《中国教育报》2011年7月21日第6版）

案例二：

张国庆是河南省淇县朝歌镇石桥小学语文教师。天命之年，他的生命轨迹才正式开始转航。

用张国庆自己的话说，他身上存在着许多"先天缺陷"："文革"时期的初中毕业生，小学五年上了四年复式班，两年初中绝大部分是在田地里与农民相结合；语言贫乏得可怜，"人一多，说了上句，下句就不知道该说些什么了"。

…………

然而，在 2009 年，这一切都发生了改变。一次偶然的学习，让 50 岁的张国庆萌生出要做一名好老师的强烈愿望。在这种愿望的支配下，他到书店买了两本书，一本是魏书生的《班主任工作漫谈》，另一本是李镇西的《做最好的班主任》。

成长初期，张国庆还不懂得什么是教育理念，能够做的就是照搬这些名师的经验。读《班主任工作漫谈》的时候，他照葫芦画瓢把班规班纪落实到自己的班级管理中，当学生有了缺点错误，就用让学生写说明书的方式取代自己的情绪冲动。读了《做最好的班主任》，就学着李镇西为自己制定"五个一工程"——每天读不少于10000字的书籍，每天写不少于1000字的教育教学随笔，每天至少与学生聊一次天，每天至少上两节经过认真准备的课，每个学期至少到每个学生家中进行一次家访。

从此，阅读逐渐成为张国庆的生活方式。每天早晨 5 点左右，当人们还在睡梦中的时候，他的阅读就开始了：从怀特海的《教育的目的》到马斯洛的《动机与人格》，从弗洛姆的《爱的艺术》到谢弗勒的《人类的潜能》，从苏霍姆林斯基读到乌申斯基、卢梭、洛克，从荣格、马斯洛读到柏拉图、亚里士多德、黑格尔……他一边读一边写出对教育、儿童、生命的理解。阅读，让张国庆懂得了该怎样上课，该如何与儿童交往，懂得了生命的终极意义。从此，他"每天走在通往学校的路上，感觉到太阳都是新的"。（王占伟：《张国庆：让学生"向我看齐"》，《中国教师报》2015年 9 月 9 日第 12 版）

名师既是爱读者，也是善读者，并以阅读为乐。对教师来说，阅读的意义，并不只在于提高教师的课堂教学技能。对名校名师窦桂梅来说如是，对普通教师张国庆来说亦如是。一般而言，教师阅读不总是仅仅为了提高教学技能，而总是在提升教学技能的同时，进一步滋养精神的世界而促发生命的觉醒。窦桂梅老师的感悟表明，读书可以促进生命的丰富、心灵的成长；张国庆老师的事例说明，读书可以促进智慧的孕育、尊严的提升。

面对现实生活，教师重塑阅读的价值，离不开阅读动机的牵引。马斯洛的人本主义心理学研究指出，动机是复杂多样的，没有孤立静态的动机，而动机的实现和需要的满足，则从生理、安全、归属与爱、自尊和自我实现逐层提升，低层次需求被满足后会转而寻求更高层次。由此来看，教师应判断自身的阅读动机和需求层次，并据此开展相适配的教师阅读行动。

古人说，立大志得中志，立中志得小志，立小志不得志。其实，这种人生智慧的总结和动机需求理论科学研究有着异曲同工之妙。在一定程度上，动机水平决定着行动的力度和效果。所以教师不应当仅仅满足于当一个对教科书照本宣科的搬运工，更不应当满足于做一个只读教参、教案、教辅的"三本主义者"，而应当通过持续而发展的专业阅读当一个名师，甚至是在学科和管理等方面卓有成就和贡献的专家。

有人说，相同的工作，却有着不同的教育理解；相同的薪水，却有着不同的人生价值；相同的生活，却有着不同的内心风景。阅读也是如此，同样是阅读，却有着不同的动机境界。

重塑阅读的价值，还需要教师看到阅读对教师的显性价值和隐性价值。显性价值包括教师通过阅读培养自己成为名师、教学专家、管理专家等高价值的教育行业拔尖人才和领军人物。这如李白的诗句所言："天门中断楚江开，碧水东流至此回。"阅读的显性价值，具有改写人生、划时段的意义。隐性价值包括教师通过阅读掌握教育规律而对学生、自我和家人带来精神上的指导、心理上的帮助和肯定性的反馈等精神财富。这如泰戈尔的诗句所说："天空没有留下翅膀的痕迹，但我已经飞过。"阅读的隐性价值，具有自己独特领悟而他人很难立即意会的意义。

根据加德纳的多元智能理论，人具有多方面的潜质和天赋。所以，教师完全可以借助阅读而把自己变成一个饱含独特价值、富有教学个性的教师，甚至可以成为一个久经实战而又著书立说的名师。即使不能如此进阶，教师也可以充分利用和开发职业的时间、文化和场所等资源，通过阅读自我修炼而实现从教师向教学专家、管理专家、命题专家、演说家、培训师、心理咨询师、诗人、小说家、影视编剧乃至播音主持等工作角色过渡。

一位教师基于自身职业特点和资源，进而实现多元发展，在当代社会中也屡见不鲜。教师妥善协调各种发展路径，往往更能提升职业生命质量和专业发展水平。例如，特级教师、唐山市开滦一中校长张丽钧，在业余时间笔耕不辍，经常在《读者》《青年文摘》《青年博览》等报刊上发表文章，出版多部文集，直接促进了个人和学校的语文教学及研究。特级教师、北京教育科学研究院小学数学室主任吴正宪在基础教育界传道授艺，传播数学之美，出版教育教学专著多部，同样促进了个人和更多同人的教育教学及研究。溯及民国时期，许多中小学教师常常身兼多职，如陶行知、叶圣陶、朱自清、夏丏尊、朱光潜等，为教育发展和社会进步做出了不可磨灭的贡献，令人钦佩敬仰。

科学规划：让自己实现增值

教师阅读，应当具有计划性，这已经是基本的常识和通行的做法。然而，令人遗憾的是，在现实中一些教师制订的阅读计划，不仅不能如期完成，而且效果常常自感失望。一个重要的原因就是阅读计划常常出于学校的强制要求、个人的主观渴求而制定，而对自身的理解基础、时间管理、阅读技能等方面缺乏比较充分的认识和评估。因此，教师阅读的发展路线图应当增强科学性和实操性，引入科学规划的思想、方法和技术，以求教师阅读质量产生实质性的飞跃。规划和计划相比，计划更多地带有一厢情愿的感情色彩，而规划则更多地具有据实调查研究、科学决策发展的意味。何以见得呢？请看案例。

案例三：

邓彤老师现任上海市黄浦区教育学院教研员，但在1999年被评为全国优秀教师的时候，还在安徽宣城当中学语文教师。但他不满足于已经获得的荣誉，"报考了教育硕士，教学十余年后，再次背上书包攻读教育硕士学位"。数年后，他又被评为特级教师。俗话说，人过四十不学艺。然而，在2010年已经年逾四十的他，却又报考了语文课程与教学论的博士。如其在毕业论文的后记中所言：

四年前，如愿考入王荣生先生的门下；而今年近知命，终于完成学位论文。此刻书写后记，不由感慨万千。

四年来备尝艰辛。多年形成的野狐禅式的治学方式，使自己在研究之路上走得格外艰难。一路跌跌撞撞，茫然且困惑，劳心亦劳身。但我依然痛苦并幸福着。

案例四：

华应龙透露，从中师毕业后，他到一所农村小学教体育，数学只是他的"副业"。他也坦言，做了两三年老师，课堂语言仍是他的软肋，上课说话时还会紧张。正是不断地读书思考，他渐渐在学生面前有了底气，有了一份淡定，加上不断地反思总结，最终有了如今课堂上的神采飞扬、意气风发。

读书不只是丰富自我，还是成为教育家的必经之路。华应龙说，从他的经历来看，不读书，他不会成为特级教师。他家里的书柜摆满了三种书：教育类书籍、人文社科类书籍和数学类书籍。而数学类书籍中，有许多与华罗庚有关。因为看多了数学大师的教育故事和生活经历，讲课时，华应龙会随口溜出华罗庚的名言，或渲染课堂氛围，或启发学生思考，或画龙点睛。（张贵勇：《华应龙：读书成就了今天的我》，《中国教育报》2011年3月24日第6版）

特级教师邓彤坦言自己攻读博士前的阅读、研究等特点，是"多年形成的野狐禅式的治学方式"，可谓赤诚恳切之言。也许他读博的收获有很多，这些收获莫不来自攻读博士期间的课程学习、阅读研修等训练。简而言之，邓彤老师道出了教师阅读的一种真相：即使评上特级教师，阅读、思考也很难具有一定的规划性，但是博士期间的阅读、思考不得不随着课程学习、文献梳理、学位论文撰写而变得具有一定的规划性。由此可见，许许多多的中小学教师并非特级教师，其阅读、思考究竟会有多少规划性可言呢？这个问题令人深思。

再看华应龙老师的阅读与成长，原本只是"副业"的数学却成就了杰出的自己。这源于其阅读在有意无意中遵循了一种规划性：数学类书籍为内核，扩大范围为教育类书籍，最外围为人文社科类书籍。这是一种何等智慧的阅读经验和成长道路。

从两位特级教师的阅读经历可看出，阅读规划对教师的成长至关重要，缺乏规划的教师阅读，教师难以实现自我增值。

既然阅读规划能够帮助教师实现增值，那么怎样才能使阅读具有规划性呢？对此，教师应当想到阅读的实质是教师的自我修炼。既然是自我修炼，就可以分析自我的长处与不足，然后根据自身特点、发展目标和内在需求，经过请教别人、网络查询、同伴互助等方式确定核心书目和延伸书目。此时，依据最近发展区的理论，确定阅读书籍的难度和所需时间的长度，按照缓起步、慢上路、不停步的循序渐进之法，从核心书目到延伸书目，进行一一攻读。如此思考和设计，虽然并非真正属于严格意义上的阅读规划，但至少比起自己随心而读、随买随读的思想认识和阅读状态更加具有规划意识和研究意味。

在教师阅读中，如果教师仔细分析和研判自己的长处与不足，针对自己的不足之处，详细罗列若干细点，然后采取逐点攻破的方法，自己寻找相关的大量书籍进行阅读。这种类型的教师阅读，也不失规划性，只是规划性不够集中鲜明而已。关于阅读对性格缺陷、学养不厚和思想贫瘠等自身不足的滋育和治疗，培根在《论读书》中有着深刻的洞见："读史使人明智，读诗使人灵秀，数学使人周密，科学使人深刻，伦理学使人庄重，逻辑修辞之学使人善辩：凡有所学，皆成性格。"例如，教师对教育的本质认识不清晰，那么就要尽可能多地找来《教育学》《教育学原理》《教育本质新论》等论著，力求从哲学、历史、文化等层面透视教育的本质。所以教师应根据自身的不足，有意识地寻求一定的指导和帮助，以发挥阅读自育、自学立己的作用。

教师成长虽然必须扎根于实践，但是没有阅读的介入，一味依靠自身的朝夕揣摩和所谓的勤学苦练，终是少了些智慧的润泽和灵动。不重视规划的教师阅读，虽能实现一定程度的增值，然而毕竟要付出许多无谓的辛苦和代价。没有规划的阅读，也许可以视为一种诗意而自由的经历，但也可以视为一种杂乱而散漫的过程。所以，对渴望实现自我增值的教师来说，规划意识是教师阅读行动中不可或缺的品质。具有规划性的教师阅读，更有助于教师增值。

学以致用：让现实产生改变

教师阅读，究竟有什么用？能让自己在现实中有改变吗？这是中小学教师在阅读行动前后普遍关注的问题。回答是肯定的。教师阅读能够使教师在现实中发生改变，其关键在于学以致用，只是不同的教师阅读者所改变的层面和重心不同而已。

在各种致用所带来的改变中，教师心态的改变是最重要的改变。教师阅读和教师备课、教学等活动相比，更偏重于教师的自省、内视和内化。教师通过反复而持久的阅读，足以养成良好的阅读习惯、阅读心态和问题意识等精神品质，这是一种深层而隐性的内在提升。而一些教师更加看重阅读促进写作、教学等技能的提高，殊不知文章的发表、教学的提升等改变，同样离不开教师阅读所培养出来的阅读习惯、阅读心态和问题意识等精神品质。《论语》中说："君子务本，本立而道生。"这个"本"，不只是本业，还可以是本心、本质等内容。一个教师阅读习惯不好、阅读心态浮躁、问题意识缺乏，可以写出思想深刻、富有启迪的文章吗？可以上一节线索清晰、深度学习的好课吗？教师阅读，唯有首先重视内心的改变，才有可能迎来外物的改变。《道德经》中说："致虚极，守静笃；万物并作，吾以观复。夫物芸芸，各复归其根。归根曰静，静曰复命。"可见，教师在阅读过程中涵育好心态是何等的重要。

教师通过阅读来提高自己追求外在成就的实力，这种阅读动机和心态本身也无可厚非。但是，获得荣誉、发表文章、著书立说等外显的成绩与进步，常常伴随着心态的修炼和改变，所谓互为表里、表里如一，说的就是这个道理。

于漪老师是全国著名特级教师、全国教书育人楷模，著作等身。她是如何取得这些成就的呢？于漪老师说："一辈子做教师，一辈子学做教师。"怎样学做教师呢？下面，从于漪老师文章中所摘录的两段文字，可窥探其成为一代语文教育名家的一个秘密。

案例五：

作为语文教师要有文史哲的底子，必须要有文化的积淀。知识不等于文化，知识是一种本领，文化是一种素质。知识是文化的一小部分，是文化的基础。我们过去的一些大学的、中学的教师文化积淀很深，他们没有什么教学参考书，拿起一个教本来，就可以左右逢源。他们的文化底子好，学生再怎么问，他们也不怕。我们现在上课就怕学生问，一问就不知道怎么办，回答不上来。

我们确实要有点文化积淀。我们的语文内容丰富复杂，它的家属成员很多，它的社会关系非常复杂，字词句篇，读写听说，并且跟很多学科都有关系。因此对这些问题，我们必须做出哲学的思考。(于漪：《语文教师必须有教学自信力》，《语文学习》2010年第1期)

案例六：

老师的课富有艺术，是与她的思想、修养、境界和视野相关的。为什么老师的思想、修养、境界和视野能达到这样的高度？我认为有三条：

第一，老师年轻时打下扎实的基本功。老师学的是教育系、历史系，教语文不是老师的本行。为了把语文教好，老师是下了功夫的：每天清晨五点，她在庭院里背课文；每晚，她啃着从图书馆搬来的一本本图书：语、修、逻、文；教育学、心理学、马克思主义哲学，还广泛涉猎天文、地理、科技、戏剧。老师以入迷的精神，一步一步向语文教学的博大殿堂迈去。

第二，老师身上有时代的年轮。老师常说，一名教师应当有相当的职业敏感，要跟着时代奋力前进。老师像海绵一样，不断吸收新的信息，增进自己的知识储存，调整自己的知识结构。

第三，善于向不同风格与流派的老师学习。上海语文界在发展中不断形成不同的风格与流派，如高润华的"精讲多练派"，杨墨秋的"精雕细刻派"，陆继椿的"一课一得派"，还有钱梦龙、方仁工等，老师都认真向各家各派学习，在此基础上提出了"点、线、面、体"的立体化教学方法，成为一位语文教学集大成者。(刘茜：《于漪：教师是教育的希望》，《教育家》2015年第6期)

案例七：

钱老师自己培养自己的第二个"秘密武器"，是不停地阅读。钱老师只有初中文凭，但他的学问显然远远不止初中水平。他曾经说："我虽然学历不高，但在小学毕业前就爱读各种课外书，进入中学后更是手不离书，所以尽管学历不高，却一直以'读书人'自许。"

所以，我常常对年轻老师说："只要你肚子里真正有学问，你怎么上课都叫素质教育！因为所谓'素质教育'，就是高素质教师的教育！"说这话的时候，我心里想的就是钱梦龙老师。（李镇西：《钱梦龙老师的魅力》，《未来教育家》2016年第1期）

举凡名师，几乎都是教师阅读中的高手。于漪老师的谆谆教诲告诉我们，教师不能怕学生问，需要在知识的学习中形成素质，更重要的是，语文教师需要具有教学自信力。教师无论是知识的学习，还是教学自信力的培养，都离不开阅读。案例五是于老师的自述，案例六为于老师的学生王厥轩的发言，都表明了于漪老师爱读、善读和读以致用的习惯。在案例七里，钱梦龙老师更是精彩论述了阅读是教师安身立命之本，阅读心态、阅读动机和投入的程度决定着教师的成就。这深刻阐明了教师阅读的心态、投入的程度与教师取得成就之间的关系。

教师在阅读改变心态后，会更容易成为一个少论是非、踏实做事、勤于思考和不断研究的人，也将会更专注于自己的成长修炼。除此之外，教师阅读还可以改变某些现状，主要表现有以下方面。

提高考试成绩。在阅读教育测量与评价、考试理论等理论书籍后，运用到课堂教学、试题设计和复习指导等方面，在教—学—考的一致性上提高思想认识、研究测试工具和熟练操作技术，从而在测验与考试等方面提高学生成绩。

促进文章发表。在阅读任何有益的图书后，例如管理学、心理学、文化学等，写出读后感和书评，或者运用书中的相关理论进行实践，写出实践的过程与体会，都可以提高文章的智慧含量和深刻程度，从而提高文章发表的命中率。与此类似的还有征文比赛、读书汇报会、出版专著等活动，都可以提高教师的学术含量和生命质量。

提高教学水平。只要是中小学教师，都知道优质课在展示教学水平、参加职称评审、推选骨干教师等方面的分量和权重，所以教师通过阅读教学设计、教学实录、教学反思以及学科史、教育理论等图书，足以助力自己在家常课、优质课、观评议课等多种课堂教学活动中崭露头角和摘金夺银。

教师阅读，贵在提高思想认识，持之以恒地行动。面对社会现实纷繁复杂的利益与压力，教师唯有读书才能务本、固本和养本。也许不读书的理由有成千上万种，但想读书的理由只有一个，即在阅读中获得乐趣与成长。为了实现自我增值和引领学生成长，就教师阅读来说，身为教师个体，的确大有可为。

七、手机时代教师阅读的有效管理

在人人拥有手机的时代,一些人甘当低头族,教师应该怎样从手机阅读中突围呢?这无疑是一个需要直面和解决的现实问题。

目前,智能手机具有电话、短信、微信、QQ、微博、博客、游戏、电子书等功能和软件,这深度重构了手机的形象。手机变成了一个具有多种功能和作用的复杂形象,既是一个人际沟通的工具,也是一个游戏娱乐的工具,还是一个阅读学习的工具。可以说,手机的功能和形象定位,因个人的价值取向和使用状况的不同而不同。

对教师阅读者来说,手机是一个阅读学习的工具,足以为教师阅读者在拓展媒介资源、挖掘时间资源、开展无缝隙阅读等方面带来便利。那么,在手机时代,教师如何阅读呢?这对广大中小学一线教师来说,是兴趣毅力的挑战,也是实践技能的修炼。下面就从有效管理的角度,对教师阅读提出一些方向性的建议和策略,以期改善教师在手机阅读状态中内容芜杂、品质过低和实效不佳的状况。

精选内容提升手机阅读的品质

阅读内容决定着教师阅读的质量。没有高质量的内容,就没有高质量的教师阅读。教师基于手机的电子阅读,以微信、微博等自媒体内容为多。其实,自媒体、网络等内容，跟纸质书籍一样，存在着质量高低的问题。如果教师没有辨别意识，丝毫不考虑教师专业发展的需要，只是从衣食住行的日常生活层面和同学朋友的友好往来层面出发，那么每天繁忙的手机阅读状态，并不能带来教师专业发展的有效提升。这种现象在中小学一线教师那里比比皆是，可谓司空见惯而又浑然不觉。请看中小学一线教师的自述，其充分反映了目前许多教师的实际状况。

案例一：

我每天最喜欢的事情，就是看手机，经常自觉或不自觉地拿出手机翻翻看看，几乎成了我的下意识。我差不多就是一个手机控，感觉到现在的人可以离开很多东西，可能唯一离不开的东西就是手机。每天早晨醒来，第一件事就是摸手机，一是看时间，二是看手机微信公众号、朋友圈、微博和QQ动态等各种消息。很多时候也会看朋友转发的文章，读了之后很受启发，但是印象不深，经常是感动一时，过一段时间就忘了。自从有了手机，爱看各种消息，我很少再翻书。以前我还翻翻报刊，现在几乎不看了，至于书，看得就更少了。大多数老师不订阅报刊，也不看书，主要原因就是摆弄手机，看新闻、翻消息、打游戏、聊天等，把原本想看书的时间和念头全都冲得一干二净。（一位小学骨干教师的自述）

案例二：

高中老师，每天几乎都是在题海中奋战，每天忙得不可开交，时间都被上课、备课、作业和试卷等工作分割开了，根本没有完整的时间。当班主任，总是操不完的心，几乎24小时处于待命状态，时间更零碎。想读书，几乎不可能，这时候用手机浏览新闻、看看朋友圈和QQ消息，也算是一种调节和休息。如果不是咬牙坚持读我想读的一本书，估计我一学期也读不完一本书。现在，已经过了大半学期，一本书还没看一半，其他班主任大多也都是这样。本来想看书，没有三分钟就有事情了，不是学校通知的事情，就是班级的事情，刚翻开书，一下子就没心情了。我每天都守在办公室里，几乎每个课间都有学生过来说事情，看书几乎不可能。每天都感到时间特别零碎，玩玩手机，也算趁机休息一下，说不定还能遇到几篇不错的文章，正好可以读读。玩手机时间长了，就成了习惯，有时候吃饭会下意识地拿

出手机翻翻，睡觉前也都会玩上一会儿。（一位高中班主任的自述）

案例三：

据统计，国人平均6分钟看一次手机。手机中"爆屏"的APP应用，随时随地都有看不完的新闻和服务资讯；为了消灭微信朋友圈的那个小红点，大家都在不停地点击和进行所谓的阅读和分享：读转来转去的心灵鸡汤、笑话、各种吐槽……信息唾手可得的时代，人们的欲望似乎很容易满足。但现实的情况并非如此，选择困难症、拖延症成了很多人生活的"新常态"。

由于手机为信息获取提供了廉价、便捷的低门槛进入，我们常常因为"是好东西，可能对我有用，先存起来再说"的想法，动动手指就下载一个应用或增加一个公众号的关注，时间久了，那些对我们工作和生活真正有帮助的信息就被淹没在看似有用的信息的海洋中。无用即是垃圾，这种"不加选择"甚至"被选择"的行为，导致我们在垃圾信息中难以抽身。（王志倩：《信息时代的极简主义阅读》，《中学生阅读（高中版）》2015年第2期）

前两则案例呈现了中小学一线教师的基本状态，玩手机是普遍现象，而且频率较高、时间较长，甚至成为一种生活习惯。虽然不能武断地说教师玩手机就完全没有阅读，但是如此阅读并非优质阅读，这也是显而易见的事实。虽然存在着教师自控能力不强、不懂得科学利用时间、缺乏教师专业发展意识等问题，但是在这种情况下，怎样因势利导、化弊为利，则成为教师手机阅读质量提高的关键。案例三显示出手机阅读的质量不容乐观，还指出了手机阅读给人们所带来的精神困扰和信息冗余等弊端。这进一步印证，决定手机阅读质量的关键，在于阅读的内容如何，而不在于使用了多少时间进行手机阅读。精选手机阅读内容，是提高教师阅读品质的关键所在。

所谓精选手机阅读内容，主要是指教师对微信公众号、网站等内容，采用一种基于专业立场的判断和挑选。目前，微信公众号和网站日趋走向互动一体化，所以订阅微信公众号显得尤为重要。教师从高层次的微信公众号、订阅号那里，可以获取必要的知识、资讯和指导。对于中小学一线教师来说，值得长期订阅的优质微信公众号、订阅号有哪些呢？例如，中国教育报全媒体中心出品的"好老师"，《人民教育》《中国考试》《中国德育》《教师博览》等杂志社研发的公众号、订阅号，《中国教师报》《教育时报》等报纸推出"中国教师报""河南教师"等公众号、订阅号，以及南明教育等机构推出的"成人之美课程联盟"等公众号、订阅号，基本上每天都会推送优质的专业性文章，供手机用户阅读。

案例四：

调查数据显示,2015 年我国成年国民日均手机阅读时长首次超过一小时。其中，人均每天微信阅读时长为 22.63 分钟，较 2014 年的 14.11 分钟增加了 8.52 分钟。(杜羽，刘彬：《第十三次全国国民阅读调查结果公布》，《光明日报》2016 年 4 月 19 日第 9 版)

案例显示了近年全国性阅读调查数据，不难看出国民日均手机阅读时长呈现出增长的趋势，其中日均微信阅读时长增幅较大。由此来看，越来越多的中小学教师将手机阅读作为阅读的主要形式，有着深刻的社会背景和国民基础。

根据国民手机阅读的调查结果，爱玩手机的教师可以因势利导地开展专业阅读，即通过精选手机阅读内容，随时随地阅读专业性文章，进入专业阅读状态。北宋宰相和文坛领袖欧阳修在《归田录》中说："余平生所作文章，多在三上，乃马上、枕上、厕上也。"写文章，全靠零敲碎打的时间来立意、构思、谋篇而写成。在现实生活中，我们常常能够发现一些教师成为看手机成瘾的"低头族"，路上、车上、桌上、会上等，比古人的"三上"可谓有过之而无不及。这类痴迷手机阅读的教师，不妨打开上述微信公众号、订阅号，阅读一些感兴趣而又可读性强的专业文章，进而提高阅读品质和专业程度。

精挑好友拓展手机阅读的资源

在手机时代，"好友""群"等成为交际、交流的重要媒介和平台，很多教师都加入了微信群、QQ 群，以期获得他人的指导和帮助，或者寻找志同道合者，以共同学习、研修和提高。教师的手机阅读，不仅涵盖着好友发布的说说、图片、文章等内容，而且包括交流群和讨论组等所进行的话题讨论、任务研讨等活动。面对有可能成为好友的海量陌生人，以及各种各样的网络群组，教师有必要站在专业而理性的立场，做出有利于教师专业发展、专业阅读的判断和取舍。

案例五：

现在的学生大都有QQ号，他们已经习惯了通过网络空间进行各种交流。利用QQ空间与学生交流不受时空限制，教师随时可以在自己的空间里发表德育内容；学生也可以进入教师的QQ空间。由于学生是自主选择进入教师的网络空间的，更容易接受教师发表的内容。所以，利用QQ空间对学生进行思想政治教育，往往能够收到比较好的效果。[胡炳旭：《教师应利用好QQ空间》，《河南教育》（职成教版）2016年第5期]

在现实生活中，许多爱好记录的教师，总是爱把教育生活中的点点滴滴记录下来，这样可以为教育写作积累素材，也可以总结经验和反思提升，对教师专业发展的益处颇多。这样热爱记录教育历程的教师朋友，完全可以在因缘际会的情况下加为好友，在手机上经常阅读其所写成的教育叙事。事实上，很多优秀教师、名师和学科带头人等，经常会在自己的微信、微博、QQ说说与空间等电子媒介上发表自己所参加的活动与所思所想，以及近期阅读、转载的书目、文章等内容。这些优秀教师、名师和学科带头人，除了发布一定数量和规模的文字，还上传图片，对文字加以佐证或解说，以期生动鲜活地诠释自己的教育理想、教学理念乃至社会认识。这些发布在手机上的图文，在给手机阅读者带来资讯的同时，也带来一定的冲击力，迫使手机阅读者关注教育教学，对照与思考自己的所作所为和成长状态。

教师使用手机，在添加好友的过程中，尽可能扩大交友圈，提高优秀教师、名师和学科带头人等群体在自己好友中所占的比例，以便了解这些优秀教师、名师和学科带头人等群体的日常工作与生活，以及兴趣、爱好和关注点，改善手机阅读的非专业化倾向和状态，进而提升教师利用手机阅读的专业化意识，培养教师利用手机阅读的专业化思维品质。尽可能地和优秀教师、名师和学科带头人等群体进行交往，并将其加为好友，以期提升手机阅读的品质，这不失为一条便捷而又因势利导的途径。

案例六：

所谓创建教师群聊模式，促进专业自主发展，就是指教师借助于QQ的文字、语音、视频的实时或非实时交流的特点及功能，通过网络和专家帮助形成共同体，让教师参与、反思、讨论，共叙教学得失，共享教学资料，探讨教学案例，研习教学理论，提高教学艺术。QQ群聊是教师与教师之间、教师与专家之间进行深入与全面的研讨互动、实现异地"零距离"的研讨、实现教师间的智慧共享的教师自主专业发展方式之一。（宋立华：《创建教师群聊模式促进专业自主发展》，《教学与管理》2009年第5期）

案例七：

时下，微信已经成为人们了解信息与交流信息不可缺少的平台。大家都在随时关注着微信中的信息，"经营"着自己的朋友圈。学校利用微信"信息便捷、关注度高、互动性强"的特点，成立班级微信群随时与家长交流，成立教研微信群，开展"微教研"。利用微信平台解决教师在日常教学与研究过程中的具体问题。"微教研"显现出以下作用：信息墙、资源库、展示台、沟通桥。

除以上作用外，微信平台还发挥着互送节日祝福、发布教师个人信息等作用，这些虽然与微教研没有直接关系，但对于增进同事关系、活跃教研气氛起着不可估量的间接作用。[刘兆祥：《"微教研"棒棒哒》，《山西教育》（幼教版）2015年第9期]

在手机阅读中，"群"的功能令人不容忽视。这两则案例中提到的"QQ群聊""教研微信群"，都是对手机网群的具体应用和探索，展示了依托手机"群"促进教师专业发展的可能与作用。

教师利用手机，将一些优秀教师、名师和学科带头人等优秀同行加为好友，这在某种程度上算是一种个体化的人脉资源累积。教师有意识地利用手机来加入一些专业的"群"，通过微信群、QQ群、钉钉工作群等群平台，参与各种群体性活动，此时教师借助手机进行阅读、研讨和交流等行为，才会更加专业化。

从"群"的种类看，可以有多种划分方法。例如，可以分为专业群和非专业群、同事群和非同事群、亲友群和非亲友群等。从"群"的专业角度看，也可以细分为多种类型。例如，可以分为读书群、课例群、试题群、写作群等。各种群每天都有定时或不定时的发言和交流，不少报刊的作者群和读者群，每周还定期举办一些专业性的活动，群友们都有自由发言和提问的时间与机会。有时候，一些群友还会晒自己的读书笔记、发表的文章和活动的新闻等内容，来跟群友进行分享。这些研讨、交流和分享，通常都会形成大量的文字，而教师利用手机对这些文字无论是即时阅读还是延迟阅读，都能够获得一些启发和收获。

在相关网群中，群友们大多来自不同的地方，每个人的水平也各不相同，既有全国知名教师、学者，也有名不见经传的有志之士。在举办活动的时候，常常会有预告或公告，甚至还发布活动海报，策划者、主讲者以及活动规则等信息，一应俱全，以至于一些报刊的主编或编辑亲自主持或参与，整个交流过程也颇为深入。教师利用手机参与多种网群，能够弥补个人添加好友的不足与局限，可以抓住机会与名家名师直接对话，甚至是有针对性地请教一些问题，颇能获得鼓励、指导和帮助。

面对名称各异的网群，教师应站在专业立场上去审视，一眼识破其专业程度，以便在加入后能够促进自身成长。教师在选择相关的网群时，应当优先选那些层次高、专业性强、名家名师多的网群，以期获得更大的收获。

依据笔者有限的亲身经历，在QQ群中，"小教硕士教材编写组""中国教育报读书周刊""教师博览叙事总群""新班主任家园""名师说课（小学语文）"等网群，经常举办活动、发布征稿启事，编辑作者读者互动密切，值得加入。"小教硕士教材编写组"是华中师范大学教科院夏家发先生倡导组织的小学语文研讨群，经常举办课例观摩点评、写作经验交流、读书研讨等活动。"中国教育报读书周刊""教师博览叙事总群""新班主任家园""名师说课（小学语文）"等网群，分别是《中国教育报·读书周刊》《教师博览》《湖北教育（新班主任）》《名师说课（小学语文)》等报刊举办的作者、读者交流群,经常发布征稿启事,群友发言比较积极且有创见,层次相对较高。

在微信群中,"《人民教育》校长群""老子学院"等网群,分别由《人民教育》的编辑和北京师范大学教育学部陈建翔教授等筹办,活动较多,文章推送质量较高。具体每个学科的教师应当加入哪些网群,可以在本县市的教研员、网络交流活跃的同事和联系较多的网友的介绍和推荐中进行选择。高质量的网群,将带来高质量的研讨与交流的实录,有利于教师提高手机阅读的质量和层次。

此外,从资源的层面来看,无论是单个的网友,还是成群的群友,都是教师专业发展的一种人力资源乃至人才资源。而人脉作为资源,是一种比书籍、金钱等更灵活、更丰厚、更智慧的资源。网络时代,手机已经将不同地域、不同学段甚至不同学科的教师联系在一起,形成了网络上的虚拟性成长共同体,教师完全可以在此积极响应和参与一些教师专业发展活动,更好地实现专家引领、同伴互助和自我反思。

精读经典优化手机阅读的生态

在中小学教师群体中,手机阅读虽然势不可当,使教师阅读的生态变得更加多元和复杂,但是教师的手机阅读视野,是不是就一定局限于微信的公众号和订阅号、QQ 的空间和说说、网群交流文字等内容呢?从手机的使用功能和教师的专业发展需要来看,教师的手机阅读完全可以形成互联网阅读、自媒体阅读和经典阅读等类型有机融合的阅读生态。

在 4G 甚至 5G 时代,手机的功能被越来越广泛地开发出来。在爱好阅读的人眼里,一部 4G 或 5G 手机相当于一座图书馆,让人尽享利用"碎片化时间"进行阅读的便利与自由。所以教师在手机上浏览微信、QQ 和微博等自媒体内容的同时,完全可以利用手机阅读电子图书,把手机变成一个电子图书馆,优化手机阅读的生态。

事实上,教师只有从微信、微博和 QQ 等自媒体阅读以及网络阅读中走出来,把手机变成一个电子图书馆，主动、便捷而充分地阅读具有专业性和经典性的图书，才有可能实现教师专业阅读，促进教师专业发展。教师站在专业立场上，主动优化手机阅读生态乃至整个教师阅读生态，助力教师专业发展才有可能取得最佳效果。

目前，教师手机阅读和纸质阅读的生态差异明显，日益呈现出手机阅读发展势头迅猛而纸质阅读趋于低落的巨大反差。下面请看案例中教师阅读的具体状况。

案例八：

"目前为止，今年我只买了两三本纸质书，其余的都是在手机上看的。"爱看书的王老师说，移动阅读已改变了他以往的阅读习惯。"坐公交车、睡觉前，或者等人的时候，现在都能看自己喜欢的书了。而且手机天天随身带着，不像纸质书那样体积大、重量重、不易携带。"王老师说。

据速途研究院的调查，乘坐交通工具时是手机阅读的好时候，37.36%的用户在乘坐交通工具时用手机阅读；此外，43.68%的人会在睡前进行阅读。（李冬生：《手机阅读成未来趋势》，《郑州日报》2013年8月16日第10版）

在案例中，教师一年"只买了两三本纸质书，其余的都是在手机上看的"，表明了纸质阅读日渐低落而手机阅读占据主流的现状。这跟全民性的阅读调查结果是一致的。

对广大中小学教师来说，移动阅读正在改变几乎所有人的阅读习惯和阅读状态。教师阅读普遍性地沉入手机世界里，缘于案例中所说手机具有随身携带方便、体积小、重量轻等方面的优势，以及在交通和睡前等时段的使用习惯。众所周知，由于交通、睡前等时段，具有阅读环境不良、阅读注意力难以集中或阅读偏于碎片化的特点，教师的手机阅读很难取得理想的效果，常常流于走马观花、浮光掠影的阅读状态。

教师专业阅读的质量，决定着教师专业发展的质量。根据中小学教师越来越多地选择手机阅读的趋势和现实，专业图书和经典图书的阅读完全可以通过安装电子版的形式，而成为教师手机阅读的重要内容或主要内容。那么，在手机阅读占据主流的时代里，教师手机安装专业图书和经典图书的电子版，具体可能性会有多大呢？教师只要查看一下自己的手机，再问询一下周围的若干同事，即可得出相关结论：教师利用手机进行专业阅读，比例确实较低。媒体对手机阅读所做的访谈调查，可以印证这一结论。

案例九：

"手机阅读很方便，平时坐公交车和地铁时都可以看，既可以打发时间，又可以充实自己。如果要带一本书读的话，不仅会很重，而且不方便，比如在公交车上没座位时就无法读。"如今，无论是在公交车上，还是在公园里，甚至在校园中，像马明这样用手机阅读来打发时间的人越来越多了。

手机阅读不像读纸质书需要有一个姿态，比较方便，但其内容多是狭窄的，文学经典很少。几乎看不到有人用手机阅读历史、纯文学、哲学等经典书籍。快餐式的工具带有快餐式的内容。因此引导手机阅读朝着经典阅读这一方向便显得尤为重要。(尹春芳：《深圳：谁在用手机阅读？》，《深圳特区报》2011年7月29日第D1版)

案例十：

"3G时代，手机小说是专攻上下班坐车、会议、候机、睡前等闲散时间，这与之前的互联网阅读、纸质书阅读都不同。阅读时间不同，消费行为不一样，导致读者对内容的需求也不一样。手机小说在长短、节奏及内容的特点上都很独特。"

有关统计显示，读者通过手机进行稳定阅读的时间大概是10分钟，因此，"手机不适合阅读很严肃的东西，而快餐化的小故事，情感类、好玩的东西则更有市场。"(李淼：《3G时代来临 手机阅读渐火》，《中国新闻出版报》2009年7月6日第3版)

利用手机阅读打发时间，是很多人自觉或不自觉的选择。其实，中小学教师也不例外，也会自觉或不自觉地利用手机阅读打发时间，尤其是交通、会议等时段的表现极为明显。

上面的两则案例，都指出了手机阅读跟纸质阅读有别，阅读姿态、阅读行为、阅读环境和阅读时长都不相同。更重要的是，阅读内容狭窄，成为制约阅读质量提高的一个关键因素。快餐化的小故事，情感类、好玩的东西，因为符合阅读者时间碎片化等内在需求，造成手机阅读碎片化、肤浅化、感性化和快餐化，缺乏教师专业发展所需的系统性、深入性、思考性和规划性。

无论是对身边中小学教师的观察所见，还是根据新闻工作者的调查结果，教师阅读内容狭窄的问题都是显而易见的。因此，经典书籍的阅读和专业书籍的阅读所占比例较低，成为中小学教师阅读亟须解决的问题。缺乏经典阅读和专业阅读，将造成中小学教师手机阅读生态始终处于劣质的境地，难以发生根本性的改变。

从中小学教师阅读整体生态来看，手机阅读十分缺乏理性判断和专业规划，这在中小学教师身上屡见不鲜。其原因是，在现实生活中，广大中小学教师的纸质阅读，在理性判断和专业规划方面原本就基础薄弱，缺乏相应的理性判断和专业规划的思维和习惯。虽然阅读的介质变了，从纸质阅读变为手机阅读，但阅读的思维与习惯依然没有提升和改进，这就导致手机阅读生态处于先天不良的境地。

由于阅读时间、阅读心态、阅读行为和阅读思维等因素的差异，纸质阅读效果和手机阅读效果也存在着差异。至于是纸质阅读效果好，还是手机阅读效果好，这需要根据阅读的具体状况来分析。对此，阅读实证研究通过检测和对比，得出了一个相对具体而清晰的结论。

案例十一：

通过对照组实验方法，测试手机阅读和纸质阅读的效果，结果发现短篇文本在短时间内手机阅读略优于纸质阅读；从对两组意愿测试情况看，喜欢纸质阅读的群体依然占多数；两组在进行信息加工过程中形成文章的连贯表征方面存在差异，纸质阅读群体要胜于手机阅读群体。（徐军英、张康华、张怿：《手机阅读与纸质阅读实验效果的对比分析》，《情报资料工作》2015年第6期）

研究证实，在短时内，短篇文本的手机阅读略优于纸质阅读，而其余情况，基本上都是纸质阅读胜过手机阅读。由此来看，长时间阅读长篇文章和整本书，以及形成思维的高级品质，纸质阅读都要胜过手机阅读。

在现实生活中，从教师专业阅读促进教师专业发展的角度来看，教师应当充分认识手机阅读和纸质阅读的长处与短处，根据自身的实际状况进行灵活运用。

根据教师的工作和生活实际情况，教师的阅读时间主要有工作日的上下午、交通时段、中午与晚上的睡前时段，更有甚者，就餐和会议时段也被纳入其中。

具体来说，上午、下午的时间，除了上课、写教案、改作业等时间，如果剩余时间较长，可以考虑纸质阅读，反之，时间较为零碎，则可以考虑手机阅读；如果交通时间较长，光线充足而又环境安静，可以考虑纸质阅读，反之，则可以考虑手机阅读。而中午与晚上的睡前时段，是手机阅读还是纸质阅读，既需要考虑时间长度，也要考虑个人习惯。至于就餐与会议等时段，虽然在现实中都以手机阅读为主，但是会议时段也有人进行纸质阅读。可以说，每位中小学教师阅读的状态和生态，完全因人因事而异，首先在读，关键在质。

案例十二：

手机阅读的优势和好处很多：及时快捷，趣味性极强，信息量超大。有人说手机阅读难免碎片化——这个倒不一定。也有人用手机读长篇小说。至于碎片化也不能一概而论。前些年英国有个女作家用碎片的形式创造文学作品，还获得了布克奖。古今中外都有用极短篇幅写成的作品，一样可以传世。

当然，如果在手机阅读的时代，也能同时保持读纸质书的习惯，那就更完美了。纸质书本身就是一个实体，这跟手机之类的媒介仅仅只提供电子符号很不一样。纸质书留下的阅读的痕迹，本身就可以成为未来再阅读时新的内容。有位台湾的艺术家说，读纸质书像品酒，而读电子书像是把酒精注射到血管里，这怎么可能一样呢？

我看重的是纸质书本身具有的那种缓慢的韵味。这种缓慢可以提供思考回味的余地。事实上，对于阅读而言，是不是思考可能是非常关键的。（王绍培：《在手机阅读的时代读书》，《深圳特区报》2015年4月22日第B1版）

案例十三：

碎片化的时间不一定导致碎片化的阅读，关键是读者能否把碎片的时间有效地利用起来。"随着生活节奏的加快和生活方式的多样化，时间被分割的情况越来越普遍，时间的颗粒度越来越小，原来用年月日来安排时间，现在则按日时分来规划，人们的行动细化到几时几分。"要利用碎片化的时间规划出整体化的阅读，"就像一片片的玉石可以串起金缕玉衣一样,碎片化的时间也可以实现完美的阅读人生"。(刘彬:《手机阅读:碎片化也能实现完美》,《光明日报》2013年9月7日第6版)

专业阅读是教师的专业活动,教师对阅读应具有选择意识、规划意识和整合意识。两则案例都传达了教师阅读生态整合的思想,例如,在手机阅读的时代,也能同时保持读纸质书的习惯,那就更完美了;再如,要利用碎片化的时间规划出整体化的阅读。因此,教师有必要采取措施优化手机阅读生态,进而优化教师阅读的整体生态。

手机阅读与纸质阅读,经典阅读与专业阅读等,这些阅读行为和阅读内容,怎样才能实现阅读生态整合呢?

第一,合理规划每天手机阅读的时长、具体时段和具体事情间隙,以充分享受手机阅读而减少时间浪费。第二,保留每天纸质阅读的习惯并科学规划纸质阅读,以避免手机阅读独霸全局的现象。第三,将专业阅读和经典阅读作为阅读的首选对象和重点内容,统筹规划纸质阅读与手机电子版阅读形成阅读的合力。第四,教师手机阅读通过提高经典阅读和专业阅读的比例,进而优化手机阅读的生态,跟纸质阅读的生态形成良性互动,以促进教师专业发展。

不可否认,手机阅读对教师专业发展具有一定的价值,然而在教师专业发展所需的耐心、毅力和思维等品质的养成方面,纸质阅读的作用更大。因为手机阅读倾向于碎片化和线性化,虽然随时随地,充分利用了零碎时间,却也大量挤占了人们深阅读的时间。碎片化阅读容易使人形成一种惰性,习惯于通过搜索、提问来获得碎片知识,不容易形成深度的、批判性的、理性化的、系统的知识体系。更关键的是,碎片化的阅读对人们的知识体系、思维方式以及理性思考能力、逻辑思维能力和判断能力都构成了挑战,而远远比不上整本书阅读的价值。

阅读是汲取知识文化最直接的手段,也是塑造自我的重要途径。对于中小学教师来说,工作和生活需要对碎片化阅读保持理性甚至是警惕,以免被手机阅读等碎片化阅读所绑架,造成教师阅读生态的单一和脆弱。所以在手机阅读中,教师应努力走向以经典书籍和专业书籍为主的极简主义阅读。

从手机传播的内容来看，手机用户大致可以分为资讯型、文化型、消遣型这三种类型。作为手机用户的广大中小学教师，存在着一个积极选择阅读类型和主动取舍阅读范围的过程，需要摒弃那些毫无营养的信息，拯救在良莠不齐的信息海洋中可能迷失的自我。因此，教师要从根本上反思自己，对阅读内容进行简化、取舍，集中时间和精力去进行有用的阅读和思考。

教师作为学习者和研究者，对手机阅读存在过度耗时、沉迷成瘾的现象，应有理性的审视和思考。根据对一线教师的长期观察，可以发现不少一线教师使用手机成瘾是有原因的。当一线教师面对现在和未来感知到更多或更大的压力时，由于自身的需求无法被满足，减压和解压的本能会驱使他们通过手机乃至互联网获得暂时的心理宽慰。例如通过手机或互联网提供的娱乐、社交、交易、信息等服务，来缓解现实压力所带来的心理负荷。其中，教师手机阅读的内容过于娱乐化、生活化、非专业化，成为一些教师面对压力时心理负荷过大的一种宣泄。不过，教师可以自己降低对压力的认知敏感程度，增强自己的压力承受能力，在提高抗压能力中实现手机阅读乃至整个教师阅读生态的优化。

教师专业发展有着自身的规律，例如需要投入一定的时间、保持阅读的专业性等。所以，在人人都有手机的时代，教师阅读实现有效管理，无论如何都要回归到时间管理和专业立场这一根本问题上。时间，无论是对于教师阅读来说，还是对于教师专业发展而言，永远都是珍贵而稀缺的资源。一线教师如果不能理性管理自己使用手机的行为，而任由自己陷入过度使用手机的状态，不对时间进行科学有效管理，将大量时间花费在与专业无关的事情上，会严重影响教师专业发展的效能，甚至影响教师的身心健康发展。当然，教师自己可以学习和提高时间管理的方法和技巧，树立时间管理的信心，学会运用时间管理技术来抵御手机、互联网等电子阅读或碎片化阅读过度使用的影响，进而提高个体的时间效能，有效抵御手机、互联网等电子媒介所带来的诱惑。

八、教师阅读，也可以实施项目制

教师阅读项目制，顾名思义，就是基于项目确立、项目实施和项目完成的教师阅读组织形式和行动模式。在笔者看来，项目的含义主要有两个方面：一是研究课题、教研课题、社会科学研究项目的代称；二是需要完成的具体工作、任务和工程，包括前者又不局限于前者，例如阅读教室图书采购项目、报告厅改造项目等。

按照上述解释，教师阅读项目制所说的项目，就兼有这两种含义。首先，教师阅读项目制是针对教育教学现实问题而产生的问题解决机制，参与其中的教师身兼两任，既是阅读团队成员也是研究团队成员，自然也不会缺少研究课题；其次，教师阅读项目制包含前期规划、具体实施、进度协同和评估反馈，跟通常所见的市政、建筑、水利等工程项目有诸多类似之处；最后，教师阅读项目是基于问题解决而产生的组织形式和行动形态，问题产生和存在是其存在的前提，而问题的消失和解决则是其解散的基础。

教师阅读项目制的实践基础

教师阅读包含着广大教师的自我认识、学习行为和实践行动，所以必须立足于教师阅读实践的经验和解决教育教学问题的方法，进一步归纳、提炼教师阅读项目制的形成依据、理论解释和运行机制。唯有如此，教师阅读项目制的研究、应用和推广，才能做到接地气的实践性与可思辨的理论性水乳交融，不仅有利于推动教师阅读理论向前发展，增强中小学一线教师教育实践自信，还有利于促进中小学一线教师树立"教师即研究者""教学专家、教育专家完全可以而且应该从一线教师中产生"等教师发展观。

下面两个案例，是基于项目制的教师阅读的真实案例，可以让我们观察并发现教师阅读项目制的共性特点。

案例一：

2015年10月，河南省郑州市实验高级中学启动了《郑州市实验高级中学章程》《郑州市实验高级中学发展规划（2014—2018）》《郑州市实验高级中学国际理解教育实施方案》。面对事关学校未来发展的纲领性文件的起草，校长孙海峰在全校教职工大会上提出了工作思路：动员全体教师参与，集中全体教师的智慧，采取组建项目制的形式，分别设立"学校章程项目组""学校发展规划项目组"和"国际理解教育项目组"，每位教师自愿报名参与其中一项，每个项目组的成员分工协作、学习研究、分步完成，学校提供必要的经费支持，项目完成后，团队自行解散。

在本案例中，由于三份文献极为重要，仅仅依靠学校办公室的文书或学校的新闻采写人员根本无法完成，采用项目制这一集中全体教师力量与智慧的措施，成功完成了在教师个体看起来非常艰巨的任务。在完成任务的过程中，有一个非常重要的环节，那就是教师购买图书，自己阅读，集体分享，共同解决问题，再分别起草文稿。在这个环节，教师为了完成任务，主动买书学习，积极分享，共同研讨理论和实际问题，同时由学校邀请专家以讲座的形式为项目组提供指导和帮助，最终解决问题而完成任务。这种组织理念、操作程序和行动形态，完全可以视为教师阅读项目制的雏形。

案例二：

2017年7月，笔者作为中国教育科学研究院学习与教学研究中心的访问学者，参加了北京十一学校开展的"中国中学生核心素养的课堂教学分解"研究。学校给我配发了格兰特·威金斯、杰伊·麦克泰格所著的《追求理解的教学设计》和罗伯特·J.马扎诺等人所著的《学习目标、形成性评估与高效课堂》这两本书，而全体教师在半年前就已经开始研读学习。暑假期间，北京十一学校全体教师封闭研修，一些教师主动贴出海报，以期跟众多同事在分享中实现交流、研讨和提高的目的。

北京十一学校教师们所开展的分享活动，大多围绕"教学目标"和"追求理解的教学设计"，表明了教师对研读专著指向教育实践问题解决的态度和关注。根据本案例所描述的情形，基于问题解决的教师阅读，在北京十一学校已经蔚然成风，成为促进教师专业发展、推动学校教育改革、提升学校办学质量的积极行动。其所蕴含的组织理念、操作程序和行动形态，堪称教师阅读项目制的生动体现。

虽然两所学校具有整体师资力量和区域教育水平的差异性，但这并不妨碍教师阅读项目制的应用和实践。无论以上实践活动是无意实施还是有意应用，都不影响实施教师阅读项目制的现实可行性。由此可见，教师阅读项目制的产生和形成，有其深厚的实践基础，真实性、问题性、研究性和规划性则是其显著的特点。

教师阅读项目制≠教师读书会

当前，诸多中小学和一线教师组织了教师读书会、读书互助小组甚至阅读推广团队，都跟教师阅读项目制或基于项目制的教师阅读有所不同。教师阅读项目制，是一种组织形式和行动机制，主要是通过阅读使教师提高解决现实问题的能力，增多解决现实问题的方法，增强完成较难任务的规划性。其目的是促进教师解决现实的问题和完成规定的任务，教师阅读在某种意义起到了方法、手段和途径的作用。而教师读书会成立的目的和举办活动的目的，都只在于读、引导读、促进读、检查读，最多是研讨交流，对指向实践转化缺乏具体明确的要求，更无清晰可描述、量化可检测和操作可验证的评估标准或评估量表。

简而言之，教师阅读项目制，在本质上是为解决具体的问题任务而生；教师读书会主要是因为兴趣、发展等目标而读，是否解决现实的问题任务，并非其主要目的和必选项。

教师阅读项目制的运行机制

多年来，教师阅读的丰富实践和效能指向，为提炼和揭示教师阅读项目制的主要思路、操作程序与运行机制提供了可能性。根据前文所述的案例，教师阅读项目制的完整运行机制，主要是一些环环相扣的步骤、连续推进的程序。具体来说，教师阅读项目制必须经历的步骤，或者说必要的操作程序，可以概括如下：

其一，围绕教育的真实问题或较难的任务遴选书籍、成员。真实的任务和问题，是教师阅读项目制运行的前提。问题即课题，任务即课题，没有这一环节，遴选书籍、成员等后续工作都将难以为继，基于项目制的教师阅读也将失去研究性、存在的可能性和必要性。

其二，围绕真实问题或较难的任务而阅读相应书目。项目组成员阅读相应书籍，其实是为研究和解决问题和任务进行理论、方法的储备。这也是教师阅读项目制必不可少的环节，否则教师阅读项目制也就名存实亡了。

其三，围绕真实问题或较难的任务开展阅读分享等活动。项目组阅读分享、研讨乃至外请专家指导等，都是为了基于阅读、促进阅读而针对问题解决提出更多的思路、办法，并增强解决问题的信心和勇气。

其四，围绕真实问题或较难的任务应用所研读的理论。解决现实的问题或较难的任务，项目组成员仅仅靠经验是很难彻底解决问题、圆满完成任务的，此时需要加入项目组的教师阅读相关理论著作。而教师对书中理论所能理解与运用的程度，对预估问题任务的复杂性、把握解决问题任务的关键点、紧扣问题任务的逻辑性具有决定性意义。

其五，经过专业评估、实践检验而确认问题解决、任务完成。这是最后一个环节，体现了教师阅读项目制的运行成效。问题得到解决，任务得以完成，参与项目制教师阅读的团队也就自行解散。

综上所述，教师阅读项目制，还是一个有待广泛运用并需要不断完善的理论总结和实践模式。从理论性层面来说，能够支撑其成立的理论技术主要有项目管理的理论、学习共同体的理论以及焦点解决问题的心理咨询应用技术等。从实践性层面来说，这是一种建立在一线教师教育教学实践基础上的教师阅读行动模式，对广大中小学和一线教师来说，具有可借鉴、可操作和可推广的价值。

第二辑
阅读心理可细察

　　阅读认识与阅读行为之间存在的突出问题有两个：其一，思想认识和行为表现不一致。其二，思想认识和行为表现虽然一致，但是阅读效果不显著，阅读预期和阅读行动存在着明显的落差。

　　针对这两个突出问题，应当如何认识和解决呢？

一、教师阅读行为的心理学审视

阅读是教师的一种专业生活，这是许多教师的共识。然而，一些教师在行为表现上，却存在着和思想认识不一致甚至完全相反的现象，这究竟是何种原因呢？这需要从心理学角度来透视教师阅读，分析教师的思想认识和行为表现之间的关系，进而找到一些不良行为的根源。

一般来说，教师的阅读认识与阅读行为之间存在的突出问题有两个：其一，思想认识和行为表现不一致。其二，思想认识和行为表现虽然一致，但是阅读效果不显著，阅读预期和阅读行动存在着明显的落差。针对这两个突出问题，应当如何认识和解决呢？下面从心理学的角度作以剖析。

认知失调理论

在现实生活中，许多教师都认识到了阅读的重要性，然而一旦到了行动上，却远远不能支撑和证实阅读的重要性，所谓"雷声大，雨点小""说起来很重要，做起来不重要，忙起来全不要"。这种认识与行为之间的反差和冲突，在心理学上被称为认知失调现象。

案例一：

一个青年教师在自己微信朋友圈，发了一段关于阅读困惑的话：明明知道读书的重要性，可却不想读书。现在我已经当了三年高中老师，觉得自己的上课水平还可以，有时候也想充实提高一下，可是书还没翻几页，不是跑神了，就是犯困想睡觉。回家后也不想好好看书，看不进去书，只想玩儿、聊天。怎么改变现状？

案例二：

某学校的校长新上任，在全校教职工大会上对读书推崇有加，然而平时老师们很少听到这位校长谈论读书的感悟和收获。后来，一位教师在学校办公楼的卫生间看到校长喝得酩酊大醉，另一位教师在晚上看到校长被人架着扶进了轿车。这些行为很难让人相信校长是真正热爱读书的人。

这两个案例，都是教师阅读中态度与行为之间存在反差的典型事例，属于认知失调现象。怎样克服这种现象呢？那就应该从现象入手，探究当事人认知失调的根源，进而提出解决的方法和措施。

认知失调理论是美国社会心理学家利昂·费斯廷格提出的。认知失调理论的基本原理是：人们具有一种一致或平衡的倾向。认知失调理论的核心内容是：认知元素之间可能存在着"不合适"（unfitting）的关系，由此产生了认知失调。（项光勤：《关于认知失调理论的几点思考》，《学海》2010年第6期）所谓认知失调，指个体认识到自己的态度之间或者态度与行为之间存在着矛盾，而这种矛盾又让当事人产生一种不舒服的感觉。在日常生活中，很多人都会遇到这样的事情：本来想给朋友帮忙，实际上却帮了倒忙。

利昂·费斯廷格认为，在一般情况下，人们的态度与行为是一致的。比如，你和你喜欢的人一起旅游、聊天，你会感到很畅快；而与你有过节的一个人，你从不理睬他，自己感到很正常，也没有不舒服的感觉，如果理睬他，反而会感到不舒服。这些现象都是正常的社会心理现象。不过，一个人有时候也会出现态度与行为不一致的现象。例如，你很不喜欢你的领导，但是担心被打击报复，你不得不采取与内心想法相反的举动。这种态度与行为相左的现象，令人难以自适。这就属于认知失调现象。认知失调的原因，主要是逻辑上的矛盾、文化价值的冲突、新旧经验的相悖和观念的矛盾。

对中小学教师来说，阅读是积极的社会认知，并且一些教师内心期望阅读，而长期不阅读又会产生内疚、后悔等心理，这就造成了个人的认知失调。

所以教师需要从行为入手，改变自己的时间安排，每天留出一些时间，保证自己的阅读量，这样才会减少认知失调的不舒服感。否则，一个始终处于认知失调状态的教师，内心会懊恼自责，难以体验到个人成长的成就感，更难产生教师职业的幸福感。

学校需要重视认知失调理论的实践应用，将阅读兴趣浓厚的教师和阅读见解深刻的教师组织起来，为他们搭建多种平台，让这些教师满足内心的自我期待和自我价值实现的需要，最终减少教师身上所发生的阅读认知失调现象。

代偿心理学说

在中小学教师群体中，我们经常看到一些教师在学校原本有心计划读书，但是每天都忙忙碌碌，很少有时间坐下来读书。每天如此，长此以往，回到家里后，即使没有事情烦心，有了时间，也不想读书。其中的原因，除了缺乏良好的读书习惯，应当还有代偿心理的成分。什么是代偿心理呢？请看案例。

案例三：

王老师在大学期间很爱读书，并且发表了不少诗歌、散文，参加工作后仍然没有放弃读书写作这一爱好。两年来，王老师所教学生的考试成绩始终徘徊在年级的末位，这让王老师很受挫。后来，领导找王老师谈话，王老师被分到了科研处，兼管图书室的开放和借阅等工作。王老师心想：在教学上我比不过你们，但是在阅读和写作上，我一定不会输给你们！一年来，王老师发愤读书，先后发表了十几篇书评和论文。后来，学校按照上级要求开展书香校园建设活动，在申报课题时，学校领导安排王老师承担了研究资料的搜集整理和研究报告的撰写等任务。这样一来，王老师又找回了自信和尊严。

案例四：

在临退休时，张老师因为旷课被学校教务处查课人员发现，最后被定为教学事故。张老师找到了学校领导，表达了自己想从一线教学调岗到工会的愿望。学校考虑到张老师的身体和心情都不是很好，就批准了张老师的申请。张老师在工会那间办公室里，除了定时发放工会福利和协助后勤美化校园环境，每天就是喝茶看报纸，居然还读了《菜根谭》《长袜子皮皮》等书。这让好多同事艳羡不已：你以前不经常看书，现在怎么变得这么爱读书啊？张老师说：以前没时间，也没心情，今年孙子上了幼儿园，天天缠着我听故事，不看也不行啊！说来真奇怪，这天天读书，回去再给孙子讲讲道理和故事，我发现自己现在也不失眠了。

案例五：

小芳是一个小学低年级的教师，白天在学校感到班级的哪个学生都不让人省心，每天下班回到家，就只想往床上一躺，觉得说话都没有力气。对此，有同学劝说：多多读书提高水平，在解决问题时才会有更多的办法和智慧。小芳却答：我一天到晚都很忙，忙着看教材、写教案，回到家我对书连摸都不想摸。

王老师转移目标后，读书很用功，最后在阅读和写作等事情上取得了其他教师无法取得的成就，这是一种扬长避短式的个人定位和发展策略。按照心理学的解释，王老师之所以能够取得成就，是因为心理代偿在起作用。张老师受到处分后，通过调整岗位，摆脱了失意的状态，并且在给孙子讲故事的过程中获得了阅读的成就感。这种现象也是一种心理代偿。小芳的做法也折射出一种代偿心理，跟前面两位老师的做法相比，这是一种偏向消极的代偿心理。

代偿，是人类的一种本能。从生理角度来看，是指人体的一种自我调节机能，当某一器官的功能或结构发生病变时，由原器官的健全部分或其他器官来代替，补偿它的功能。例如不失聪的盲人，听力水平超过正常人。心理代偿，其实类似。

按照自觉性的有无，心理代偿分为自觉代偿和自发代偿。自觉的代偿，是当事人知道自己的短处和缺陷所在，可以做到扬长避短。而自发的代偿，当事人并不清楚地了解自己的短处与缺陷，往往导致盲目代偿或过分代偿，结果某些方面畸形发展，破坏了人格的协调统一，反而加剧心理冲突，造成适应困难，人际关系不良。可见代偿可以是建设性的，也可以是破坏性的。

在职业生涯中，广大教师每当面对困难时，可以充分利用自觉代偿的建设性那一面，提高自己的身心健康水平。就教师来说，在教学、考试、荣誉推荐、职称评审等事情受阻时，切忌陷入抱怨、责骂等消极情绪之中，最好是通过引导、宽慰等手段的转换与干预，引导自己走进阅读状态，用阅读来调心。

事实上，古往今来，很多成就事业的人都是心理代偿的典型。司马迁在《报任安书》中说："盖西伯拘而演《周易》；仲尼厄而作《春秋》；屈原放逐，乃赋《离骚》；左丘失明，厥有《国语》；孙子膑脚，《兵法》修列；不韦迁蜀，世传《吕览》；韩非囚秦，《说难》《孤愤》；《诗》三百篇，大抵圣贤发愤之所为作也。"这些事例都启示着广大教师，应当积极利用代偿心理的建设性一面，来为教师专业发展提供正能量，激发自己取得更大的人生成就。

自我效能感理论

在教师阅读中，教师常常情不自禁地发出"我能读懂这本书吗""我读了这本书会有多大收获呢"等疑问。这些疑问都指向了教师对自己阅读能力的判断、评估和确认。这就涉及教师阅读的自我效能感。什么是自我效能感呢？请看案例。

案例六：

一位小学女教师讲述自己靠"韧"劲学习的经历：小时候没有读过多少课外书，当上教师以后觉得腹中空空，于是把书籍作为自己成长的土壤。后来，上网阅读也成了我学习的一部分。无论工作怎么忙，我都挤出时间学习。教育名著、文学经典等各类书籍占据了家里四面的墙壁。《南方周末》《人民教育》《书屋》等报纸杂志也成了我生活的伴侣。从23岁到32岁在作为居家女人最为辛劳的时期，我利用业余时间从函授的专科一直读到师大研究生课程班。几年来，记下了20多万字的读书笔记、500多万字的文摘卡片。

案例七：

一位小学男教师讲述自己的读书经历：我也曾下力气啃过文学名著。大约是1995年暑假，我听华东师范大学叶澜老师的演讲，我被她丰富的学识和澎湃的激情所感染，叶教授鼓励我们年轻教师要多看书，打好人文的底蕴。听了她的报告，我一下子觉得自己特别渺小，叶教授在我心中有高山仰止之感。我暗暗下决心要研读文学名著。

于是我先从古典名著入手，尤其是《红楼梦》，我读了多遍，每一次看总有收获。记得有一年刮台风的时候，我正躲在家里读《红楼梦》，正当我读得入神之时，突然断电了，我就点上蜡烛继续读。真的，那时的我确实读书读得痴迷了。

后来我的兴趣逐渐转移到了外国文学。和中国小说相比，我更喜欢外国文学。我读莎士比亚，也读荷马；我读大仲马，也读小仲马。他们的小说、诗歌让我深深着迷。后来我喜欢上了俄国的陀思妥耶夫斯基，找来了他的所有小说，《罪与罚》《白痴》《群魔》《被侮辱与被损害的》《卡拉马佐夫兄弟》《死屋手记》。整整花了一年的业余时间钻研他，越读越痴迷。我至今以为《卡拉马佐夫兄弟》是世界上最壮丽的小说之一。在外国文学名著中，我喜欢的还有《呼啸山庄》《傲慢与偏见》《第二十二条军规》等。而对有些评价很高但是自己没有感觉的，我是不太痴迷的。好几次打开列夫·托尔斯泰的《战争与和平》，我都望而却步，并不是它太长，《追忆似水年华》比它长多了，但是我很喜欢。我一直认为，没有读过普鲁斯特的人，是没有欣赏到世界上最优美最细腻的文字。《追忆似水年华》的确值得我们花两年时间好好静心品读，只要你耐心地毫不浮躁地读了进去，你会觉得妙不可言，真的——只要你有足够的耐心。

小学女教师关于读书经历所说的"韧"和小学男教师所说的"决心"，其实是对自己有能力完成某一行为所进行的推测与判断。按照美国心理学家班杜拉的研究，这正是当事人的"自我效能感"。两位教师有所不同的是，女教师的自我预期和强烈效能感，使她逐渐形成了良好的习惯和品质，而男教师的介绍则证实了成功经验会提高当事人的自我效能期望。

"自我效能感是指人们对自身能否利用所拥有的技能去完成某项工作行为的自信程度。一个人以往的成败经验、他人的示范效应、社会劝说、情绪状况和生理唤起四种途径对自我效能感的形成综合发挥作用。自我效能感影响人的行为选择、动机性努力、认知过程以及情感过程。加强自我效能感对于提高工作绩效、增强工作动机、改善工作态度都有重要意义。"（周文霞、郭桂萍：《自我效能感：概念、理论和应用》，《中国人民大学学报》2006年第1期）而影响自我效能感形成的因素主要有五种。就教师阅读来说，教师需要有意识地利用这些因素，对个人效能感进行积极干预，促使自身行为向积极进步的方向迈进。

第一，个人自身行为的成败经验。这个效能信息源对自我效能感的影响最大。一般来说，成功经验会提高效能期望，反复失败会降低效能期望。教师要重视总结和回忆阅读过程中正向性的关键事件，提炼成功经验，增强心理的自我预期，促使下一步行为改变。

第二，替代经验或模仿。人的许多效能期望是来源于观察他人的替代经验。这里的一个关键是观察者与榜样的一致性，即榜样的情况与观察者非常相似。教师应积极寻找阅读观念和阅读基础都相似的同道者，积极学习和应用别人的成功经验，观摩和总结阅读高手的具体做法，在移情体验中重塑和优化教师阅读的观念与行为。

第三，言语劝说。因其简便、有效而得到广泛应用，缺乏事实基础的言语劝说对自我效能感的影响不大，而在直接经验或替代性经验基础上进行劝说的效果会更好。教师阅读者应积极参加阅读理论的相关培训，听取阅读高手的实践指导，以增强自我效能感。

第四，情绪唤醒。人在心理不受困扰时能够提高自我效能感，而在心理受到干扰或者产生强烈的激动情绪时会降低自我效能感。教师阅读应当妥善安排一天的工作，每天保持一种愉悦的心境，避免情绪大起大落而降低阅读的自我效能感。

第五，情境条件。在难以适应和控制的环境中，人容易产生陌生感和焦虑感，这也会降低自我效能感。教师阅读需要营造和谐的阅读环境，从人际关系、物质环境到个人卫生，减少烦心琐事的干扰，在适切的阅读情境中来提高阅读的自我效能感。

最近发展区理论

在教师阅读中，有的教师阅读速度很快，每周能够阅读一两本书。其中的一个秘诀是，教师阅读时注重难度的选择，完全看不懂的书基本不看，而毫无深度的书也不看，只看那些能够读懂但又稍微有难度的书。这样阅读既有质又有量，阅读的收获远远超过大多数教师。这是为什么呢？从心理学角度来看，这位教师有意无意中把握住了教师阅读的最近发展区，选取了最适切的阅读坡度来提升自己。事实上，阅读经验丰富的教师所总结出的一些阅读方法，也完全可以用最近发展区理论进行解释。

案例八：

"一网打尽"读书法。一位作者一生大都不止一部好作品，我们如果读了其中一部，不妨将该作者的其他几部也找来读读。譬如在阅读过程中发现《悲惨世界》确实不错，一看作者是雨果，可以再读读他的《巴黎圣母院》《海上劳工》；读了《旧制度与大革命》感觉思想深刻，就可以再读读托克维尔的《论美国的民主》以及《美国游记》；读了唐浩明的《曾国藩》感觉扣人心弦，他的《张之洞》《杨度》也可以一并涉猎；读了《长征》觉得耳目一新，不妨搜罗一下作者王树增的其他作品如《解放战争》《朝鲜战争》，这是将某一作者的书"一网打尽"。

"鸟同翼者而聚居，兽同足者而俱行"，成套的各本书之间的水平差别一般不会太大。所以，我们还可以将某套书"一网打尽"。读了梁启超的《李鸿章传》觉得引人入胜，细读介绍，发现该书属于"二十世纪四大传记"，就可以把"二十世纪四大传记"的其他三本即林语堂著《苏东坡传》、吴晗著《朱元璋传》、朱东润著《张居正大传》收入囊中。吕思勉的《三国史话》浅显易读，原来这本书属于"大家小书"丛书，就可以检索一下该丛书中的其他书是否有你感兴趣的；《经书浅谈》

深入浅出，该书属于"文史知识文库"，所以可以看看该文库还收录了哪些书；葛剑雄的《中国历代疆域的变迁》取精用宏、娓娓道来，你也可以看看该书所属的"中国文化史知识丛书"这套里的其他书。如果觉得詹宁斯的《法与宪法》鞭辟入里，可以看出编者选书有眼光、译者翻译有功底，于是也可以将梁治平、贺卫方主编的这套《宪政译丛》收齐。

案例九：

"顺藤摸瓜"读书法。一些书中有注释和参考文献，一些专业书籍还有"文献综述"，为我们提供了很多找书的"线索"，如果想深入研究某个问题，可以将注释和参考文献中提到的书都找来一读。

还有很多书，会将某些书予以浓墨重彩的介绍，这些被介绍的书定然值得一读。譬如林达著《带一本书去巴黎》脍炙人口，标题中所说的"带一本书"到底是哪本书呢？原来是雨果的《九三年》，作者到巴黎游历都不忘随身携带的书读了肯定大有裨益，这本书定有值得作者钟情的特殊优点。还譬如传记，会写到传主最喜欢读的书，或者对传主影响最大的书，这样的书就非常值得一读。譬如赵越胜著《燃灯者》写到周辅成先生最爱读的是克鲁泡特金著、巴金译的《我的自传》；《林肯传》就提到林肯深受《圣经》和《天路历程》的影响，其法律思想则来源于布莱克斯通的《法律释义》；《奥巴马传》则提到奥巴马喜读《莎士比亚戏剧集》和《甘地传》。如果真想成为你想成为的人，就不要仅仅只读他的传记，而是还要读他曾读过的书。

"一网打尽"和"顺藤摸瓜"这两种读书法，都是围绕手中的这本书而展开书目的搜寻和阅读的。其实，通过这种方式搜寻过来的书，跟手中的这本书相比，在某种程度上就是教师阅读的最近发展区。

心理学家维果茨基认为，学生的发展有两种水平：一种是学生的现有水平，指独立活动时所能达到的解决问题的水平；另一种是学生可能的发展水平，也就是通过教学所获得的潜力。这两者之间的差异就是最近发展区。教学应着眼于学生的最近发展区，为学生提供带有难度的内容，调动学生的积极性，发挥其潜能，超越其最近发展区而达到下一发展阶段的水平，然后在此基础上进行下一个发展区的发展。事实上，对教师阅读来说，同样存在着最近发展区，这值得每位教师阅读者思考和应用。在现实中，教师阅读怎样才能发现和找到自己的最近发展区呢？这需要不断地阅读书籍来探测自己的目前阅读水平和可能达到的阅读水平。

探测教师阅读最近发展区，离不开教师的反复阅读和试读。在反复阅读和试读中，应当把握直接目的性、内容相关性和类别拓展性等原则。请看下面案例。

案例十：

一位教师准备教学苏轼的《赤壁赋》，虽然自己有了一定的理解与思考，但苦于理解不太深刻，于是通过文献检索，搜集到了几十篇《赤壁赋》的教学实录和教学研究论文，还有《宋史》中的《苏轼传》、林语堂的《苏东坡传》和余秋雨的《苏东坡突围》等文章和著作。

上面这个案例所说的文献论著，其实正是这位教师的阅读最近发展区。首先，寻找这些文献论著，目的是服务教学，也是深度备课的前提和基础；其次，这些文献论著跟教材内容直接相关，具有内容的关联性；最后，涉及教学实录、教学研究论文和史传著述等文献类别，极大地开阔了教师阅读的视野。当然，这位教师还可以找来苏轼的《后赤壁赋》《念奴娇·赤壁怀古》等诗文，以及苏轼在黄州期间乃至其他时期所写的许多诗文，以求深刻地了解他。

当然，教师阅读的最近发展区，不是一成不变的，而是随着教师阅读的兴趣、能力和目的等条件和基础会产生动态的变化，这就需要教师反复地阅读、试读书籍，动态地调整所读书籍而不断地提高教师阅读最近发展区的水平层次。

研究教师阅读，离不开心理学的援助。前面所提到的心理学理论，仅是心理学研究的一小部分。目前，心理学研究已经形成了丰富多彩而又发人深省的理论，可借鉴的资源非常丰厚，足以给教师阅读带来深刻的洞见和启迪，也值得每位教师阅读者进行创造性的实践和运用。

二、破解阅读障碍而提高理解力

教师阅读是教师专业发展的重要活动，也是教师进行自我教育的必选途径。然而，不少一线教师谈起专业阅读，总是不由自主地感叹：阅读教育叙事的书籍还有兴趣，但对教育理论的书籍真没兴趣！同样是教育图书，教师阅读反差为何如此之大？究其原因，这是教师阅读的理解程度在起作用。教育叙事类的书籍感性内容较多，思辨成分较少，加上所叙教育之事和教师自身生活颇为相似，阅读障碍自然很小，令人读来兴味盎然。而教育理论的书籍往往很少叙述教育之事，大多探究教育之理，感性经验较少，理性思辨较多，阅读障碍明显增大，令人难以理解通透。在某种意义上，教师阅读的质量取决于教师理解的质量。那么在现有的阅读基础上，教师应该如何提高阅读理解力呢？这是一线教师高度关注、长期求索的问题。

根据阅读活动的原理，提高教师阅读理解力必须着眼于阅读主体、阅读对象和阅读环境这三个要素之间的关系。所以提高教师阅读理解力，除了改善阅读环境，还必须聚焦阅读对象和阅读主体的理解过程，识别并消除两种理解障碍，即属于阅读内容本身固有因素所造成的理解障碍和在理解过程中属于教师本人所造成的理解障碍。下面就立足于阅读内容本身固有因素所产生的理解障碍，兼顾教师本人固有的理解障碍，讨论和寻找破解教师阅读的理解障碍这一难题的路径和模式，进而提高教师阅读的理解力。

分清具体事实和价值判断

一段文字、一篇文章和一本图书，都属于阅读的对象，在阅读学中被定义为文本。文本可以使用多种表达方式，如说明、记叙、描写、议论、抒情等。然而，无论使用哪种表达方式，文本都将包含具体事实和价值判断。文本的内容有哪些属于客观存在的具体事实，又有哪些属于作者个人的价值判断呢？一些作者对此可能也没有严格而清晰的认识，读者就更不会有意识地进行关注和区分。然而，制约教师阅读质量提高的一个理解障碍，恰恰就在于此。那么教师阅读应该怎样破除这个理解障碍呢？请看案例。

案例一：

对于现在流行的公开课，韩兴娥老师颇有微词甚至痛心不已。一位教师为了讲好一节课，几天甚至十几天、几十天地准备，还要有专家指导、教师帮忙、学生预习等。一节公开课俨然成了集体"成果"，成了精彩"表演"。教师从中摈弃了求真而不断地作假，是"千学万学，学做真人"教育真谛的流失，是为未来做人作假做了一个恶性的铺垫。

如果说自然生态的恶化给人类敲响警钟的话，教育教学生态的恶化就更应当为人类敲响警钟。还教育教学一个本真的面目，还教育教学一个和谐的生态环境，才能使语文教育焕发出真正的光彩。（陶继新：《从批判到课堂教学重构：韩兴娥老师的新阅读实践》，《教育先锋者档案》（教师版），教育科学出版社，2006年）

案例二：

1991年刚开学，学校决定参加人教版的教材研讨，领导安排，每人准备一节课，从中选出最好的课参加观摩研讨。我很有信心地备课，精心设计，反复练习，甚至把课堂40分钟分成2400秒来准备，我不想，真的不想让机遇就这样从自己的身边轻易失去。（窦桂梅：《我的人生主题：激情与思想》，《窦桂梅与主题教学》，北京师范大学出版社，2006年）

案例三：

在一次全国性的教学观摩活动中，我有幸听了——不，"看"了十几节课，但见一个个年轻人站在讲台，犹如演员一般：他们形象出众，表情丰富，声音抑扬顿挫，课件精彩纷呈，吸引了学生的注意，也吸引了听课教师的眼球。热闹之后，曲终人散，回味所见所闻，个人感觉大多是生动而不是心动。（窦桂梅：《我的教育主题：为生命奠基》，《窦桂梅与主题教学》，北京师范大学出版社，2006年）

比对三个案例，虽然文本内容各异，但是文本结构却非常相似。不论采用何种表达方式，不论文本长度如何，基本上都是先说具体事实再说价值判断这样的逻辑架构。

第一个文本，具体事实是韩兴娥老师对流行的公开课的担忧、痛惜，价值判断则是作者的情感态度，尤其是第二段可谓是集中体现，其逻辑架构是非常明显的。第二个文本，具体事实是为参加人教版教材研讨而精心准备，价值判断是机不可失。第三个文本，所参加的这次全国性的教学观摩活动"看头十足"，价值判断是学生人动而未心动。这两个文本的逻辑架构同样清晰可辨。值得说明的是，后两个文本则均为教育叙事中的自叙，而第一个文本属于教育叙事中的他叙，即使叙事主体不同，也毫不影响文本内容包含具体事实和价值判断这两种成分的逻辑架构。

教师阅读应培养分辨具体事实和价值判断的意识，进而提高区分和概括能力。从信息论来看，教师阅读在本质上是一种信息的输入、检索、筛选、转换和整合。教师阅读充分运用信息的检索、甄别和整合等处理技术，对具体事实和价值判断进行鉴别、梳理和归纳，毫无疑问，将有效地提高教师阅读的速度和理解能力。所以培养分清具体事实和价值判断的意识与技能，无论是读整本书或单篇文章，还是采取精读或略读的方法，教师阅读都能迅速抓住文本内容的核心，提高理解的速度和深度。

识别话语模式并及时转换

由于研究深度和阅读对象不同，文本使用的话语模式也就不同。教育叙事类书籍的话语模式多为感受性的描述，穿插少量而适度的理论引证与阐释；而专题研究类书籍的话语模式多为思辨性的析证，举例也是为了分析、解释和佐证。如果教师从不关注，也不主动识别和理解这些话语模式，将大大降低教师的阅读速度，影响教师的阅读质量。根据信息论的解释，话语模式是信息的呈现方式和特点，识别话语模式并对使用这种模式的信息进行加工，也是提高信息处理速度和质量的重要手段。可以说，这些话语模式的存在，对教师阅读的新手来说是一种潜在的理解障碍。提高教师阅读理解力，教师应当有意识地识别文本的话语模式。那么两种话语模式的识别、转换，应该如何操作呢？下面就以具体案例加以解说。

案例四：

教学中教师的态度、语言对学生都会产生深刻的影响。一句鼓励的话可以点燃学生求知的欲望，成为孩子们入门的第一块基石；一句不经意的否定，也可能刺伤孩子的自尊心，使他们探索上进的心扉永远关闭。

在数学的长河中，我精心地采摘一朵朵趣事小花，奉献给孩子们，和他们一起欣赏。五彩缤纷的数学乐园深深地吸引着同学们。数学的趣事多着呢！正是这种无形的学习动力促使着孩子们兴趣盎然地去发现，去探索。（吴正宪：《吴正宪与小学数学》，北京师范大学出版社，2006年）

案例五：

做老师的就是这样的幸福！下课了，衣服上沾了粉笔灰，孩子们会抢着给老师掸掉；口干了，孩子们会端上一杯热气腾腾的茶水；嗓子哑了，孩子们会悄悄地在讲台上放上一袋润喉片；钢笔没水了，孩子们会争先恐后地递上自己最喜爱的笔……

课堂是师生生命成长的地方，是润泽师生精神的殿堂。我以为准时地说出"下课啦！"三个字是一种享受，是一种幸福，享受尊重他人、遵守规则的尊严，享受襟

怀大气、精神愉悦的幸福。(华应龙:《我就是数学:华应龙教育随笔》,华东师范大学出版社,2009年)

以上案例所呈现的文本,话语模式非常具有代表性,都充满着大量感受性的描述。如果文本内容不显示"数学"两字和摘录出处,仅从文采和情感来判断,很难想象这样精美的文字出自数学教师之手。可以想见,出自语文教师之手的文本,会是纯粹理性的论述吗?所以在教育写作中运用何种话语模式是没有学科界限的。甚至可以说,除了专业作家,大多数人写作,对话语模式的选择并非都出于自觉,而更多是缘于自发。作者如是,阅读者也如是。大多数教师在阅读文本时,对话语模式毫无识别意识,可谓浑然不觉。因此,教师阅读必须自我训练识别两种话语模式的自觉意识,并比较和考量两种话语模式的异同及其功效。

从案例来看,吴正宪老师的叙述不同程度地运用了两种话语模式。第一个文本,第一句话属于理性思辨的论析,其余句子则属于偏重感受的描述,两者的关系非常近似议论文写作中的观点和事例之间的关系。第二个文本,前面的句子属于感性心情的抒发,而最后一句话则属于理性思辨的论析。华应龙老师的叙述也是不同程度地运用了两种话语模式。第一个文本,第一句话类似于提出论点"教师的幸福有多种表现",属于理性思辨的论析,其余句子类似于举出事例,则属于直观感受的描述。第二个文本,话语模式的运用比较复杂,其理性论述的核心是"准时下课具有丰厚的价值",但采用了基于经验的描述。这让那些对话语模式毫无经验和自觉意识的阅读者在阅读后,只能做出"写得好""认识深刻"这样宽泛的感性评价,而难以做出道破实质的理性评价。

教育叙事研究表明,优质的教育叙事,同样需要在精彩生动的叙述中有意而恰切地设置观点,以期对阅读者起到画龙点睛、梳理脉络和加深领悟的作用。有鉴于此,可以约略地认为,教育叙事的书籍,凡属于观点和原理之类的语句,可以视为理性话语模式,而那些表述事件、做法等语句则可视为感性话语模式。两者之间的转换,理性话语近似于从事情、做法等内容中提出观点、归纳论点,而感性话语近似于用事情、做法去证明和解释观点或论点。

越是文学性和叙事性强的书籍,其写作选择感性话语模式的可能性和成分就越大。自然,越是专业性和经典性强的论著,其写作选择理性话语模式的可能性和成分就越大。专业性的经典论著,由于思维品质高、信息量大、逻辑链密集,教师阅读表现为难以卒读、费时费力。明白这个道理后,我们对此也就不感到奇怪了。同样是教育学、心理学的经典著作,相对而言,亚米契斯的《爱的教育》、苏霍姆林斯基的《育人三部曲》《做人的故事》和阿莫纳什维利的《孩子们,你们好!》《孩子们,你们生活得怎么样?》等著作,运用感性话语模式的成分较多;而乌申斯基的《人是教育的对象》、皮亚杰的《发生认识论原理》和泰勒的《课程与教学的基本原理》等著作,运用理性话语模式的成分较多。

教师阅读教育叙事类书籍时,需要有意识地将感受性描述的话语模式转换为思辨性析证的话语模式;在阅读专题研究类书籍时,也要有意识地将思辨性析证的话语模式转换为感受性描述的话语模式。就前者来说,教师阅读提高了研究案例、思考现象、抽绎规律的能力,等于把厚书读薄;就后者来说,教师阅读提高了应用理论、思考实践、举一反三的能力,等于把薄书读厚。两种话语模式之间的沟通与转换,不仅开掘了教师阅读理解与领悟的深度,而且拓展了教师阅读理解与领悟的宽度。

贯通生活现象和原理规律

教师阅读固然是一种专业活动,但教师阅读的理解不能局限于专业的层面。因为教育说到底还是社会的组成部分,教师阅读理解到社会层面,将有关现象和规律跟现实生活紧密联系起来,才能称得上把书读活,而不是把书读死、死读书、读死书。也就是说,一个教师无论拥有何种阅读的方法与技术,最终的理解必须源于文字、高于文字,而不能拘泥于文字、陷入于皮相。对教师阅读来说,面对一本书,如何贯通生活现象和相关规律呢?那就是着眼于生活现象、原理规律和图书内容这三点,以其中一点为基础,寻找与之相关、意义相似的其余两点,并从结构性、暗示性、教育性等方面入手，归纳三者之间相应的联系及其价值。下面请看一个发生在现实生活中的故事，了解如何立足于一点寻找另外两点，从而提高教师阅读的理解力。

一次旅游，在看了几个景点后，大家都感到很劳累。这时，来到一座山下，几乎所有人都不愿意再登山，只想在山脚下歇息。我们几个人，经过半个多小时的攀登，终于登上了山峰最高处。下山时，年轻人小牛说了一句话："下山没有意思，还是上山有意思。"这句话触动了我的思考。我当即说："这跟一个男人娶新娘一样。还未娶到手，跟娶到手后，感受不一样。上山时的感觉，就像新娘还未娶到手；下山时的感觉，就像新娘已经娶到手。"比我年纪稍大的老李听了，笑着说："好像是这个理儿。"过了一两分钟，我又说："这也跟咱们上课一样。为什么大家不喜欢上复习课？就是因为复习课常常没新意，缺少创新创造，相当于炒剩饭，把知识点再热一遍。"大家听完，觉得这很切中教学实际。这段对话，恰巧是立足于上山下山这个点，联系教育现象这个点去追索其相似性和价值启示，只是未能联系图书内容这个点去寻找相关原理规律。著名心理学家马斯洛在《动机与人格》一书中指出："某种需要一旦满足，就不再起积极的决定作用或者组织作用。""一般而言，满足后的现象，例如，在饱餐后所有食欲的消失，在满足安全需要后防御的类型和数量的改变，都说明了：（1）增长的练习（或重复、使用、实践）的消失；（2）增长的报偿（或满足、赞扬、强化）的消失"，"任何需要的满足所产生的最根本的后果是这个需要被平息，一个更高级的需要出现"。这足以说明，我们登山的欲望被满足后，登山的欲望消失，不再想继续登山之事，而产生了新的欲望或需要，所以有了这一番关于登山心得的对话和交流。在这种三点内容互相联系的机制下，教师阅读完全可以达到举一反三、增进理解、生成智慧的目的。

上面是以生活现象为基点，寻找和联系原理规律和图书内容的案例。如果以图书内容为基点，又该如何联系原理规律和生活现象呢？请看案例。

案例六：

小孩子固然喜欢动作，但更喜欢动作有成就。比如一个两岁的小孩子在沙箱里玩沙。尽管他把沙一把一把地捞进罐头里，捞满了把沙倒出来；再一把一把地捞进去，捞满了又倒出来；这种动作从表面一看没有什么成就，仔细考察起来，一把一把地捞进罐里去固然是一种动作，但罐头满了，就是动作的成功。小孩子虽喜欢捞沙的工作，也喜欢捞沙的成功。(陈鹤琴：《家庭教育》，华东师范大学出版社，2013年)

案例七：

为了能够再一次体验幸福快乐，也许他们有必要先去体验一下失去理所当然地拥有的东西以后的感受。只有体验了丧失、困扰、威胁甚至是悲剧的经历之后，才能重新认识其价值。对于这类人，特别是那些对实践没有热情、死气沉沉、意志薄弱、无法体验神秘感情，对享受人生、追求快乐有强烈抵触情绪的人，让他们去体验失去幸福的滋味，从而能重新认识身边的幸福，这是必要的。(马斯洛：《动机与人格》，中国人民大学出版社，2012年)

案例六是教师阅读时的图书内容，所表达的要义是，儿童不仅有属于儿童自己的动作需要，而且有成就感需要。儿童的这些活动，对成年人来说简直是不屑一顾，一点儿都不好玩，然而对儿童来说，却是乐趣甚多。这些活动对儿童自身的意义，正是案例七所讲述的心理学认识。儿童玩沙，把沙子装进罐子里，然后倒出来，虽然周而复始，但是乐在其中，这是他身边的幸福。如果立即让儿童停止玩沙，又没有任何活动作为替代，儿童定将"体验一下失去理所当然地拥有的东西以后的感受"，可能会以哭泣、撒泼甚至号叫等形式表达自己此时"体验失去幸福的滋味"。

这种心理学认识，在现实生活中对应哪些现象呢？例如，厌学的学生在上课时不是睡觉就是读课外书，深层原因是其对某些科目已经失去学习的欲望和快乐。直接原因是，老师规定，不能说话，不能自由走动，不能看那些和课堂教学无关但自己想看的书，更不能玩手机。本来厌学已久，适合课堂所能做的事情又很有限，此时老师再禁止学生看书和睡觉，学生只能枯坐地度过课堂时光，这对其心灵不啻炼狱煎熬。虽然上课睡觉被老师们批评贬斥，被老师称为混日子，但一些厌学的学生上有些课总是一睡再睡，这是因为他们内心认为此时睡觉是一种幸福的体验,如果选择听课反而产生了"体验失去幸福的滋味"的感觉。再如,一些孩子沉迷网络、一些成年人成为"手机控"等现实生活现象,都可以用上述的心理学认识进行解释。教师阅读贯通生活现象和原理规律,将迎来无限广阔的视野、激动人心的发现和充满灵性的智慧。这将有效地克服教师阅读举一反一,甚至举三都不能反一的深层理解障碍。

古人说,书犹药也,善读之可以医愚。教师只有修炼必需的技能,破解教师阅读的理解障碍,才能走向教师阅读的善读状态,克服自身视野狭窄、知识老化、智慧匮乏等不足,进而提升为师的素养,优化职业生命和人生志业的质量。

三、教师阅读障碍的成因透视与行为干预

近些年，各地教育部门纷纷举办读书报告会、网络读书会以及读书征文比赛等活动，试图激起教师的读书热情，但活动往往难有长期之效，爱读者始终是爱读者，不爱读者很难变成爱读者。不爱读书的教师存在着一定的阅读障碍，我们可以称之为教师读困者。阅读障碍是教师成为读困者的关键所在，只有正确认识阅读障碍的成因，才能有效地防止教师从爱读者、善读者退化为读困者，并把教师从读困者转化为爱读者、善读者。

对教师阅读障碍予以关注和研究，有着重大意义。著名教育家第斯多惠说："教育的艺术不在于传授知识和本领，而在于激励、唤醒和鼓舞。"缺乏阅读行为的教师，缺乏的首先是阅读热情，其次是深刻的阅读认知、熟练的阅读技能，其无法培养热爱阅读、善于阅读的学生。教师阅读障碍，关乎教师的素养与技能、学生学习的质量和学校的办学水准等。那么，教师阅读障碍的成因是什么？在现实教育情境中，我们应该如何看待教师阅读障碍并采取有效的干预措施呢？

阅读障碍成因的复杂性

教师阅读障碍的成因，有着极为复杂的主观和客观因素。目前，关于客观因素的研究，读书氛围、同伴互助和纸质图书等条件的缺乏和不足，受到了较多的

关注，但对人的遗传因素、大脑机能及中枢神经系统基础等生理方面的关注就显得很少。关于主观因素的研究，对阅读方法、阅读技能、阅读策略和资源协调能力等方面的研究较多，而对阅读时间管理、注意力水平、阅读的实践转化意识、概念理解与辨析等方面的研究较少。在诸多复杂的成因中，主要有以下三种：

其一，阅读不是人类与生俱来的本能，而是后天习得的能力。人类创造和传播文字及阅读书籍的时间，都远远晚于识别和解读日月星辰、山川草木等天文地理现象。美国学者威廉·本德和玛莎·拉金指出："跟视力、听力、认知和语言发展不同，阅读能力的形成并非一个天然而成的过程。"这意味着一个人的阅读能力离不开专门的指导和锻炼。因此，一些教师读困者身上所出现的阅读障碍，其根源乃是个人在青少年时期缺乏良好有效的阅读指导和锻炼。一些教师对阅读学科专业书籍很有兴趣，却对阅读教育理论专业书籍毫无兴趣，这极有可能是在大学期间没养成教育理论专业书籍的阅读能力，以至于参加工作后在教育理论专业书籍方面的阅读能力依然不高。

其二，阅读习惯不稳定，其是一个不断实现阅读目标和改进阅读行为的动态过程。阅读习惯的养成，需要个人做好时间管理、环境及资源的支持，更需要个人坚忍不拔的意志和沉潜入境的思考。一旦时间管理、所处环境及资源出现异常状况，阅读习惯就很难坚持，如有人感叹手机对中小学教师的纸质阅读习惯形成了巨大的冲击。这深刻指出了手机对教师阅读生态的破坏，即阅读习惯赖以形成的条件受到了前所未有的挑战。教师应对电子时代的阅读生态认知、时间管理能力、环境与资源的协调能力亟须建构和提高。由此可见，阅读习惯并非一个只要养成就一劳永逸的行为习惯。教师阅读习惯的养成，或许没有终点，而需要不断用时间、注意力、图书、制度等种种资源来持续滋养。

其三，人类的大脑中不存在"阅读区域"，大脑的诸多区域高度协同合作才能形成阅读能力。对此，当前脑科学、神经语言学等领域的研究，取得了许多证据。威廉·本德和玛莎·拉金说："虽然大脑各区域分别管理着视觉、听觉、运动及语言，但唯独没有一个区域能管理阅读。如果说口头表达或语言在大脑中与相关区域属于'硬连接',那么阅读则不与其中的任何区域发生此种连接。这也是阅读能力无法天然而成的原因之一。"教师虽然经常参加阅读活动,但也必须有意识地训练自己阅读,以便使大脑中的诸多区域形成协同作战的能力,刺激突触而促进不同的神经元在功能上发生联系、增强信息传递的协调性,实现高质量的阅读。这一研究结论,与前面所说的阅读习惯需要一直滋养的看法的内在精神一致。

就阅读障碍而言,除以上三种成因外,还有基因遗传说和环境影响说。研究者发现,在人类大脑中某些具有特定染色体(如染色体1、2、6、13、14、15即为典型者)的区域发生异常,可能导致人产生学习障碍。由于学习和阅读的天然关联,一个学习障碍者很可能也是一个阅读障碍者。对教师阅读障碍者来说,这种天生基因遗传说并不适用,而环境影响说则颇有市场。总之,对教育管理部门和教育管理者而言,教师的遗传因素无法控制也很难检测,不如创设和调整教师的阅读环境,并提供必要的支持和培训。

理性应对教师阅读障碍

对教师来说,阅读障碍绝非好事,因此需要关注和研究。但也要注意,不能将其作为标签,轻易地贴在不善读书、不爱读书的教师身上。教育管理部门和教育管理者要慎用教师阅读障碍这一概念。阅读是一种后天习得的高级能力,具有一定的难度和复杂性,教育管理部门和教育管理者要对教师读困者采取理性温和的态度,竭力避免偏激、静止和孤立的评价。

教育自身的特点和学习型社会的要求,都决定了教师要"活到老,学到老""教到老,学到老"。《大学》言道:"苟日新,日日新,又日新。"人要不断学习,每天都是一个新我。教师虽然是成年人,但在专业领域仍然是一个成长中的人、有发展潜力的人和愿意提升自我的人。因此,对教师读困者,应当给予理解并怀有足够的善意,相信他们不爱读书、不善读书只是暂时的,随着教师工作难度的提高、教师自我教育意识的觉醒、同伴和成长共同体的影响及教育管理部门和教师培训机构的推动，他们将来也会转化为爱读者、善读者。

我们很难找到大量而准确的依据断定一位教师读困者是假性阅读障碍还是真性阅读障碍，现实状况远比理论探讨要复杂。所以，看待教师阅读障碍，认识和行动应当保持内在精神和思考逻辑的一致，即一要理性对待，不可怕，但也需要正视；二要温和等待，宽容理解，循序渐进地引导。

阅读障碍的行为干预策略

面对教师阅读障碍的难题，要从行为入手实施干预，教师本人或教育管理者有必要采取一定的策略。根据心理学的原理和规律，可以形成以下策略：

多元聚焦，提高频次。阅读在本质上是信息输入、加工和更新的复杂过程。教师在短时间内，反复阅读、阐述、书写、讨论和思考所阅读的书籍，有利于提高阅读的理解深度和实践转化率。这是心理学所讲的注意力特点在教师阅读上的自觉运用。通过多种途径、提高频次，促使教师提高时间管理能力、资源协调能力和自我监控水平，而对教师阅读障碍的行为及其背后的大脑区域和神经机制形成抑制。

输入输出协调一致。输入信息、信息加工、信息输出三个环节都具备，才是一个完整平衡的信息生态结构。遗憾的是，在中小学教师群体中，一些教师的阅读缺乏信息输出的环节，导致信息不断输入，但没有出口或出口很窄，严重影响了信息传递和加工的质量和流量。信息输入后缺乏出口或出口狭窄，虽未必导致阅读障碍，但至少不会提高教师阅读的兴趣、实践转化率和成就感。因此，教师应采取读写结合、读讲结合、读中批注、读书摘记、读后评论、有感而写等输入输出相互协调的策略，改善信息在输入环节后的结构生态，以期提高记忆、理解和思考的水平。

技能训练分解综合。教师阅读离不开具体的技能，而教师阅读障碍者往往缺乏良好的具体技能。例如，音义结合、词语切分以及根据上下文猜测词义等技能，是早期阅读中的基本功,这对教师来说依然有着深远重大的影响。专业阅读方面,教师还应训练概念辨析、表达方式、语言逻辑、篇章结构等高层次的具体技能。所以不想做读困者的教师,至少需要逐一分解阅读的具体技能,并专项逐一训练。经历具体技能分解后的若干专项训练,再综合训练自己阅读整个段落、整篇文章或整本书,而培养对信息的自动识别能力,教师阅读自然会取得更好的效果。

无论是个人还是集体,投身和推动教师阅读均非易事。我们有必要用温暖鼓励的眼光、基于人性心理的策略,认真审视和研究教师阅读障碍,重视解决主客观因素互为因果而造成的交互影响问题,整合时间、纸质书籍、空间环境、人力投入等资源而形成合力,引导和鼓励、改进个体和集体的教师阅读行为。

四、教师阅读的重要他人

热爱阅读的教师，讲述自己的阅读经历时，总会提到有一些人物让自己转变或提升了对阅读的认识，从而让自己的阅读和成长走上了新台阶，甚至是彻底地改变了自己教师专业发展的路向和轨迹。这样的人物对讲述者来说，就是其阅读过程中的重要他人。那么，教师阅读的重要他人，究竟有着怎样的身份、形象和标识？教师阅读的重要他人，对教师阅读究竟有着怎样的具体作用？教师在阅读历程中，究竟怎样才能寻找和遇见自己的重要他人？这些都是一线教师十分关注并期待解决的问题。

教师阅读中重要他人的特征

重要他人是指对个体的社会化过程具有重要影响的具体人物。这是美国社会学家米尔斯所提出的概念，此后重要他人成为社会学、心理学等研究领域共同关注的概念。学术界研究表明，重要他人可能是一个人的父母长辈、兄弟姐妹，也可能是老师、同学，甚至是萍水相逢的路人或不认识的人。（唐彬：《重要他人研究述评》，《江苏教育学院学报（社会科学）》2010年9期）就教师阅读而言，重要他人可能是自己的导师、校长、同事、大学同学，甚至是配偶或参加会议而仅有一面之交的人，并没有十分固定的身份。然而，教师阅读的重要他人有一个本质特征，那就是在教师发展阅读化及其阅读心理人格形成的过程中具有重要影响。当然，这种影响可能是正向的，也可能是负向的。所以识别教师阅读中的重要他人，首要关注的是其对教师所产生的影响，而非其身份和地位等其他内容。

教师阅读的重要他人，有着类型的差异和区别。米尔斯认为，重要他人可区分为互动型重要他人和偶像型重要他人。那么这种重要他人的类型区分，在教师阅读上有着怎样的表现呢？请看案例。

案例一：

钟志农是地道的杭州人，也许是受家庭影响，从小就爱读书。他的爷爷是晚清秀才，父兄辈中有四人出国留学，两个在英国剑桥大学，一个在东京帝国大学，另一个在美国范德比尔特大学。父辈们都极爱看书，他们手捧一本书津津有味地阅读的样子，曾深深地印在幼年钟志农的脑海里。

在小学阶段，钟志农的志趣是当一名画家。一个偶然的机会，语文老师在全班读了他的作文，老师的鼓励就像是从云缝里洒下的一缕阳光，照亮了他心里那颗阅读与写作的种子。(张贵勇：《钟志农：从50岁开始做个读书人》，《未来教育家》2012年9月创刊号)

案例二：

新教育实验网络师范学院面向一切在职教师、基层教研员、其他教育研究者，以及立志于教育的在校师范生免费开放，寻找并欢迎所有与新教育"尺码相同"的人。

新教育的"尺码"是：虽同样身处浮躁的时代，但不肯放弃早已被许多人弃如敝屣的理想，而是始终怀着一颗真诚的心，勇于承担身为教师的责任，在自己或者希望在自己的教室里，守护着最初的纯真愿望；追求真理，求知若渴，愿意亲近那些真正伟大的书籍，尤其是那些能够帮助我们理解教育、理解人性、解决问题的专业书籍，并且甘心承受一次次的打击，勇于不断地自我否定，将专业修炼视为终身之事。

新教育网络师范学院希望通过"经典研读＋案例学习"的方式，培养出大批真正热爱教育、扎根教室、能够以素质教育的方式将学生引向卓越的教师。

新教育实验发起人朱永新教授、新教育研究中心干国祥主任担任课程总指导。教师专业发展项目主持人魏智渊老师担任课程总负责。[《附录二：新教育实验网络师范学院招生简章》，朱永新：《新教育》（修订本），文化艺术出版社，2010年]

在以上案例中，我们可以看出阅读者的重要他人呈现为两种类型。这两种类型在我们的人生阅读经历中都扮演着重要的角色，具有不可低估的作用。

第一种类型是钟志农老师阅读经历中的重要他人。例如，对钟老师产生重要影响的人有爷爷、父兄辈、语文老师等人。这一类型的重要他人，大多都是面对面、朝夕相处的人，被称为互动型重要他人。

互动型重要他人是教师在日常阅读过程中认同的重要他人。其来源可能是家庭中的爷爷奶奶、伯叔、父母，也可能是同辈群体中的兄弟姐妹、同学朋友，还可能是学校中的领导、同事和学生。在人生阅读经历中，互动型重要他人的出现往往受个人成长年龄阶段的影响，早期父母占优势，然后是教师，后期则同辈群体的影响增大。

第二种类型是新教育实验网络师范学院所招收学员阅读经历中的举办者和指导者。例如，学员报名参加新教育实验网络师范学院并被录取后，对他们产生重要影响的人有发起人朱永新教授、课程总指导干国祥老师、教师专业发展项目主持人魏智渊老师等人。学员们在阅读过程中，大多数时候不能和朱永新教授等老师面对面、朝夕相处，但是学员们却通过文章阅读、消息发布、在线交流等多种方式受到了朱永新教授等老师的重要影响。这一类型的重要他人，被称为偶像型重要他人。偶像型重要他人是因受到教师的特别喜爱、崇拜或尊敬，而被教师视为阅读学习榜样的具体人物。

教师阅读中偶像型重要他人的出现，往往教师是对阅读中具有代表性或典型意义的价值取向的认同和选择的结果。例如，在投身新教育实验的一线教师心目中，朱永新教授被视为偶像型重要他人。是因为他对阅读的研究、认识和倡导，尤其是朱永新教授所说的"一个人的精神发育史就是他的阅读史"（高万祥：《以世界为观众》，《中国教育报》2014年2月27日）等观点，几乎被中小学教师看成是教师阅读和学生阅读的一面精神旗帜。可以说，在中小学里，许多一线教师从来都没有见过朱永新教授等人，然而却以他们为榜样鼓舞和激励自己，最终凭借阅读的勇气、毅力和经验而突破了自身的阅读障碍和瓶颈，实现了教师阅读的质的飞跃，踏上了教师专业发展的快车道。

有必要说明的是，在教师阅读历程中，随着教师阅读独立性的逐渐增强，互动型重要他人将逐渐转变为可依赖性较弱的重要他人，甚至是不存在互动型重要他人。无论如何，互动型重要他人和偶像型重要他人都是教师阅读不可缺少的重要资源。对教师阅读的新手来说，互动型重要他人和偶像型重要他人都如同自己人生中的贵人，需要充分珍视和学习。

教师阅读的偶像型重要他人，一般是社会知名人物，并非教师的直接互动对象，常常是教师单向选择的结果，主要影响教师的人生观、价值观和阅读观，往往其影响不仅具有突发的、短暂的特点，又有刻骨铭心、震动巨大的特点。阅读困难的教师，一般不容易听从别人的建议，但是对自己的偶像型重要他人一向是非常崇拜的，偶像型重要他人的经历和遭遇也容易得到阅读困难教师的认同和接纳。所以，对中小学校长等教育管理者来说，除了要做学校师生阅读的互动型重要他人，还要善于利用偶像型重要他人的作用，引导、滋育阅读困难的教师，以期建设良好的阅读生态。

重要他人对教师阅读的作用

重要他人对教师阅读的影响分为两种，即正向性重要他人和负向性重要他人，所以教师阅读的重要他人也相应地分为两种。如果教师因为受到一个人言行的影响而走上了热爱阅读的道路，提升了阅读的层次，那么这个人对教师阅读就产生了正向作用，就属于正向性重要他人。反之，如果教师因为受到一个人言行的影响而降低了阅读兴趣、热情和勇气，丧失了阅读的动力、习惯和时间，甚而走向了心灰意冷、排斥阅读的境地，那么这个人对教师阅读就产生了负向作用，则属于负向性重要他人。

在教师阅读案例中，一般来说，所谈到的重要他人大多是正向性重要他人，而很少涉及负向性重要他人。从教师阅读的现实状况来说，因为教师阅读并非易事，一些教师屡屡遭受负向性重要他人的影响，所以正向性重要他人的价值就显得愈加可贵。从教师阅读案例的写作目的来说，作者写出相关的教师阅读案例，原本就是为了鼓舞教师在消极和困难的环境中积极投身阅读，并为之提供一些可资借鉴的成功经验及启示。有鉴于此，下面所援引的教师阅读案例，旨在说明重要他人所能产生的显著作用。

案例三：

在培训班和一些教师交流，几位青年教师说，有关"教师不读书"的情况很复杂，不一定是教师的问题，有些是学校的风气不正，有些则是领导的见识低下。这几位教师在业余时间读了一些教育理论书，发现学校管理工作中一些明显的误区，发了些议论，引起了教师们的共鸣，因而让校长极不愉快。校长挖空心思罗织罪名，平时从不关心教师学习生活的校长，经常在大会小会上来点儿小动作，挖空心思地攻击这些教师。教师们说："小鞋子已经穿了一个多学期了。"

说起来有些不可思议，然而在个别学校，都能看到这种学术修养差却专门压制教师学习热情的校长，他们的低学养不但阻滞了学校的改革和发展，也给教师的专业发展形成了障碍。校长反对教师读书的原因比较复杂：有的是观念陈旧，不懂得教师需要充电，需要接受新知识，认为教师读书是好高骛远；有些是教育思想不端正，一心只想要升学率，认为"教师读书多会影响教学"；有些是自身粗俗不堪，眼见教师博学多闻，温文尔雅，比出了他的低劣低俗，故心生妒忌；有的是因为自身学历不高，有自卑感，心胸狭隘；有的纯粹是因为品格、志趣低下之外又有专制作风，不愿意学校有独立思想的教师……凡此种种，不一而足。（吴非：《校长为什么会反对教师读书》，《教师博览》2011年第7期）

案例四：

抗战中当过蒋介石侍从室秘书的徐复观，抗战结束后以少将军衔退伍，专心做学问，成为了海外新儒家的代表人物。话说1943年他到重庆的勉仁书院找熊十力先生求教。熊十力吩咐他先读王夫之的《读通鉴论》。徐复观说，这书我读过了。熊十力说，回去再好好读。几天后，徐复观来见熊十力，说那书我又读了，里面有好多错误，这里不对，那里不妥。话还没有说完，熊十力拍案而起，说你这笨蛋，你滚吧，这么读书，一辈子都没有出息。读书先要看它的好处，你整天挑毛病，这样读书，读一百部、一千部、一万部都没有用。徐复观日后追忆，说这件事让他起死回生，明白该如何读书了。(陈平原：《读书三策》，《光明日报》2016年3月29日)

从两则案例可以看出，教师阅读的重要他人多是教师能够经常面见的身边人。然而，前者中的校长虽然位置重要，但却是教师阅读的负向性重要他人。而后者中的教师虽然责骂学生，但却是教师阅读的正向性重要他人。

负向性的重要他人，作家毕淑敏在文章《谁是你的重要他人》里有着深刻的认知和反思："在以后十几年的岁月中，长辫子老师竖起的食指，如同一道符咒，锁住了我的咽喉。禁令铺张蔓延，到了凡是需要用嗓子的时候，我就忐忑不安，逃避退缩。我不但再也没有唱过歌，就连当众演讲和出席会议做必要的发言，我也是能躲就躲，找出种种理由推脱搪塞。有时在会场上，眼看要轮到自己发言了，我会找借口上洗手间逃溜出去。有人以为这是我的倨傲和轻慢，甚至以为是失礼，只有我自己才知道，是内心深处不可言喻的恐惧和哀痛在作祟。""我们的某些性格和反应模式，由于这些'重要他人'的影响，而被打上了深深的烙印。"

众所周知，在一所中小学里，校长言行、同事文化对教师阅读的影响和作用自不待言。无论是校长还是老师，对待教师阅读且不必说一定要有行动的支持，至少也应怀有善意。然而，很多校长对待教师阅读的态度并不完全一致，教师对待身边同事的阅读也是态度各异。毋庸讳言，有人甘当推动教师阅读的重要他人，有人愿做阻碍教师阅读的重要他人，还有人想做雷声大雨点小那样的重要他人。

在学校里，校长、教师和学生，互为对方阅读的重要他人。构建良好的阅读生态，是每个教师发自内心对重要他人的呼唤。当然，还有一些教师面对教师阅读生态的恶化，构建了一个适于个人阅读的微型生态，为此甚至走出了学校，千方百计地寻找个人阅读的正向性重要他人。由此可见，教师阅读的重要他人作为对教师阅读乃至教师专业发展有重要影响的个人或群体，教育管理者的阅读推动应立足于教师的身边人，为教师阅读提供资源支持和续航动力。

从教师的身边人来说，教师阅读重要他人会随着教师工作生活环境的变化和专业发展阶段的不同，产生相应的调整和变化。这让教师阅读的重要他人具有多元性、阶段性和选择性等特点，不仅是必然的，而且也是必要的。

从教师的非身边人来说，教师也有必要多参加知名学者专家的演讲和报告，教育管理者也有必要聘请名师进驻学校建立工作室、接受阅读研究者的指导和建议。无论是互动型重要他人，还是偶像型重要他人，对教师阅读来说，其正向性作用乃是教师、学校和教育管理者的用心所在。综合研究教师阅读案例中所提到的重要他人，可以发现教师阅读重要他人的作用主要有：一是行政领导的保障作用，这说的是校长等教育管理者；二是示范引领和指导帮助作用，这说的是名师、学科带头人等专家和专家型教师；三是互助和支撑作用，这说的是同事、合作伙伴等人。

寻找和遇见自己的重要他人

当我们认识到教师阅读中重要他人的作用后，我们又该如何寻找和遇见自己的重要他人呢？下面，我们根据优秀的教师阅读者的经历，从中提取寻找和遇见重要他人的必要基础和核心要素，以总结和提炼教师在阅读中寻找和遇见重要他人的运行机制。

案例五：

吴法源老师是促进我专业成长的"重要他人"，是我的精神食粮的"制造母机"。我阅读过的《不跪着教书》《做一个幸福的教师》《教育是慢的艺术》《学生第二》《给教师的一百条新建议》《致青年教师》《学校的秘密》等优秀书籍，都是吴法源老师策划的。迄今为止，1977年出生的吴法源老师已经策划了近300本书。

我也是因为读书而结识吴法源老师的。在我刚刚出版的《从新手到研究型教师》一书中，其中有一个章节，那就是用读书的方式去做专家学者的追随者，里面有《与大夏书系为友，过精彩教育人生》和《不知不觉成为源创的"粉丝"》这两篇文章就是讲述"大夏书系"和"源创图书"对我的专业成长的帮助的。其实，"大夏书系"和"源创图书"都是绕不开吴法源老师的。吴老师原是"大夏书系"的总策划和《教师月刊》的创刊主编，现在是源创一品文化传统有限公司的董事长，名副其实的"源创图书"策划人。

2010年7月，我在南通通州的全国生命化教育的研讨会上见到了吴法源老师，那时候他已经离开"大夏书系"，成立了自己的源创一品文化传统有限公司，并有了吴非的《致青年教师》、闫学的《跟苏霍姆林斯基学当班主任》、郑杰的《给校长的建议》等源创新书。当时，有很多人都去吴法源老师的房间看他，可见他在教师心目中的影响力是很大的。（刘波：《吴法源：一个有社会责任感的教育出版人》，新浪博客"海翔一号的博客"）

案例六：

研究生毕业后，我进入一所高中任教语文，并被安排进学校科研处工作。在那里，我遇到了一个良师益友——科研处主任吴富安老师。吴老师毕业于百年老校河南大学的政教专业，对老子、庄子素有研究，经常在学校举办各种讲座。吴老师建议我：你是中文系毕业，又是研究生，对语言文字的敏感性和理解力都远远超过我，再说，你很勤奋，学习基础、阅读基础和阅读积累都比我要好得多，我对老子、庄子其中的道理可能会比你理解得深刻一些，因为这跟年龄、阅历有关系。要不咱们俩同时读《道德经》，每章字数不多，你们语文选修教材《先秦诸子选读》这本书也有《道德经》的节选，你可以从那里入手，先挑自己感兴趣的章节去读，然后咱们把自己读得懂的地方好好交流交流。

就这样，我和吴老师共读了三年《道德经》，并开始阅读《庄子》。其间，我们把讨论的结果和认识整理出来，例如《老子智慧与教育之道》《老子智慧与为官执政之道》《老子智慧与家庭教育之道》，形成系列性文章发表在很多报刊上。这不仅受到同事们和领导们的好评，而且也受到了市委宣传部和市社科联的重视。我们两人先后被评为全市社会科学工作先进个人，我本人还被评为全市优秀青年社科专家。

大概就是在我们读《道德经》和《庄子》的第三年，山东教育报刊社总编陶继新先生来到我们学校采访，了解校长对学生阅读、教师阅读的理解，以及办学理念、管理措施等。三个多月后，陶先生再次来到学校，进行深度采访。在与陶先生的交谈中，他自叙人生成长经历，特别是他60岁退休重新读《论语》和《道德经》，一则一则去背诵，即兴谈论教育现象，引征《论语》《道德经》，张口即来，毅力和精神令我感佩不已，谈吐与智慧令我如沐春风。从此我觉得一个人读书就应是这样的，不仅一言一行之间透出学问，而且也要力所能及地去倡导阅读，传播经典，特别是中国文化经典。（熊纪涛：《教师专业阅读的三个台阶》，《今日教育》2016年第7~8期）

在刘波老师的自述中，他遇到重要他人吴法源先生，是"因为读书而结识"。事实上，刘老师在遇到重要他人之前，已经读了很多书，并且时间也很长。除了读书，他还谈到了拜访、送书、论书、写书等结识重要他人中的方式。这启迪每位投身阅读的教师，离开书与阅读这一基础，寻找重要他人无异于缘木求鱼。

在我本人的自述中，我遇到吴老师，是因为吴老师认为我在整个学校中语言文字的敏感性和理解力有优势，而且有一定的学习基础、阅读基础和阅读积累，还很勤奋。这说明一个道理，只有提高自己的阅读水平，才能提高遇到重要他人的概率。遇到陶继新先生，是因为陶继新先生到校采访，我读《道德经》《庄子》已有很长时间，这样我才会对陶先生的毅力和精神感到钦佩。可见，经过长期而深厚的阅读积累，对名家的理解和感悟才会更加深刻，跟名家请教和交流才能更有基础和信心。

根据这两则典型案例，我们可以提炼教师阅读发现和遇到正向性重要他人的某种产生机制：经过长期而深厚的阅读积累，借助拜访、送书、论书、写书等形式，在诚心求教或看似偶然实则必然的情境中而对他人的主张和见解感到钦佩和敬仰。

　　在教师阅读中，无论是向校外还是向校内寻找重要他人，根本都是为了促进自身的阅读。否则，一味地寄希望于寻找和遇到重要他人，以使自己实现轻松阅读和长足进步，无异于舍本逐末。如果说教师阅读是为了遇见美好的自己，那么寻找重要他人，更是为了借助外部的力量和智慧遇见美好的自己。

五、教师阅读中的关键事件

每一位教师回顾自己的阅读经验，总能发现一些书目、报告和人物让自己转变或提升了对阅读的认识，从而让自己的阅读和成长迈上了新台阶。其实，这些书目、报告和人物背后所附带的事件，通常就是教师阅读中的关键事件。那么，教师阅读中的关键事件，对教师的阅读究竟有什么价值呢？我们又该如何寻找和生成属于自己的教师阅读关键事件呢？这是很多一线教师感到困惑和迷茫的问题。

所谓关键事件，是指那些事物在发展过程中处于关键性地位、能够对发展进程产生极大影响的事件。管理学认为，关键事件是使工作成功或失败的行为特征或事件，如成功与失败、盈利与亏损、高效与低产等。就教师阅读而言，教师通过一本书、一个人、一件事而走上热爱阅读的道路，提升阅读的层次，属于正向性的关键事件；反之，如果通过大量集中的阅读而没有产生预期的效果，甚至因为阅读而走向了空谈、浮躁状态之类的事件，则属于负向性的关键事件。

教师阅读中的关键事件，无论是正向性关键事件还是负向性关键事件，都有值得关注和研究的价值。因为成功可以让人提炼经验，失败可以让人汲取教训，在成功经验与失败教训的相互观照中总结和形成个人阅读的有效模式，从而避免一些不必要的误区和弯路。可以说，研究教师阅读关键事件的目的，就是探究教师阅读关键事件的发生机制，减少负向性关键事件的发生，使得正向性关键事件成为教师阅读的主流特征和发展态势。教师阅读关键事件的研究价值主要表现为增强教师阅读的自我教育作用、提高教师阅读走向教育实践的转化率、提升教师阅读对教师专业发展的推动意义等。

当我们认识到教师阅读中关键事件的价值后,我们又该如何认定和生成自己的关键事件呢?下面,我们从两位特级教师的成长经历中提取相应的阅读关键事件,以期能够观察并发现教师阅读关键事件的产生机制。

案例一:

从李镇西的办公室到他家的书房,到处都摆着苏霍姆林斯基的著作。李镇西说,回想年轻的时候,他不是因为理论而是因为情感被苏霍姆林斯基所征服,并追随他走上了三尺讲台。他曾在三峡旅游的轮船上进入《帕夫雷什中学》;曾坐在医院的病房里,一边守候病中的妻子,一边和苏霍姆林斯基一起进行《关于人的思考》;曾因阅读了《给青年教师的建议》《把整个心灵献给孩子》而坚定了一辈子做教师的信念。

1998年11月,李镇西应邀去北京参加纪念苏霍姆林斯基80诞辰国际学术研讨会。会上,他结合自己的教育实践,讲述了他对苏霍姆林斯基的阅读及其教育思想的实践。那天,苏霍姆林斯基的女儿被他的发言所感动,当场给他写了几段话:"听了您刚才充满激情和爱心的发言,我很感动。您是一位真正教师!您把热情传播给您的事业,您把爱心传播给了学生……"(张贵勇:《李镇西:读出来的真性情》,《中国教育报》2011年11月10日第8版)

案例二:

回首我的语文教改之路,发轫于读书,升华于读书。忆往昔,我带领弟子们读余秋雨、读余光中、读王小波、读周国平,掀开了语文教改的第一章;看今朝,我又把课外读书与课内教学挂钩,开创了"青春读书课",使得语文课堂活水绵绵,生机无限。没有读书就没有我的"绿色语文",是为"无悔"。(赵谦翔:《读书,使语文课堂活水绵绵》,《中国教育报》2005年1月6日第7版)

研读两位特级教师的阅读经历,我们可以发现:不同的教师阅读有着不同的关键事件,但是在每个人阅读经历中关键事件的出现,都不是偶然的,而是有着深刻的根源，那就是持之以恒的阅读与实践。

李镇西老师研读苏霍姆林斯基著作数十年如一日，并且践行苏霍姆林斯基思想矢志不渝，被誉为中国苏霍姆里斯基式的好老师。这本身就是一个关键事件，只是这个关键事件的时程太长，有几十年，以至于让人觉得这不像一个事件，反而觉得李镇西应邀参加纪念苏霍姆林斯基80诞辰国际学术研讨会这样时间很短的事情和活动才算事件。仅从时间长短而判断是否属于关键事件，这实在是教师阅读中的一个误区。《论语》记载，孔子对曾参说："参乎，吾道一以贯之。"孔子用这句话概括自己一生中最重要的事件，就是自己对道的践行与传播。

赵谦翔老师从《红楼梦》读起，为了让自己高中生的底子胜任重点高中的语文教学，他如饥似渴地读了五年函授大学，拿到东北师范大学的本科文凭，向历代名家名作发起了诵读攻坚战。且不说唐宋八大家，也不说李白、杜甫、白居易，单就是屈原那长达375句的代表作《离骚》，也被他背得滚瓜烂熟。他硬背《古文观止》，死抠《说文解字》，穷翻《辞源》《辞海》，朝朝暮暮沉浸在古今诗文的鉴赏里。这些行为真正体现了他的座右铭——笨鸟先飞，一个劲地飞。后来，他还带领学生"啃"下了很多自己从未翻过的书。赵老师先后迎来"扩展式语文教学"、"绿色作文"、"绿化语文"、调入清华附中等多次教育人生的飞跃，无不得益于教师阅读中的学生刺激、自我挑战等关键事件。

根据名师典型案例，我们可以提炼教师阅读中正向性关键事件的某种产生机制：在长期的阅读过程中，通过坚定的意志践行阅读所得内化、提升自己的修养与技能。

事实是否真的如此呢？我们可进行反向推理论证。问题一：读一本书，就想遇到一个教师阅读的关键事件，概率会有多大？答曰：只有阅读时间长，阅读经验丰厚，产生的关键事件才会多。问题二：读一类书，起初希望读完，然而读了几页翻了几本就撂下了，想很快就遇到一个关键事件，可能性大吗？答曰：只有阅读意志坚强，规划自己的阅读，才有可能产生关键事件。问题三：读了很多年书，也读了很多书，为什么照样不会说，也不会写，研究能力也没有上去？答曰：没有践行自己的阅读所得而内化、提升自己的修养与技能，缺失一个环节就想迎来教师阅读的关键事件，希望依然不大。

事实上，上述机制得到了具体案例的支撑，请看陶继新先生所讲述的亲身经历。

案例三：

她只有23岁。她在走上教学岗位8个月的时候，便参加了青岛市的新教师比武大赛，而且荣获一等奖的第一名。这在人们看来是不可思议的事情，为什么那样说呢？因为青岛市是教育高手云集的地方，初出茅庐的苏静，很难跟这些已经在教育教学这个场地上进行磨炼的青年新秀相抗衡。但是苏静为什么能获得这样一个奖呢？我在采访她时也一直思考着这个问题。苏静之所以一鸣惊人，缘自她的读和背，她背了多少文章，背了多少诗，这是个未知数。所以，我给她写的文章，正标题就是"腹有诗书气自华"，副标题就是"苏静与青云斋、兰若轩的诗词情结"。苏静把学生分成"青云斋"和"兰若轩"两个男女诗社，进行背诗、赏诗、作诗方面的强化训练，在只有8个月的时间里，学生两分钟以内就能作诗一首。那节"比武"课上，苏静让学生进行诗词对垒演讲比赛。讲到中间的时候，苏静让在场的专家、评委给学生出了两个题目，限定他们两分钟作诗一首。结果收上来以后，屏幕上一打，全场的人都惊讶了，想不到学生会做出这么好的诗。原来还不知道作诗为何物的学生，8个月后居然能命题赋诗，所以苏静就成功了。后来《中国教育报》也很关注，就对她进行了将近一个版面的报道。那天正是9月11日，现在好多人称苏静是"教育上的9·11"。我们的朱永新副市长，也是慧眼识才女，就拿着这张报纸找到教育部，没考试就把苏静特招为研究生，现在苏静成了他最得意的门生之一。苏静的成功不是速成的，她读的书多，背的经典文章、经典诗词多，她的成才之路是一本本书铺成的。（陶继新教授《读书与教师生命成长》报告）

苏静老师的案例，证实了热爱阅读、长期阅读就是她不懈的追求。苏老师不仅将自己的阅读所得内化为自己的修养和技能，更重要的是，她教会学生，也将阅读所得内化为自己的修养和技能，而这恰恰为教师阅读中产生关键事件提供了肥沃的土壤。苏老师最终迎来了免试攻读朱永新教授研究生这样具有人生转折性的关键事件。

教师阅读关键事件的产生机制是否能够经得起管理学理论的观照呢？我们不妨按照美国学者福莱·诺格和伯恩斯在1954年对关键事件法的理论解释和操作规程，重新审视这一机制。关键事件法，也叫关键事件技术。关键事件技术由福莱·诺格提出，它要求受访者讲述一些印象深刻的事件，然后对这些所谓的关键事件进行内容分析，以寻求导致关键事件发生的深层次的原因。目前，它已被运用于管理学、人力资源、教育学等多个领域。这种方法，包括寻找关键事件、分析关键事件等环节。就教师阅读而言，教师应该有意识地记录平时阅读中的关键事件：一种是做得特别好的，一种是做得特别不好的。在预定的时间，通常是半年或一年之后，利用积累的记录，由主管者与被测评者（教师若没有加入一定的阅读组织，主管者和被测评者则均为教师本人）讨论相关事件，为测评提供依据。记录的方法和特点是：第一，观察；第二，书面记录所做的事情；第三，有关工作成败的关键性的事实。其主要原则是，根据当事者的有关行为中最重要、最关键的部分来评定其结果。对每一事件的描述内容，包括：1.导致事件发生的原因和背景；2.特别有效或多余的行为；3.关键行为的后果；4.当事者能否支配或控制上述后果。值得注意的是，管理学家指出：1.调查的期限不宜过短；2.关键事件的数量应足以说明问题，事件数目不能太少；3.正、反两方面的事件要兼顾，不得偏颇。

从教师阅读关键事件的产生基础和实践效果来看，我们对诺格和伯恩斯所创立的关键事件法不能生硬移植，而应吸取其精髓，辩证理解和灵活运用。

对于教师阅读时间较长的骨干教师来说，由于已经历过较多的正向性关键事件，应采取正向性关键事件优先的原则。这样可以使教师在关注、回顾和研究正向性关键事件的过程中，不仅能够增强教师阅读的自信心和成就感，而且可以促使教师乘胜追击进行拓展延伸式的阅读，更重要的是启迪教师发现正向性关键事件产生的时间节点、外界条件和相关议题等运行规律。这符合效果律强化的原理，也应了"成功是成功之父"的说法。

　　对于教师阅读时间较短的青年教师来说，应采取两者结合的方式，既要关注、回顾和研究学生阅读和教师阅读经历中为数不多的正向性关键事件，发现正向性关键事件产生的时间节点、外界条件和相关议题等运行规律，也要诊断、分析和研究教师阅读中低效和无效行为的原因和背景，评估自己能否支配或控制这些后果，以期在以后的教师阅读中采取矫正措施，提高教师阅读的贡献值，从而避免教师阅读负向性关键事件的出现，而促进教师阅读正向性关键事件的产生。反复实践，对比总结，这也切合实践出真知的道理和"失败是成功之母"的说法。

　　教师阅读中的关键事件，尤其是正向性的关键事件，往往能够起到推动教师阅读、提升教育水准、改变人生的作用，具有里程碑式和标志性的意义，其价值不容忽视。

六、教师阅读：实践转化的提升途径

阅读有什么用？怎样阅读才有用？这两个问题可以说是一线教师在阅读前后非常关注的问题。两个问题看似各异，实则内在相关，如果能够解决后面这个问题，那么前面问题的答案也就昭之若揭。众所周知，教师阅读是一种基于教师个体的活动，其关键是如何使教师阅读对教师及其实践产生延展、改造、深化和升华的作用。所以，教师是否受益，受益是否很大，取决于教师在阅读以及相关活动中的内化与外化的程度。那么，在阅读以及相关活动中，教师如何做到阅读的内化和外化呢？学习金字塔理论可以带来诸多启示。

学习金字塔理论，经由美国学者、著名的学习专家爱德加·戴尔在1946年提出后，日益成为在现代学习科学研究中具有重要影响的一种理论。目前，金字塔理论在教育界能够令人信服并广为流传，不仅是因为它在某种程度上符合了人们的学习心理和实践常识，而且是因为它在学习效果的实际保持率与实践转化率等方面，为人们提供了颇为清晰的认知框架和操作思路。而阅读书籍作为一种学习的方式、手段和内容，采用学习金字塔理论对其效果进行检测、反思和改进，也是切实可行的。所以，学习金字塔理论在认知框架和操作思路上，足以为教师阅读的保持率和转化率提供研究和提升的空间。

学习金字塔理论将学习内容的保持率分为七个层级：

第一，听讲，保持率为5%；

第二，阅读，保持率为10%；

第三，视听，保持率为20%；

第四，演示，保持率为30%；

第五，讨论，保持率为50%；

第六，实践，保持率为75%；

第七，教授给他人，保持率为90%。

前四种为被动学习，后三种为主动学习。（见下图）

学习方式	内容	学习内容平均留存率
被动学习	听讲（Lecture）	5%
被动学习	阅读（Reading）	10%
被动学习	视听（Audiovisual）	20%
被动学习	演示（Demonstration）	30%
主动学习	讨论（Discussion）	50%
主动学习	实践（Practice Doing）	75%
主动学习	教授给他人（Teach Others）	90%

如果用学习金字塔理论对教师阅读进行审视和梳理，我们就会发现教师阅读的效果并不理想，保持率徘徊在10%的状态。这恰好能够解释为什么会有那么多教师对自己的阅读效果不满意。可见，阅读作为教师专业发展的一种学习方式、手段和途径，甚至是一种层次，要想使其效果达到理想的水平，确有必要作以相关的改进和提升。那么，按照学习金字塔理论，教师阅读应该做何改进和提升呢？下面采取实践案例的形式，来具体解说相关的改进和提升。

教师阅读走向视听结合

教师阅读，顾名思义，既阅又读。然而在现实中，尤其是中小学老师，常常是阅多读少，主要是凭借一双眼睛在看，很少有人能够放出声来念读，至于诵读、吟读等充满深情而又颇为尽兴的形式更是难得听闻。事实上，科学研究已经证实，在学习效果上，人类靠单一感官远不如靠多种感官的综合。所以仅靠眼睛学习的效果，远不如眼耳并用的学习效果。

宋儒朱熹在论读书时说："须要读得字字响亮，不可误一字，不可少一字，不可多一字，不可倒一字，不可牵强暗记，只是要多诵遍数，自然上口，久远不忘。"这已经强调了学习者面对一本书，理应是眼、口、耳并用。当然，这也涵盖了视听结合的学习方式。视听结合，在教师成长中到底有多大的作用呢？可以明确回答的是，视听结合比一味地用眼看要有效。请看教师成长的案例。

案例一：

党支部书记找我谈话，谈话十分简单，两分钟，让我改行教语文。我说我不是学中文的，教的话有困难。他说："你不大学毕业了吗？"我说："隔行如隔山。"他说："工作需要。'在战争中学习战争'，这是最高指示。"一锤定音，我无话可说。我又央求："让我参加进修好不好？""工作这么忙，自己抓紧时间自修。"我就这样进了语文教研组，教高中二年级。

"隔行如隔山"，这话一点不假。一捧教科书，难题来了。文言文可串讲，过去老师就这么教我们的，现代文怎么教，学生基本能看懂，教什么？首先须认真备课，读懂教材，读通教材；其次是向高手求教，向高明的老师求教。对我而言，除了上述二者外，还得老老实实打中文的底子，补先天的不足。b、p、m、f 不认识，没学过，得从汉语拼音学起；只粗知英语语法，汉语语法没学过，我不得不用双倍乃至数倍的功夫学习，从语音、语法、修辞、逻辑到中外文学史，到阅读一定数量的中外文学名著，以文学史为纵线，以各个时代重要的作家作品为横线，纵横交错，再旁及其他，力求在两三年内把中文系的主要课程捋一遍,增添一点教学的底气。为此，我拼命挤时间学。那时，我一周有两个晚上政治学习，回家总得九点半以后。每天晚上九点以前备课、改作文，九点以后自修，咬着牙学，天天明灯陪我过半夜。不学，上课就没有发言权。（于漪：《岁月如歌》，上海教育出版社 2007 年 8 月第 1 版，

有改动）

案例二：

读教材，每天我都早早到办公室，朗声诵读《荷塘月色》《陈情表》等名篇，以至于收发室的张运英老师敲开门说："你这（播）放的是录音机吧。"我笑着说："没有啊，你看看。"读经典，从《道德经》和《论语》开始；读译著，从《和教师的谈话》《重构语文世界》开始，阅读让我倾听来自人类伟大灵魂的声音。（熊纪涛：《生命觉醒始成长》，《教育时报》2014年12月10日）

于漪老师为了从外行变成内行，在语文专业书籍的阅读上，使用了视听结合的方式，尤其是语音、语法的学习，离开听这种方式，学习效果就会大打折扣。就我本人而言，在教师新手时期，也是靠着视听结合等方式在阅读中走向了熟练和深刻理解。

其实，视听结合也是很多成熟教师乃至名师的学习方式和成长秘诀。于永正老师在《于永正：忆师友、谈人生》一书中记述，张庆老师在雪天走路，口中仍然念念有词，原来是在练背功。如此训练积累，何尝不是一种视听结合呢？可见，教师阅读有必要让其回归既阅又读的本义上来。

教师阅读的演示及操作

演示，是通过一定的方式和工具将信息传达给他人。就教师阅读而言，演示可以借助实验、实物、图标、表格等方式和工具，将书籍的思想观点、情感态度、价值意义以及自己的感悟随想，传递给他人。

古人说，不动笔墨不读书。和纯粹的眼看相比，动笔墨是为了调动更多的感官，进而提高阅读的效果。其实，无论是和纯粹的眼看相比，还是和视听结合相比，演示都能采取更丰富的形式，调动更多的感官，进而提高教师阅读的效果。请看两则案例。

案例三：

我在先生的指导之下，首先读熟《词选》中所选的词，次则完成先生在课堂上所布置的词学写作。春秋佳日，星期有暇，先生常率领我们学生游览南京名胜古迹，每到一处，都和我们一起作词谱曲。明故宫、灵谷寺、玄武湖、扫叶楼、豁蒙楼，常有我们师生的足迹。有时我们师生也"夜泊秦淮近酒家"，作仿《桃花扇》里"媚香楼"的词曲，尽欢而散。先生家住大石桥，我们学生常到他家里习唱，玉笛悠扬，晚霞辉映，师生唱和，其乐融融。我们都学会了吹笛唱曲，对词曲源流及其关系也都有了更深切的了解与体会。（唐圭璋：《我学词的经历》，《词学胜境》，中华书局，2016年8月）

案例四：

在骑车上班的路上，新课的导语、课文的典故、设计的作业和结语，我说了一路。自觉演练个性化的说课，是因为我期盼每一节课都能在起承转合中婉转流畅。（熊纪涛：《生命觉醒始成长》，《教育时报》2014年12月10日）

唐圭璋先生在师生经常唱和的情境中，学会了吹笛唱曲，"对词曲源流及其关系也都有了更深切的了解与体会"。唱曲，其实就是用声音对文字所做的演示。至于朗诵，也是如此。我们称唱戏的杰出者为表演艺术家，就是因为他们对戏文可以做出一种创造性的表达演示。

在我的成长经历中，路上演练说课，是对教学设计的一种口头化演示。这实际上类似当前广泛应用于教师招聘和优质课比赛的微型课。虽然是无生上课，但是环节却基本完整。可以说，微型课等课型，也是对真实课堂的一种模拟和演示。

在实践中，教师阅读的演示手段和形式，可谓丰富多彩，充满创造性。例如，利用思维导图，把一本书变成了几张甚至是一张纸。然后，把这思维导图给他人看，他人在很短的时间内对书籍的内容和脉络一目了然。这也是一种阅读的演示。再如，教师阅读后的自我讲述，以及概括要点和图画示意等方法做读书笔记，目的往往只是给自己看。在某种程度上，这还是一种演示，只是演示者和演示的对象集中于一人而已。

教师阅读讨论的有效性

讨论法是一种非常古老的教学法，孔子带领一群弟子周游列国的时候，就经常采取讨论法。特别是高中语文教材有一篇题为《子路、曾皙、冉有、公西华侍坐》的课文，节选自《论语》，生动地记载了孔子和弟子们讨论人生志向的问题，在讨论中人物的性格、学识和志趣都展示得淋漓尽致。讨论法的价值和魅力由此可见一斑。

对教师阅读而言，讨论既是一种开展阅读交流的方法，也是促成教师阅读内化和外化的一种重要手段。在针对阅读的专门讨论中，不仅自己可以发表见解，引起他人的思考和辩论，而且可以弥补自己的不足，分享来自他人的阅读成果。

案例五：

特色阅读讨论课是近年同济大学为拔尖人才基地班开设的一门新课。它聘请国内外不同领域的知名教师给学生授课，学生根据教师的讲解，选择自己感兴趣的问题分组查阅资料和讨论，整理思路后在讨论课上进行汇报。讨论时聘请相关专业教师从多方面对学生的讨论进行点评。

经过一学期的特色阅读讨论的实践，极大地激发了学生对基础学科的学习兴趣，获得了较好的学习效果。（陈平、曹志伟等：《谈"特色阅读讨论课程"的设置》，《教育探索》2012年第9期）

案例六：

四年制高一有几个孩子特别喜欢历史，于是，枣林村书院专门为他们开了一门课，专聊"历史原著"，每两周读一本书，然后讨论。（李建平：《新课程观魅力何在》，《中国教育寻变：北京十一学校的1500天》，教育科学出版社，2015年）

案例七：

在洋泾中学我们"逼"老师读书。一开始，我在语文组里给老师介绍要读的书。中午吃饭时，我就去和老师们交流读书心得。一些老师没有读书，或没认真读书，在我面前一问三不知，显得没有学问，非常丢面子。过几天，我午餐时又去问老师，没有读书的老师非常怕我这个校长走到他的面前，纷纷低下了头。就这样我们读书的老师越来越多。为了鼓励教师读书，我曾在杭州西湖中租了一艘大船，让老师们在船上跟我读两天书，谁都不准下船。老师们都是非常讲面子的，讲面子也是一种资源。后来，我开始邀请著作的作者到学校，与学校老师一起交流，围绕著作内容敞开交流，最后是洋泾中学的语文老师最出风头，发言非常有深度，有见地。这一系列的举措使学校的语文老师获得了读书的成就感，进而爱上了读书。（李海林：《教师二次成长论：卓越型教师的成长规律与成长方式》，《今日教育》2015年第1期）

在前两个案例中，我们可以看到讨论法在大学和中学教学中的应用和价值。讨论法打破了个体阅读"独学而无友，孤陋而寡闻"的局面，使人感到这是中国教育对话传统的一种传扬。

我们可以看到李海林校长在引导教师阅读时，运用讨论法的独特经验和通达智慧。为了推动教师阅读，李校长采取了四步走的策略：一开始"给老师介绍要读的书"，吃饭时"去和老师们交流读书心得"，然后"让老师们在船上跟我读两天书"，后来"邀请著作的作者到学校，与学校老师一起交流"。可以说，每一步都是讨论法的再现和活用。如此领悟讨论法的精髓，悉心加以运用，其实效自然也是不言而喻的。

在中小学教师群体中，目前已经广泛开展了读书论坛、读书会、研讨会、名师工作室研读交流，甚至头脑风暴等活动，这都说明了讨论对教师阅读乃至教师专业发展的重要作用。

讨论，有利于让教师阅读形成共同体，促进教师共同体中每个成员的发展。李希贵校长在《学校转型：北京十一学校创新育人模式的探索》中指出了教师共同体的形式和价值："通过工作室、工作坊等平台，通过优秀教师的引领，带动教师群体的快速成长。斯坦福大学的教授鲁斯曼等以案例研究为基础，对教师专业共同体的内涵、特质及组建过程进行了较为详细的描述与说明，明确指出了'教师专业共同体'和'一群教师'之间有着本质的区别。"发展共同体内共同的目标愿景、自觉自愿的宽松氛围、面对的共同问题以及优秀引领者的影响，更能帮助广大教师站在集体的肩膀上飞翔。根据实践，在形成教师发展共同体时，教师阅读与讨论功不可没，完全可以作为维系教师共同体的一种桥梁和纽带。

教师阅读具体实践方法

教师在阅读中的思考和收获，常常以行动方案、行动改进等方式和手段，使自己和现实一同得到改变。这样的做法，几乎在每一位教师身上都有体现，那就是阅读之后立即尝试。教师阅读后采取行动研究法，这在名师、名校长等优秀同行身上也能得到验证。所以，在现实中，行动研究法是教师阅读转化实践而行之有效、免于空谈的良方。

案例八：

沈红旗老师从小喜爱语文，当他读到苏霍姆林斯基的著作时，强烈的心灵感应便使他注定了一生将与教育有缘。高考填报志愿时，他一连填了两次上海师院的中文系。当得知他的分数远高于北大、复旦的录取线时，不少人为之惋惜，而他则为将自豪地迈入教师队伍而感到无比兴奋。（陶继新：《展示教育的无限魅力：沈红旗老师教育教学散记》，《教坛春秋：20位中学教师的境界与智慧》，福建教育出版社，2014年）

案例九：

马斯洛的"需要学说"帮了我们的大忙，对我们统一思想起了至关重要的作用。他使我们明白了，人的需要是与动力连在一起的，一个人如果没有需要的提升，也就没有工作的动力。正确认识被管理者的需要，不断调整管理的方法，努力创造条件，以满足老师们新的需要，特别是精神上的需要，这是提升学校管理水平的重要手段。

那一年，我们不再仅仅在提高教师的生活待遇上做文章，而是把物质的东西尽可能转化为精神上的满足。

"功勋四中人"是我们开发的一个比较成功的项目。(李希贵：《第一章　乡村中学》，《为了自由呼吸的教育》，高等教育出版社，2005年)

案例十：

1996年春季开学，我们便大刀阔斧地开始了语文教改实验，其中借鉴了"道尔顿实验室计划"的一些内涵，吸收语文教改的有益经验，我们把这项实验取名为"语文实验室计划"。

这项实验最大的改变是课程安排：每周只用两课时完成教材规定的学习任务，而把四课时拿出来，让学生到自修室去读书。(李希贵：《第二章　穿越"雷区"》，《为了自由呼吸的教育》，高等教育出版社，2005年)

沈红旗老师从小喜爱阅读，随着自己阅读史的演进，又读了苏霍姆林斯基的著作，产生了强烈的心灵感应，接着两次志愿都填同一个师范院校的中文系。这本身就是一种基于教师个体行动的实践尝试。

李希贵校长在阅读马斯洛、道尔顿等人的学说后，在学校管理和语文教学上积极行动，以项目、实验的形式进行实践。这种把理论转化为实践的决心和行动，令人感动而钦佩。这是一种基于学校和群体行动的实践尝试。

或许有人说，他们两位在学科教学上都是善于阅读的语文教师，如果是数理化等学科的教师，还会是这样吗？问题的答案，仍然是这样的。请看一名数学教师在阅读后的实践经历。

案例十一：

一次，华应龙读完一本名为《创新启示录：超越性思维》的书，颇受启发。这本书独创性地给出了包括极限思维、多米诺思维、偏移思维、扩散思维在内的一整套思维法则。受之影响，他试着打破传统数学教学的定式，经常跳出问题看问题，如在教室后面架上摄像机，听听自己的课，如珍视学生所犯的错误，从那些哪怕微小的错误中寻找教育契机。正是这种打破常规的思维方式，才有了课堂上精彩不断的生成。(张贵勇：《华应龙：读书成就了今天的我》，《中国教育报》2011年3月24日)

在阅读后，华应龙老师采取了一种基于自身行动的实践，最后滋养课堂教学。这足以说明教师阅读在课堂教学、教师成长等方面有着重要的价值。梳理以上案例，可以看出教师在阅读后的具体实践中，基于自身行动、基于学校和群体行动，是两种基本的思路和主要的方法。教师阅读是基于个体的一种学习活动。就基于个体行动而言，教师阅读后写成读后感、书评等文章，投给报刊得以发表，以及教师根据阅读所形成见解和方案等内容，在教学和教研中积极进行尝试，诸如此类的做法，都是值得肯定的具体实践形式。其实，基于学校和群体行动，和教师个体行动的开展形式也很类似。

教师阅读相关教授方法

在工作中，教师阅读转化为实践，特别是将自己的阅读所得进行推广应用，离不开教授这一环节。所谓教授，就是把书籍中的要点、理论和方法等内容，教给他人，例如同事、朋友、学生等。在某种程度上说，就是教师阅读书籍力争变成一个行家里手。这样的阅读效果最好，当然难度也最大。下面是两个案例，可以显示出这样一种规律：不同的教师阅读，决定着教师对学生进行不同的教授和指导。

案例十二：

从理论上说，我们的教学确实应该在课程标准和教材的框架下展开。但是我认为，在依照教科书开展教学的同时，详略、顺序还是要随机应变。我会根据自己的需要，把几篇相关的课文和大量课外的文章组织在一起，然后再配合以相应的活动，每隔一段时间就组织一个文化专题，进行"集中轰炸"。这是符合科学的认知规律的。（黄玉峰：《第八讲　集中时间，打造专题》，《上课的学问：语文教学优质资源的获取和运用（方法篇）》，江苏凤凰科学技术出版社，2015年）

案例十三：

学生讲述某些任课教师对学科学习任务的介绍，很"经典"。

甲老师说："我这门课，就是靠多做题，熟能生巧。上届高三，某某中学做了一万多道题，高考卷上果然有三道题基本一样，还有三道题是相似的，所以一定不要怕做题……"

乙老师说："我这门课，就是靠背，除了封底上的定价，你背个滚瓜烂熟，考试不会吃亏的。"

丙老师说："我上课说的话，凡是说了两遍的，都要记下来，考试基本就考这些……"（吴非：《说不尽的常识》，《课堂上究竟发生了什么》，中国人民大学出版社，2015年）

第十二个案例中的老师，在阅读和学习上，对学生的教授、指导可谓高屋建瓴。其实这种教授和指导，正是黄玉峰老师的做法，源于黄老师大量而深入的阅读所得。第十三个案例所列举的三位教师，在阅读和学习上，对学生教授、指导可谓糟糕至极。这三位老师的教授和指导，无法体现教师阅读所得及其转化。而这恰恰是吴非老师的忧虑所在："我感到困惑：教师课堂上这样介绍自己的教学，学生怎么可能对学科学习产生兴趣？任课老师不向学生介绍学科内涵，不介绍学科史，不介绍学习过程的不可知与趣味，而是用'好处'引诱学生，或是用考试恐吓学生，这样宣讲，会有什么样的结果？"（吴非：《说不尽的常识》，《课堂上究竟发生了什么》，中国人民大学出版社，2015年）两者相较，教师阅读的有无和深浅立即可辨，而教授和指导的境界也当即见出高下。

在阅读后，如何利用自己的阅读所得来指导他人，教育家陶行知先生做过许多尝试，还把这写进自己的教育主张里，使其成为"做中学"的一种有机组成部分。在1927年，他曾阐述了自己"为教而学"的教育理念，让学生做"小先生"，"以教人者教己"。也就是说，在学习中，让学生成为教者，以教者的方式倒逼学、促进学，更有利于深度学习的发生。这样的做法足以给教师阅读带来深刻的启示，那就是教师阅读应当利用阅读所得来指导学生、同事等他人，以促进自己的阅读和内化。

其实，在阅读中，完全可以做到师生共读。教师教学生，学生教老师，教学相长，其乐融融，何乐不为？伴随学生阅读的教师阅读，收获将会有多大呢？且看两位特级教师的实践经历，可以给我们带来诸多启示。

案例十四：

1996年秋季开学初，高一新生刚入学，就有学生推荐余秋雨的散文集《文化苦旅》。《文化苦旅》还没讲完，又有学生推荐周国平的散文集《守望的距离》，接下来又有余光中的《听听那冷雨》、王小波的《一只特立独行的猪》……我们就是这样，在学生的推荐书目中，东一头西一头地忙碌，用赵谦翔老师的话来说，当了"现买现卖"的"小商贩儿"。学生"逼迫"我们读了不少书，虽"苦不堪言"，却"乐在其中"。在这里我想说句实在话：如果你没有背水一战的决心，没有充分的心理准备，就不要轻易提出"把学习的权利归还给学生"这样的口号。因为，这将使你和你的学生站在同一条起跑线上，你将和你的学生一样"无知"！把学习的权利归还给学生，意味着你必须和学生一起重新开始学习！当然，与学生一起成长的快乐也是难得的享受！（王鹏伟：《语文教育：世纪之交的嬗变》，教育科学出版社，2011年）

在王鹏伟老师的笔下，赵谦翔老师的阅读经历很典型，是学生向老师荐读，最终啃下了很多书。从"教"和"学"的关系看，是学生推着老师走。这样的教师阅读，在某种程度上确实是学生教老师读什么书，或许还会要求老师再谈谈读书的心得和见解。从强弱关系来看，教师阅读"弱"而配合，学生阅读"强"而主动，又何尝不是无奈之中生成的教学艺术？人们常说，理论总是灰色的，而实践之树常青。教师阅读，和谁一起读，指导谁去读，怎样指教别人，这些都不是一成不变的，而是需要以实效为导向进行统筹谋划的。

梳理以上案例，可以总结出一点认识，点拨、说教、演讲、谈话、规定等，都是运用和转化教师阅读所得的一些教授方法。很多时候，方法虽然相同，但效果却千差万别。这恰如古人说的"运用之妙，存乎一心"。从根本上说，教师阅读的教授方法和形式，其效果如何，更多地还是取决于教师阅读本身。有人说，教师的教龄在十年以上，教材都很熟悉，此时所教的不是教材，而是教师自己。这话虽然不敢保证放之四海而皆准，但是至少放在语文教师身上是十分应验而准确的。因为一个语文教师的教授和指导的底子，在十年之内足以打下，然而底子是否打好则要由底蕴、情怀和思想等来决定。而一个教师所拥有的底蕴、情怀和思想等，主要来源于教师阅读及自我反思。

教师阅读缺乏实效，主要原因就在于读了，甚至是懂了，但是缺少应用。对教师阅读来说，无论采用金字塔学习理论的哪一层级，都能提高其实践转化率。就教师阅读转化实践而言，需要说明的是，每一种高级的层次和形态，其实都已经包含了低于它的层次和形态。通常来说，教师阅读只要不仅仅停留在纯粹用眼看的层次上，就意味着开始走上提高教师阅读实践转化率的轨道。

七、教师阅读：滋养教师表达的源头活水

教师阅读，对教师专业发展究竟有什么帮助？不少奋战在中小学一线的教师，时不时地会对此扪心自问。根据阅读学的基本原理，阅读是输入，表达是输出，可以明确地说，教师阅读是滋养教师表达的长流活水。

教师专业发展的研究表明，中小学一线教师的成长必须扭住两个关键，一是实践提升，二是理论转化。在实践提升和理论转化中，阅读的地位与作用是显而易见的：首先，同行的许多经验已经成书，可以提供成长的借鉴，减少不必要的困惑和失误；其次，理论研究的许多成果形成论著，可以研悟理论的真义，提高教育实践的指导性和科学性；最后，教师阅读是教师观照自我的良法，可以培育教师的思考探究能力，缩短把握教育实践真谛的路程。这三个方面，与教师表达恰恰具有一致性。

在教师从受教育者而成长为教育者的过程中，教师对教育的理解与实践可以采取的表达方式有三种：其一，书面表达，即书写成文字；其二，口头表达，如谈话、演讲等；其三，心灵表达，即没有采取文字和口等言说形式而在内心进行了判断和评价等表述。可以说，教师阅读在教师表达的三种方式中都有着不可小觑的作用。

如果说教师一线实践是教育表达的源头，那么教师阅读就是教育表达的活水。宋儒朱熹的绝句《观书有感》说："半亩方塘一鉴开，天光云影共徘徊。问渠那

得清如许？为有源头活水来。"这首诗对阅读价值所论的见解，富于启发而又历久弥新。意思是说，半亩大的池塘像明镜一样，映照着来回闪动的天光云影。要问这池塘怎么这样清澈？原来有活水不断从源头流来啊！诗的寓意很深，以源头活水比喻阅读与学习，学习者应不断吸取新知识，让自己一清如水，每天都有新发展、新变化，如同《尚书》所云"日日新，苟日新，又日新"。阅读对学习者的意义如此，其实对教师的意义也如此。只要翻开许多名师的成长案例，就可以看到教师阅读是教师表达的源头活水，对教师专业发展起着不可估量的滋养作用。

教师阅读对书面表达的滋养

所谓书面表达，即书写或写作。教师阅读，对教师的书面表达所起的滋养作用，无须多论。只要品味一下古人的话，就知道这种滋养作用是何等重要了。杜甫说："读书破万卷，下笔如有神。"强调教师阅读必须达到"破"的程度，仅仅"懂"还不行，必须要"通"，而且要"透"，这样写起文章来才能有如神助，灵思才会像泉水一般涌出来。其实，这说的是教师阅读要发生内化反应和思想质变，改变一个人的思维品质、站位视界和精神气度，对书面表达才会从根本上产生滋养作用。

从阅读内容上说，教师阅读影响着教师书面表达的质量。培根的《论读书》说："读史使人明智，读诗使人灵秀，数学使人周密，科学使人深刻，伦理学使人庄重，逻辑修辞之学使人善辩。"这可谓形象而深刻地揭示了阅读的内容对人格、精神的具体影响，至于对教师书面表达的具体影响，则更是自不待言。如果说阅读是教师专业发展的长流活水，那么写作则是教师专业发展的关键一跃。阅读对写作所起到的丰沛滋养作用，在名师还是一个新手的时候，真可谓体现得淋漓尽致。

案例一：

年仅 23 岁的王立华不是哲学家，也不是诗人，但他那敢于吃螃蟹的精神却格外令人敬仰。他购置了上万元的书刊，几乎花尽了所有的积蓄。博览群书，尤其是爱看有思想的新书，不仅吸收其间的精华，还要加点眉批与旁批，天马行空地批评一番。翻阅王立华的日记，拜读他在全国各种刊物上发表的十五六万字的文章，你都可以看到他对人性的特殊关注，对学生的全心热爱。(陶继新：《让学生沐浴在人性光照的温情里：王立华老师班主任工作的新视角》，《当代教育科学》2003年第4期)

在中小学里，班主任是一线教师，也是最忙的教师，有人说这是天下最小的主任，却管着天下最多的事情，学生的学习要重视，饮食、健康也不能丢，人身安全、财物安全、学生纠纷、班级纪律、养成教育、寝室卫生等，还可以罗列很多关键词，无论哪一样，班主任好像都脱不了干系。即使教学繁忙、班主任工作繁重，王立华仍然坚持阅读，读完就写。经过十年左右的时间，王立华老师已经成为在班主任工作和教育管理等领域的知名专家，到全国很多地方讲课培训，并且在《人民教育》《中小学管理》《班主任》《班主任之友》等期刊发表很多文章。他写作的功底、成长和收获，正是得益于多年如一日的阅读。

王立华老师不仅班级管理收获大，而且写作收获也很大，这源于他的阅读力度大。阅读力度有多大呢？23岁时，王老师上班还不到一年，已经在买书上花费了上万元，这种力度即使放到今天也不算小。数年前，我就对王老师这种经历感到震惊，立即写了一篇文章，其中有一段话表达了"教师成长意识是教师阅读的内核"这一看法。

案例二：

记得陶继新先生所著《教育先锋者档案：教师版》讲述临沂八中班主任王立华23岁刚上班不到一年就买书上万元，几乎花尽所有积蓄，悉数读完，迅速成长为全省教师的翘楚，我更加确信教师专业发展的关键在于自我，即教师内发的成长意识、自我发展意识。(熊纪涛：《专业发展关键是成长意识》，《教育时报》2013年12月11日)

对有成长意愿的教师来说，阅读促使教师的成长意识越来越强。更重要的是，阅读滋养了一线教师写作，使教师成长又多了一条途径，可谓一举两得。阅读对班级管理的写作如此重要，那么对一线语文教师的写作来说，又该是一番怎样的情形呢？请看一位语文教师在阅读与写作上的成长经历。

案例三：

他只是一位普通的教师，但是他始终注意思考，读书不止，笔耕不辍。现已独立完成著作5部，参与了6部著作的编辑工作。他在《中学教育》等全国教育类核心期刊上发表20多篇5000字以上的论文，其中3篇被中国人民大学复印资料《中学语文教与学》全文转载，发表的文章已超过120万字。他是上海市二期课改高中语文教材特约撰稿人、市语文高考调研组成员，并曾获上海市教学竞赛一等奖。这位教师就是上海市黄浦区语文学科带头人、市第八中学语文教师沈红旗。（陶继新：《沈红旗：展示教育的无限魅力》，《上海教育》2004年第18期）

有人说，名师都是读出来的，只有读书才有可能成就名师。这话在沈红旗老师身上还真应验。沈老师"读书不止，笔耕不辍"，带领学生开展名人传记的阅读与写作等活动，教育教学很有特色，后来成为上海非常年轻的特级教师。可见，教师阅读滋养教师书面表达的作用绝不可小觑。

一些老师看了王老师和沈老师的写作收获，或许会望而兴叹：一辈子也写不了这么多。然而，只要开启了阅读的道路，再加上毅力，写作将是水到渠成之事。赵谦翔老师的成长过程就证明了这一点。

案例四：

他勤奋，爱钻研，有毅力。妻子做饭时，他摇着风轮背《古文观止》；妻小回城过年，他独守寒舍写《滴水集》。永吉县口前镇东山，曾是他读书的地方，就是在这天造地设的"大书房"里，他读完了6年的大学函授课程。他没有一个晚上不读、不写，直至今天仍是这样。

他治学严谨。在学识上，他认真到谨小慎微的程度。一部《辞海》（词语分册）被他翻得破烂不堪，哪怕是一个字在音调上的细微差异，他都不轻易放过。当年他也是迷信教学参考书的人，对我的无稽之谈，他常常睁大近乎"天真"的眼睛问："教学参考书是这么说的吗？"于是，他赶紧去翻书。当然这是很久以前的事了。后来，他终于摆脱了应试教育的束缚，不仅抛开了教学参考书，甚至抛开了统编教材。扎实的功底使他的教学厚积薄发，游刃有余。这是大家都知道的。谦翔的演讲是出了名的，口若悬河，洋洋洒洒。这常给人一种错觉："口才极好！"其实，演讲稿都是经过字斟句酌的，自然烂熟于心。即使到班级对学生讲话，他都头天晚上打好腹稿，班会讲话更是落实在纸面上。（王鹏伟：《为了大写的人：记吉林毓文中学特级教师赵谦翔》，《语文教育：世纪之交的嬗变》，教育科学出版社，2011 年）

赵谦翔老师的读功令人惊叹，一边干活一边背书；读写习惯令人钦佩，"没有一个晚上不读、不写，直至今天仍是这样"。得益于这样的读功和习惯，赵老师的书面表达水平自然不需多言，甚至演讲、讲话等口头表达水平也令人叹服。后来，赵老师凭借这种功底，倡导"绿色作文""绿色语文"，最终走进了清华大学附属中学任教，目前虽已退休，但仍走在"绿色语文"的道路上。阅读的功效究竟有多大呢？赵老师的经历足以证明：阅读何止是滋养写作，阅读简直就是滋养生命。

在中小学教师群体中，很多感到书面写作不易，然而肩负着培养学生写作能力重任的语文老师，竟然也感到书面表达困难，真是咄咄怪事。其实，这些老师总是感到写作难，不知文章怎样写才算好，殊不知写作难的根本原因在于阅读难、阅读少，也就是俗话说的肚里没货。韩军说，我们语文教师不读文言与经典，我们语文课忽视文言与经典，唯重白话，已是超过半个世纪的凄然现实。他曾在不同场合，调查数千名中小学语文教师，谁通读过《论语》《史记》和"四大名著"，能够全部通读的教师竟无一人。这是我们语文教师队伍的现状，也决定了我们语文教育的"忧患"——忽视中华文化根本。

如何有效发挥阅读对写作的滋养作用，韩军老师认为应当在文言阅读上多下功夫。因为韩军老师主张，文言承载着中国优秀传统文化，言辞典雅，内涵深刻，远非当今白话可以比拟。2004 年，韩军老师在《中国教育报》发表《没有文言，我们找不到回家的路》，更是指出了阅读文言作品对提高当今语言水平的重要意义："文言是一种有着几千年历史渊源的语言，而白话是一种历史极短的语言。文言在几千年的历史发展中，'积淀'了数量巨大的极富表现力的典故、语汇、辞章，而全民使用白话自'五四'诞生至今不过百年。白话还没有创造出自己'辉煌''丰厚'的历史'积淀',白话基本源自文言,当今白话的基本语汇几乎附依于、脱胎于文言,白话的辞章文法也并没有超脱文言。"

有人说:"数千年历史,积累了浩繁的极富表现力的文言典故、语汇,滋养、丰富了现代白话。人在少年语言敏感期,诵读大量古诗文,用文言奠基,用白话表达,则文字极易纯粹、典雅、凝练、传神;而以白话奠基,通过白话学用白话,文字极易拖沓、烦琐、欧化、啰唆。"(陶继新、张圣华:《在语文教育的路上我们失落了什么?》,《中国教育报》2005年6月22日第4版)毫无疑问,教师的书面表达应当接续阅读文言著作的滋养,这样才能达到"用文言奠基,用白话表达,则文字极易纯粹、典雅、凝练、传神"的效果。

教师阅读对口头表达的滋养

所谓口头表达,是用口头语言来表达自己的思想、情感,以达到与人交流的目的。在当今社会中,口头语言比书面语言有着更直接的、更广泛的交际作用。随着社会的发展,人们的口头表达也要与时俱进,否则只能到处"吃哑巴亏"或"好心却没说出好话"。教师的口头表达对教师专业发展和教育教学质量具有十分重要的意义。

众所周知,对教师而言,阅读的对象大多是专业的书籍,涉及很多理论和学说,那么应该如何利用阅读所得提高口头表达呢?在教育教学中,高明的教师总是用生动的语言讲述鲜活的事例,来表达深刻的道理,使人过耳不忘。这也是教师口头表达必须下功夫修炼的地方。在口头表达上,能够做到深入浅出地讲道理,教育家陶行知堪称典范。

案例五:

有一次,陶行知应邀到武汉大学演讲。他走向讲台,并没有直接开始演讲,而是不慌不忙地从箱子里拿出一只大公鸡。台下的听众很好奇,不知道陶行知到底要干什么。陶行知又掏出一把米放在桌子上，然后按住公鸡的头，强迫它吃，可是大公鸡只叫不吃。

怎么才能让公鸡吃米呢？陶行知又掰开公鸡的嘴，把米硬往鸡的嘴里塞。大公鸡拼命挣扎，还是不肯吃。接下来，陶行知轻轻地松开手，把鸡放在桌子上，自己后退几步，大公鸡自己就开始吃起米来。

这时，陶行知开始演讲："我认为，教育就像喂鸡一样。先生强迫学生去学习，把知识硬灌给学生，学生是不情愿学的。即使学也是食而不化，过不了多久，学生还是会把知识还给先生的。但是，如果让学生自由地学习，充分发挥主观能动性，效果一定好得多！"台下一时间掌声雷动，为陶行知富有创意的开场白叫好。(褚清源：《重温陶行知的教学智慧》，《中国教师报》2016年10月26日)

这段经典的演讲开场白，其中的"发挥主观能动性""自由地学习"以及知识灌输等说法，无不来源于陶行知先生在哲学、教育学和心理学等方面书籍的阅读与思考。在那时都非常前沿，即使放在今天也丝毫不觉落后。高明的是，陶先生把这些阅读所得融入生活实际当中，深入浅出，通俗易懂。如果没有丰富的阅读和深刻的领悟，那就很难说出这番话来。因为见过鸡啄米的人虽然很多，但是很难达到这种应用理论而进行深刻分析阐述的程度。

或许有人说，陶行知先生是教育家，又是对现代教育产生很大影响的教育家杜威的学生，都推崇"儿童中心论"，在教育理论和实践的结合上达到了令人难以企及的程度。下面，请看一位数学教师的案例。

案例六：

为什么在他的课堂上，孩子会"拒绝"下课？为什么课堂上无意间的"小问题"能让他悟出发人深省的"大道理"？为什么听课的人都称他的数学课"语文味"十足？是什么使他的课精彩迭起？又是什么推动他迅速成长？华应龙的回答每次都是"读书"二字！(解成君：《在闹市中惬意地耕读》，《中国教师报》2010年2月3日)

数学课被听课的人评价为充满语文味，这是非常好玩的事情。能把数学课上出语文味的老师，自然不一般，奥秘何在呢？

这在张贵勇先生所写的《华应龙：读书成就了今天的我》一文中，可以找到非常具体的答案。

首先，华老师作为数学老师，爱读书不说，特别爱在心情不好的时候读书，喜欢把自己封闭在文字的世界里，让自己很快忘掉一切。他很喜欢人文社科类的图书，也喜欢唐诗宋词和外国诗歌，尤其是泰戈尔的诗，那首《当乌云被阳光亲吻》，他至今朗朗上口：当乌云被阳光亲吻，便成了天堂的繁花……这样热爱阅读的数学老师，在阅读的滋养下，教学语言能不美丽吗？也许，这正应了培根的经典之语："读诗使人灵秀，数学使人周密"，是阅读使华老师找到了数学与诗的黄金结合点，锤炼出了非同凡响的口头表达，令人在数学课上能够深深地感受诗意的流淌和美的生成。

其次，华应龙老师对阅读的价值和作用有着明确而清晰的认识。他说，不读书，他不会成为特级教师。他家里的书柜摆满了三种书：教育类书籍、人文社科类书籍和数学类书籍。而数学类书籍中，有许多与华罗庚有关。因为看多了数学大师的教育故事和生活经历，讲课时会随口说出华罗庚的名言，或渲染课堂氛围，或启发学生思考，或画龙点睛。由此可见，教师阅读对口头表达的奠基作用是何等的鲜明：专业的、教育的、社科的，一层层从核心向外延伸，最终架起了知识与人生之间的无数桥梁。

苏霍姆林斯基曾说："教师的语言修养在极大程度上决定着学生在课堂上的脑力劳动的效率。"[莫银火：《做深深影响学生语言发展的教师》，《教学月刊》(中学版)2005年第12期]我国杰出的教育家叶圣陶先生也曾说："凡是当教师的人绝无例外地要学好语言，才能做好教育工作和教学工作。"这些说法足以说明教师的口头表达对教师和学生的重要性。(彭丽：《论语文教师教学语言的修养》，《文学教育》2009年第7期)

教师的口头表达如此重要，那么教师怎样让阅读滋养口头表达呢？于漪老师关于教师口头表达的论点可谓精彩而深刻："教师应抓内在素质的提高，促口头语言的表达；抓口头语言的锤炼，促内在素质的提高。言为心声，言为表，心为里，二者双锤炼，就能获得双提高。""语言贫乏、干瘪无味，是教师口语的大忌。翻来覆去用那几个词，说来说去那几个句式，总觉得意思没能充分表达，但又苦于找不到恰当的言辞。这种情况貌似语言问题，实质是受到学识与文化的制约。可能对要讲述的事物有某些认识某些了解，但往往局限于表层，既无深度，更谈不上旁征博引。因此，表现在语言上就干枯，可听性差。""学习不学习大不一样，经历一定时间的检验，语言上文野之分、雅俗之分、丰腴与贫乏之分就十分明显。"（于漪：《浅探教师语言的内在素质》，《中学语文教学》1994 年第 10 期）

于漪老师指出教师表达和教师阅读之间的互动关系，以此观照一线教师的成长，可谓切中肯綮。陶继新先生在《读书与教师生命成长》的演讲中说："王立华的工资才一千几百块钱，但是他已经购了 1.6 万元钱的书，写了数百万字的文章。他读了就写，教学中有感悟了也写，读与写成为他生活的必需。在山东教育厅组织的'山东省师德报告团'的报告中，王立华的演讲博得了一阵阵的掌声。他不用太多的准备，积学储宝，出口成章，精彩纷呈。"由此可以看出，王立华老师工资低买书，工作难更读书。"读了就写"，阅读与表达形成良性的互动，实现了自己的书面表达与口头表达齐头并进，自然"说写表达共一色，自有文采不消说"。

古人说，阅读养气。"粗缯大布裹生涯，腹有诗书气自华。"这是出自宋朝诗人苏轼的《和董传留别》的诗句。这两句诗用在教师身上，可谓非常形象，因为教师过着普通人的生活，无论是收入还是待遇都没有任何特殊的地方，然而从事着学习理论、阅读书籍和育人实践的工作，口头表达要讲究智慧和艺术。其实，讲究智慧和艺术的口头表达也是教师阅读"气自华"的一种流露和外化。

教师阅读对心灵表达的滋养

所谓心灵表达，是人在内心领悟，本想书写、言说但却没有进行的一种神会。例如，看到一朵花的绽放，本可以说出赞美的话，但没有说而是微笑，对自己来说，这也是一种内心表达。心灵表达，是人的一种自我确认和审美活动。就教师阅读而言，读书之乐，读书之惑，读书之苦，未必都能向别人言说，也未必想去书写，然而表达的欲望在内心并未消失，这种人生体验既奇妙又难解。

问题是，阅读对心灵表达这种奇妙而又难解的人生体验有何益处呢？明人于谦说："晨昏忧乐每相亲，书卷多情似故人。"阅读给人心灵带来诸多体验，使人心灵表达变得丰富而敏锐。或许，阅读可以带给人喜怒哀乐，也可以帮人消除喜怒哀乐，这种二重性就是阅读对心灵表达的作用。

在现实中，阅读者对阅读的作用所产生的期待，往往偏重在解惑释疑、消除苦痛等方面。美国作家纳塔莉·戈德堡，读大学时迷恋文学，后来开了餐厅，在做菜和阅读的时候，突然体会到写作可以从生活出发，从此投入文字创作的世界。她在《再活一次：用写作来调心》一书中，教人相信自己，善待自己，开放心灵，试着描写自己的喜、乐、悲伤、痛苦、迷恋，放任想象力去尝试任何一种可能，来让写作与人生都散发出热情。如果说写作可以调心，那么阅读更能调心。请看学者叶嘉莹的解答。

案例七：

也有学生问过叶嘉莹："叶先生您讲的诗词很好听，我也很爱听，可这对我们实际生活有什么帮助呢？"她这样回答："你听了我的课，当然不能用来评职称，也不会加工资。可是，哀莫大于心死，而身死次之。古典诗词中蓄积了古代伟大之诗人的所有心灵、智慧、品格、襟抱和修养。诵读古典诗词，可以让你的心灵不死。"（赵晓兰：《九旬叶嘉莹：一辈子和诗词谈恋爱》，《环球人物》2014年第14期）

案例八：

其实我的一生经历了很多苦难和不幸，但是在外人看来，我却一直保持着乐观、平静的态度，这与我热爱古典诗词实在有很大的关系。现在有一些青年人竟因为被一时短浅的功利和物欲所蒙蔽，而不再能认识诗词可以提升人之心灵品质的功能，这自然是一件极为遗憾的事。如何将这遗憾的事加以弥补，这原是我多年来的一大愿望，也是我决意回国教书，而且在讲授诗词时特别重视诗歌中感发之作用的一个主要的原因。（叶嘉莹：《给孩子的古诗词·序》，中信出版社，2015年）

在学者叶嘉莹的心中，诗歌是有生命的。诗歌里边不但有一种感发的生命，而且是生生不已的，是一可以生二，二可以生三的。她说自己遭遇苦难和不幸，却一直保持乐观和平静的态度。这何尝不是一种阅读调心呢？

诗词作为教师阅读的重要内容，对滋养心灵起着不可忽视的作用。在学者叶嘉莹的思想认识里，"现在有一些青年人竟因为被一时短浅的功利和物欲所蒙蔽，而不再能认识诗词可以提升人之心灵品质的功能"，这实际上已经指明了诗词滋养人心灵品质的实效。

她还说："中国古人作诗，是带着身世经历、生活体验，融入自己的理想旨意而写的；他们把自己内心的感动写了出来，千百年后再读其作品，我们依然能够体会到同样的感动，这就是中国古典诗词的生命。所以说，中国古典诗词绝对不会灭亡。因为，只要是有感觉、有感情、有修养的人，就一定能够读出诗词中所蕴含的真诚的、充满兴发感动之力的生命，这种生命是生生不已的。"作为今人的我们，如果阅读能够感会前人著作中的心灵，那么我们心灵又何尝没有体验和表达呢？

对教师来说，阅读滋养心灵，可谓不刊之论。这种认识，可以在叶嘉莹教授的论著中找到根据，也可以在林清玄先生的文章中找到根据。林清玄先生认为，一流的文章是作家生命的化妆。其具体阐述，请看下面的文章摘录。

案例九：

化妆师接着作了这样的结论："你们写文章的人不也是化妆师吗？三流的文章是文字的化妆，二流的文章是精神的化妆，一流的文章是生命的化妆。这样，你懂化妆了吗？"（林清玄：《生命的化妆》，《作文》2016年第3期）

如果说写一流的文章是生命的化妆，那么阅读它就是教师生命一流的化妆。林清玄先生说："再深一层的化妆是改变气质，多读书、多欣赏艺术、多思考、对生活乐观、对生命有信心、心地善良、关怀别人、自爱而有尊严，这样的人就是不化妆也丑不到哪里去，脸上的化妆只是化妆最后的一件小事。"可见，阅读是为了调心，是用全世界最佳的营养品从肌理质地上滋养自己的生命。哲人说，读一本好书，就像和一个高尚的人谈话。所以买书、读书、教书、写书，才能更好地和最美的灵魂晤谈，才能真正为自己的生命化妆。

如何用阅读为自己的生命化妆呢？陶继新先生用三十年的时间读诵《论语》，虽然早已不在学校当教师，但足以成为众多一线教师的榜样。

案例十：

49岁这年，我突发奇想："把它背下来会怎么样？"我略作计划，《论语》中大概百分之八十是需要背诵的，至于孔子怎么上朝，怎么穿衣服就不需要背了。整整一年，利用早上和下班后的时间，我将《论语》背了下来。尽管那时我对孔子之道还不像今天这样熟悉，但我感觉到我的生命深处发生了变化，我的话语方式、思维方式、生命状态与幸福指数都起了变化。[陶继新：《诵读〈论语〉三十年》，《湖北教育》(综合资讯)2016年第3期]

在经典阅读的滋养下，陶继新先生让生命产生了极大的变化，给许多中小学的一线教师带来了深刻的启示。有人在五十岁开始觉醒，发愤读书；有人在三十岁开始，勤奋写作，都书写了自己人生中一段不朽的传奇。张国庆是一位乡村小学教师，就是这样去做的一个典型。

他在参评"首届最具影响力班主任"评选活动时，所写的《让生命开花，为六十岁人生做准备》这篇文章深情地诉说了自己的生命觉醒和成长经历。尤其是受到陶继新先生精神影响的部分，现摘录如下：

案例十一：

今年，我已经跨入56岁的年龄，但对教育的热爱不改初心。不断有身边或远方的朋友问我，为什么在这个年龄段在教学一线激情犹在？有时我会告诉他们，我在为六十岁的人生做准备。

为六十岁的人生做准备，是陶继新老师在《教育时报》2010年元旦特刊上说过的一句话。在他看来，60至75岁，甚至到80岁，才是生命最为精彩的阶段。我把陶老师这句话写在日记的扉页当成座右铭，每当我思想上有了障碍、教育行动上有了懈怠，我就掂量一下它的分量。这些年来，我一直在围绕着六十岁规划生命，践行规划，尽最大努力保证自己的60岁、75岁，甚至80岁发出光彩。

我规划了用传统文化启迪儿童的心灵，完善儿童的人格。围绕规划，我背诵了《论语》《道德经》《学记》《大学》这些中国文化精粹之作。(张国庆:《让生命开花，为六十岁人生做准备》，《教育时报》2015年09月16日，部分文字摘自于其博客)

从上面文字中，可以看出张老师因为生命觉醒而对阅读价值的重新认识，生命因阅读而获得的提升，最终实现教师阅读和生命的觉醒、教师成长之间的促发和互动。

教师阅读的价值也许有千万种，但是滋养教师的书面表达、口头表达和心灵表达总归是需要重视的。只要重视，觅得方法，持之以恒，最终都会有或多或少的收获。

教师阅读，应避免一味阅读浅显和俗气的书籍，最好是阅读一些经典书籍，始终保持和高层次的思想与心灵对话，用阅读改变教师的书面表达、口头表达和心灵表达。在这三种教师表达中，心灵表达或许是最持久、最深沉和最根本的表达，因为人的内在思维是所用语言的内核，此处的语言包括了书面表达和口头表达。

《毛诗序》说："诗者，志之所之也，在心为志，发言为诗，情动于中而形于言。"这句话道出了心志、诗文、言说三者之间的关系，心志乃为根本。可见，教师阅读的根本目的是丰富心灵和提高修养，直接的实践功用是书面表达和口头表达。

陶继新先生说："阅读经典，表面看上去似乎是'求诸于外'，其实它更是一种内在精神的和心灵力量的自我唤醒。经典的魅力恰在于它直指人的内心，直接作用于人的内心。阅读经典、阅读大师，从他们的无限性上读出自己的有限性，从而突破遮蔽在心灵上的一道道'幕帐'，不断拓展思想的疆界，一点点重塑自己的内在，以至脱胎换骨。"[陶继新:《诵读〈论语〉三十年》，《湖北教育》(综合资讯)2016年第3期]这话说得真好。

教师阅读在滋养自我心灵的时候，使书面表达变雅成文，让口头表达变美如花，可以润泽更多的学生和同行。教师就在这样的阅读和守望中，走向教育之道，知道、悟道、体道、传道。

八、教师阅读促进教师成长的案例

2015年4月,学校通知我参加"名师示范课暨青年教师优质课活动",我揣度自己讲的是青年教师优质课。开会时,我看到手中的"活动安排",才得知自己位列"名师讲示范课"。其实,我刚过而立之年,完全还是一个青年教师。

也许,很多人会说"名师""骨干"这是多么令人羡慕的头衔,然而我并不觉得如此令人艳羡。6年前,我研究生毕业刚上班时,全校没有一个班愿聘我教课,而我本科毕业还未考研时就已经到现今学校里担任班主任,教两个班的语文课。读研前后反差之大引来无数议论:"研究生又如何,还不是没课教?""研究生嘛,中看不中用!""再会写文章,不会上课也白搭!"冷言冷语令我难以自适。

我蜷缩在科研处,一边坚持读书写文章,一边完成学校听课检查的任务。整整一年,我借"任务"之名听遍了全校所有语文教师的课,也顺便听了其他学科老师的很多课。我像黑夜里的潜行人,孤独而又迷茫。练技术、读名著、写文章和做研究,这犹如点点星光,给我些许希望和勇气。

技术:从不专业走向专业

当老师,究竟是靠技术还是靠艺术?这个问题困扰我很久。很多名师的专著大多都是题名"××教学艺术",少有人标明"技术"二字。其实,新教师最需要的不是艺术，而是中规中矩的技术。例如，不会使用多媒体，何谈使用多媒体的艺术？不懂备课的步骤，何谈教学设计的艺术？技术、艺术应各归其位，虽然互通但不能混同。艺术哲学所谓的"技进乎道""艺通乎神"豁我耳目。"由技进道"的关键是"心手相适"，实即欧阳修《卖油翁》所说的"无他，唯手熟尔"。

朗读是语文教师的基本功。每天，我早早地来到办公室，把高中语文课本上的名篇佳作当成最好的朗读材料，在屏神静气、吐纳有致中朗读十几分钟，常常使我心旷神怡。朗读过于投入，以至于收发室的老师敲开门立即问道：你放的是录音机吧？我答：没有啊，你看。她左看右看，没有录音机，仅有的一台电脑也没开。就在这样一招一式的朗读中，我送走一个又一个黄昏和黎明，遣散一种又一种抑郁愤懑的情绪，拥抱一个又一个平和美好的心态。

在潜心苦读的日子里，齐越、夏青、张颂、鲍国安、孙道临、濮存昕等一个个里程碑式的名字，将我引入朗读艺术的胜境。上古诗文课，我从来不用朗读视频和录音，甚至不用背景音乐，就是源于这一时期的努力。前来听课的老师说：诗词经你一读，不用讲学生就懂了。我想：讲还是要讲的，朗读就是为了使教师的讲和教站到更高的起点上。在语文课堂上，导入、结语、评价、过渡等环节的教学语言自然都迎刃而解，相继实现"心口相应""技进乎道"。这为我在五年后拿下全校课堂教学评估十佳教师第一名、市优质课第一名、参加经典诵读国家级骨干教师培训班、执教全市高三复习备考观摩课打下了坚实的语言基础。

面对课堂教学日益得心应手，我发现命题成了自己的短板。教师不会命题，讲题就没底气，不看答案不敢讲题，甚至因为不知试题错误反而为错题而强辩，严重丧失教师应有的民主、科学精神。为此，我加强命题技术的修炼，先后经历"土八路"和"洋枪炮"两个阶段。由于一线教师对考试科学很陌生，大多凭着经验出题，所以我就照猫画虎，拿着一篇课文反复研读，吃透作者意思、理清教学理念、品出教育价值，然后按照生字生词、重点字词、关键词句、重要文段、主要艺术手法、语言风格、写作特点等版块，逐一筛选和出题，再对照市教研室组织编写的《学生基础训练》相应课文练习题，逐项检查自己的命题成效。十几篇课文下来，最后出题差异率很小，尤其是字词部分的练习题，有几篇课文的出题竟然完全相同。从此，我接到多家教辅报刊和机构的约稿，命题套路逐渐熟悉。

此后，我又发现自己根本不懂教育评价、教育测量和考试科学，赶紧买来专著，特别是教育部考试中心撰写的历年试题分析、考试说明及其解读等书，朝夕揣摩直至意会，让我对高考语文真题时有命中。2014年高考语文重庆卷，微写作是"雾霾"，而我在2014年第3期《教学考试·高考语文》发表的《炼一双慧眼，敲定微写作》，详论微写作，恰好举此例题，题料、题型、考点高度相似。高考结束，我又在2014年第5期《教学考试·高考语文》的《2014年高考语文红黑榜》中指出："2014年高考新课标全国I卷第一大题现代文阅读""弄错选文作者姓名"，"王晓旭"应为"王旭晓"，王旭晓系中国人民大学哲学院教授、美学研究博士生导师。还有四川卷第四小题，命题人所给的正确答案存在瑕疵。当然，平时的试卷和练习题，只要审读就会发现漏洞和失误更是不足为奇。由于醉心于命题技术，我先后被市区教研室、外地教辅机构约请审读书稿、试卷，并入选华中师范大学考试研究院特聘研究员。

除了朗读和命题，我还详细列出语文教师基本功，如文本解读、教学设计、课堂提问、校本课程、试卷讲评、演讲口才等，都分别在技术上逐渐实现"从不专业走向专业"的转变，用专业技术赢得一名教师应有的尊严，以期实现当一名专家型教师的梦想。

读书：在思想中"出生入死"

我是一个爱书的人，买书、读书、品书、评书、写书交织成我的日常生活。如果有一人可以引领我走向光明，那么这一人的名字就叫圣贤；如果有一物可以随时教我思考，那么这一物的名字就叫经典；如果有一事可以让我静下心来，那么这件事的名字就叫写作。书像一根丝线，把我的教学、生活和写作串成了珍珠，让我日日摩挲玩味。同经典相伴，与圣贤为友，读书就是我人生的修行。

读初三那年，我在过年时到任教师范学校的姨父家借来《邓小平文选》，使我安然度过了中考前的紧张生活。读高中三年，在学校大门口书摊上买来《毛泽东选集》，我的哲学历史见识大有提升，还买来张传玺的《中国古代史》、翦伯赞的《中国史纲要》、司汤达的《红与黑》、高明的《琵琶记》……历经一本本书的洗礼，我的心灵大受刺激而又复归平静。高考前一月我还在读《红楼梦》，如今回想真不啻一种冒险！读大学时，从书店买来崭新的《人间词话》《文心雕龙》，读之不解就背下来；民间文学也是我的最爱，从柳田国男到胡适、闻一多、钟敬文，我如饥似渴地读着。一千多本书读下来，发表一百多篇大小豆腐块，学校图书馆把我评为十大读书模范第一名。到读研时，我仍然读书八百多本，买书三百多本。现今，每年买书都要花费三五千元，订阅《中国教育报》《初中语文教与学》《高中语文教与学》等报刊花费千元。每当学校开会，我拿着《中国教育报》《教师博览》参会，常有人说我公款订阅，我都只好淡然一笑。其实，每年买书订报刊，我用的都是稿费。很多老师发表文章要花钱，我却是学校唯一一个经常发文章收稿费的人。买书、读书，让我和古今无数的先贤圣哲晤谈，畅享中外精神思想的盛宴。

对于人之初，我最早接受的学说是孟子的"性本善"，而后才是荀子的"性本恶"，当时就有困惑：到底谁对呢？直到完整读过《论语》《孟子》《荀子》等先秦诸子论著，我才明白，两者看似矛盾，其实这是手心手背的问题：目的都是促发人抑制减少人性之恶、社会之恶，而弘扬走向人性之善、社会之善，一个着眼于发展、一个着眼于救赎。想到此，我豁然开朗。类似的问题，还有诗歌鉴赏中的情景关系：众人皆说情景交融，似乎不可分离，那么情、景究竟能不能相互脱离而独立存在？王国维的《人间词话》说："一切景语皆情语。"明末王夫之的《姜斋诗话》说："景名为二，而实不可离。"意即情景合一，不可分离。后来，我从写作心理出发，明白了"意在笔先"之理：情早已积郁在心，未遇景触，不能抒发；情既然积郁于心，虽未遇景触，但也可拟景托物而言之。假如根本就没有情感蓄积于心，景色再动人，恐怕也难以触发人心而写出锦绣文章。读书对我来说，就是不断试验思想、想法和见解的过程。

身为教师，教学的"模式"究竟是利还是弊？"333教学法""271大课堂""三段五环节模式"……太多的"××模式"，令人应接不暇，直至眼花缭乱、进退失据：对教学模式，学还是不学、要还是不要？这些问题，我在教育名著《民主主义与教育》《明日之学校》《学会生存》以及人类学名著《菊与刀》《乡土中国》这些书中找到了答案和解释。现代所谓的教学模式是工业化的产物，跟流水线相关，以效率为导向，强化和提升了某些教学价值的同时，却也忽视、减损了教育应有的某些内涵。一种模式可以适用于某一群人，但未必适用于所有的学习群体。教师和学生可以建立某种课堂教学模式，这叫个性化教学、个人化教改，但是一个学校、一个地区却千篇一律采用某种模式则可能是一种教育生态的灾难。

新课改实施以来，很多地方教研部门举办的优质课、观摩课等活动，大多以为学生分组、合作讨论才是新课改精神的体现，而"讲"似乎不符合新课改精神，一时间"讲"成了大家避之不及的"落后"方法、手段。甚至，有些地区和学校掐表计算，赛课中教师的"讲"超过10分钟即触红线。对此，我买来"外国教育名著丛书"一套近五十本，既有众所周知的《夸美纽斯教育论著选》《斯宾塞教育论著选》《课程与教学的基本原理》，也有大家不太熟知的《教育原理》《教育与新人》《林哈德和葛笃德》，恰似一座教育智慧的宝库。教育经典为我拨开重重迷雾，伟大的教育家们并没有直接否定"讲"的功能和价值，反观当下很多时髦的说法，如点拨、点破、阐释、启发、解析等，哪个不与"讲"相通？不过，教育家赞同"讲"应注重艺术性，这跟中国古代教育哲学强调"不悱不启，不愤不发""讲在紧要处、悬疑处、深化处"颇为相通。读名著，让我返璞归真，坚守讲台和教室，踏上了成长的快车道。

读书是修行，说的是功夫；读书是冒险，说的是感受。阅读一本本书，思想左冲右突、生生死死，生命浮浮沉沉，不断地疑惑释然，目的就是让自己回归、创造并享受"人"的本然和应然，体验人生的丰富和厚重。读书，让人在思想中出生入死，最终实现质的飞跃。

写作：用思考升华学识

阅读是品尝和汲取人类的精神食粮，写作就是传播和共享个人的经验智慧。直面教育现实，我用读书和思考梳理常见的那些困惑，如教学模式问题、教师专业发展问题、学生阅读引导问题、教师备课问题、教师不会上课问题等，一一写成文章发表。

写作，促使爱好思考的人互相珍视而共同提高。2014年2月，我看到江苏徐州的马志响老师在《中国教育报》刊发《为什么教师"越来越不会上课了"》一文，深刻剖析了影响教师教学的外在因素，我读后有意犹未尽之感，就连夜写出《教师"不会上课"的原因何在》，阐析一线教师"越来越不会上课"的主观原因，半个月后即被《中国教育报》全文刊发。后来，我和马志响老师在《中国教师报》评论版编辑夏祥程老师组建的QQ群里认识，马老师说：咱俩的文章反响很大，很多网站都转载了。我到网上检索，确实如此。马老师还说，他写那篇文章的时候他们区教体局正在进行教改，倡导一种模式，局领导找他谈话，听语气好像不满意；到期末，局领导就又找他谈话，言语之间又表示认可，教改模式可以按规定操作，也可以自选。我想，一千来字的文章如果能够激浊扬清，有助于解决一个实践上的认识问题就够了。

写作，在交流思想的过程中打破年龄资历的界限。五一劳动节之际，我收到了一封情深义重的书信，落款人是日记收藏家寇广生老人。信封内除了手写信纸，还夹着一张文摘报，整版刊发着北京师范大学郭英德教授《中国四大名著的文化价值》的演讲。原来，寇老先生看到我在报刊上发表的一篇文章，来信讨论哲学和文化问题，并邀请我参观他在洛阳市一高开办的华夏日记博物馆。我当即按照信上的手机号码给寇老先生打了电话，感谢他给予我的殷殷冀盼和热切鼓励。到年底时，寇先生再次来信，说看到我在《教育时报》上发表的文章，依然是讨论文化和教育问题。寇老先生两次给我这个后生来信，我备感荣幸，而且谈论《道德经》和哲学问题，着意为我指明教育方向："破除社会对物质与财富、金钱的过度追求，冲破不少人的极端、不理性和偏见，让每个学生都能从人生幸福的角度享受他们的青年时代，让思想不断成长、成熟，学、用哲学是好途径。"老先生建议我从思想、哲学入手，让学生树立正确的世界观、人生观和价值观，可谓目光清澈、见解透辟。这番书信忘年交，正源于我那篇刊登在《教育时报》上的教育自传《生命觉醒始成长》。

写作，是创新思想和语言的重要动力和途径。我同时担任高二、高三的语文课，两个级段同时进行，教学任务不轻。高二选修课教材有《中国文化经典研读》《先秦诸子选读》这两本，限于课时很紧张，很多老师只选其一，且大多选择《先秦诸子选读》这本书。我不仅着重讲《先秦诸子选读》，而且将《中国文化经典研读》这本书的主要选文也串讲起来，激发学生体悟经典的奥义和魅力。

在教学中，我发现先秦经典论述君子、小人的区别大多是描述性警句："君子坦荡荡，小人长戚戚"，"人不知，而不愠，不亦君子乎"，凡此种种。学生理解起来，虽然不太困难，但领悟不会太深刻，很难融入生活的感受和生命的体验。我就加入自己的思考，让古文对接现代生活，借此消除枯燥性、增强实用性，语言幽默易懂，学生很爱听。《论语》云："君子坦荡荡，小人长戚戚。"我把它化成个性解说：君子像太阳，走到哪里哪里亮，人前人后一个样；小人像月亮，初一十五不一样，人前人后两个样。为什么君子、小人不一样？就是因为追求、修为和品质不一样。一个心胸开阔，一个心胸狭窄，脸色、气度自然就大不一样。后来，我据此写成《先秦散文解读与语文教师的思想视野》一文，被河南省教研室评为全省中小学教师优秀论文一等奖。河南省教研室语文教研员丁亚宏老师到校做报告，提到教师解读文本的问题，专门以经典文言文的解读为例进行评析，我当时深以为然。

缘于思考，我先后写出《做个大老师》《教育需要真诚》《让每个中年教师发现自己的价值》《陪伴学生在书林中散步寻美》《阅读是教师的修行》《追求知识背后的生活和智慧》等文章，发表在《中国教师报》《教师》《河南教育》《德育报》《中国西部教育》等报刊；《同经典相伴与圣贤为友》在《中学语文教学参考》上作为卷首语发表后，又被《中华活页文选》作为卷首语全文转载。写作，帮我思考梳理旧知和经验，完成内心的省视和净化，不断升华自己的学识和心魂。

研究：向生命深处漫溯

教育是复杂的艺术。面对教育现场，只要用心观察、比较、思辨和探求，时时处处事事都是研究。身为一线教师，我始终站在教育的大地上，我不敢轻信任何专家的理论和高见。因为今天中国教育的复杂，瞬息万变，其中的有些问题，即使身在现场的行家里手也不能有效解决，岂是有些长期不在现场的人谈些设想和架构就能解决的？我甚至固执地认为，只要离开教育现场三年，研究就不会那么接地气。

我身边教历史的同事告诉我，他参加省级骨干教师培训时，曾向培训专家发问：高中历史教材和高考历史考试内容不一样，观点都不一样，怎么办？专家说：高考试题就是要源于教材、高于教材、新于教材。同事不依不饶：那高到何种程度、新到何种程度为最好，能举个例子吗？专家本来以为自己刚才的回答很高明，结果没想到一线教师竟如此执着，一时语塞起来。专家略思一瞬，转而又辩解："我是编教材的，管不了出题的人，我们的任务就是编好教材。"

教育现实如此复杂，不论这人和理论头衔多高、声势多大，如果不能解决现实问题，结果终究都是令人遗憾的。有些专家只是谈论理论的美妙，借此指责和批评一线教师的势利短视，岂不知反过来想想：那会不会是自己向壁虚构不接地气，而一线教师却是务实而理性的选择呢？研究，着眼现实是基本的要求。从理论到理论、从学说到学说，这样的研究不是不可以，也不是不重要，但是对中小学教育而言，真是太缺乏地气和生命力。

什么样的研究有价值？应是解决当前问题，进而使教育教学步入良性循环的研究。当前经典诵读很热，相继出现了很多误区和乱象。一个同事的孩子在市区某小学就读，该校教师根据学校统一要求，加大诵读经典的力度，让学生买来《诗经》，要求三年背完。小学生读来不解其意，虽说记性很好，但是背诵时那种痛苦还是免不了的。同事身为父亲，前来问询，我只说一句：不借助翻译，你能否读懂大意？他回答：不能。我又问：看着翻译，你能给女儿讲讲，让她感受到其中的诗意吗？他又答：不能。在问了几个相关问题后，我提出建议：《诗经》是好书，是经典，但是很多成年人读起来尚且不能会意，对孩子来说，也是一样，反而给孩子的童年最美的时光留下了痛苦的记忆；过早地读某些经典，是对经典诵读的亵渎，不仅糟蹋了经典的美好，而且对青少年也不负责任。你就对孩子说：《蒹葭》《关雎》等这十几首诗很美，就先背背吧；不过，《诗经》作为经典，更多的篇章等到以后再背，值得用一辈子来读。当然，如果青少年遇着传统文化积淀深厚，且对《诗经》素有研究的老师，在他的指导下背诵，那当然是多多益善。

　　正是怀着对教育细节的观察和理解，我先后申报并主持多项省市级教育教学课题和哲学社会科学规划项目："天中历史文化的语文课程资源开发""高中语文教学中乡土化与个性化的写作实践研究""中国文化经典诵读研究""高中学段传统文化经典的阅读研究""轻松读先秦诸子"等。这些研究逐渐结项，虽然我没有拿出惊天动地的成果，也没有发现多少教育规律的新认识，但是我却深刻地体味到教育现实的悲壮和苍凉，扭转一些错误观念的阻力和代价。更重要的是，我不仅扎扎实实地读了一些书，用行动印证了很多教育大师们的睿智见解，而且带着一些同事和学生成长了很多，让自己的工作、生活和生命洋溢着越来越浓的书香。

　　说起研究，我的研究范围很大，那就是整个教育；然而真正切入的研究点又很小，比如教师课堂教学语言的成熟度、教师的读书种类与专业成长的关系、高考文言文选择题的设置等。在细致的研究中，我常常有着"丹青不知老将至"的感觉，以至于妻子评价又"点拨"我："你是个勤奋的人，肯下苦功，有时候可以出去找找捷径。"正是坚持研究而不走捷径，我才让现实的细致入微和理论的宏阔视野越来越融通。我坚持"小大结合"的研究思路，例如微课技术和互联网思维、课例切片和教学评价、教师体态语和教师素养等微观和宏观互通的问题，慢慢炼成了过硬的研究功夫。俗话说,酒香不怕巷子深。市教育学会承担的国家级课题"校园文明礼仪教育实验研究"、市教研室主持的省级重点课题"基于驻马店市中小学优秀教师的成长研究"、区教研室主持的市重点课题"《乡土天中》校本课程群的建设"等一些单位或个人的研究课题,不约而同地点名让我参研或评议。机会偏爱有准备的人,得益于这些年一如既往地研究,"驻马店市优秀青年社科专家""河南省十大教改之星""全国优秀语文教师""全国教育科研优秀教师"等荣誉也都落在了我身上,特别是市委组织部、市委宣传部、市人社局、市社科联联合表彰的"驻马店市优秀青年社科专家",奖励现金数千元资助我开展研究,更让我感动。

研究,虽不是教师的主业,却是很重要的辅业,有道是"教而不研则浅,研而不教则空"。为了当一名专业技术过硬的老师,研究也是一种修炼。研究让我漫溯生命的深处,不断地感悟到一名教师的学者化追求:"君子尊德性而道问学,致广大而尽精微。"

当老师是我一生的修炼,我将读书、上课、写作、研究、命题和演讲这六种主要的习惯和技能,当成人生的六朵金花,不断地滋养培育,直至枝繁叶茂花盛开,为学生奉上芬芳的花香和甘甜的果实。

第三辑
阅读评估很重要

中小学教师面临着教学、考试和升学的压力，读书还是不读书呢？这是个问题。读得怎样，自己能够清晰地诊断、评估吗？

教师阅读评估的重点应当放在教师阅读技能、教师阅读行动和教师阅读成就等层面上。其中，教师阅读成就不限于教师阅读的有形成果，还包括教师阅读的兴趣涨落、专业情意和素养积淀等情感、态度和价值观层面的表现。

一、手机时代，教师阅读的困境与突围

"你最近读书了吗？"能够经起这一问的中小学教师并不多，问其原因，多是"太忙""没时间""没心情"之类的回答。然而，再问："你认为读书重要吗？"得到的多是"重要""肯定重要啊"这类语气坚定的回答。思想认识和实际做法如此迥异，这是何等自相矛盾的教育错位！如果走进中小学教师群体中，我们就不难发现教师阅读的困境有着深刻的根源：无论何时何地，一些教师总是手机不离手，玩得不亦乐乎，导致阅读管理严重失控。那么，在手机时代，怎样才能走出教师阅读的困境而实现突围呢？

阅读困境：繁忙和空虚的陷阱

毋庸讳言，中小学教师面临着教学、考试和升学的压力，这是客观事实。但在客观事实面前，我们也应看到和承认，一些中小学教师面对压力不是迎难而上、千方百计地提升自身的专业素养和技能水准，而是利用手机和电脑等工具频繁进行购物、追剧、打游戏等活动，试图逃避或宣泄工作的压力，以至于完全放弃了利用书籍、报刊等进行阅读修炼的意愿和尝试。正因为缺乏阅读等专业提升活动，部分教师仅仅停留在教材理解、知识点操练、高分套路等短平快的做法和经验层面，而对课程、课程标准、教育测量与评价等内容缺乏科学的学习、理解与实践，最终导致教育教学这一融创造性于常规性之中的活动仅仅剩下常规性而缺乏创造性，使自己彻底变成知识搬运工、习题训练匠而严重缺乏教育思考，最终丧失教育思想和教学主张。关于这种现象，不少人美其名曰"勤耕教坛""埋头苦干""老黄牛精神"等。当一个教师的教育教学活动仅剩下写教案、上课、改作业、开会等内容而缺乏思考和学习的时候，这种繁忙无异于一种体力劳动，并不能体现教育和教师所应有的高价值，显然教师的知识、技能和智慧处在只取不存的职业透支状态。因为教育教学重复性工作和创造性工作的差异，往往在一念一行之间，那就是思考、总结和智慧的差异。

一些中小学教师除了频频进行电子购物、娱乐等活动，还非常热衷于利用微博、微信等自媒体发说说、晒图，习惯于浏览、评论他人的文字和图片，为此消耗大量的时间而毫不自知。究其原因主要有三：一是对阅读对象毫无判断力，二是自身生活单调乏味，三是职业规划不清晰。虽然这类教师也自称繁忙，但其实质是"被繁忙"，不仅随波逐流地参与学校各种活动，而且被各种生活琐事所裹挟，一旦没有生活琐事的裹挟，就选择手机、电脑等电子工具上的低价值阅读内容来打发时间，最终导致自己被时间以低价值打发。选取专业经典、权威报刊以及人文经典等高价值的阅读内容，亦即规划阅读内容，永远是教师阅读第一问"读什么"所必须回答的问题。

教师无暇阅读，无论是繁忙，还是空虚，都是教师专业发展中的一种陷阱，都会令教师深陷其中而产生一种难以摆脱的无力感。从表面上看，教师因繁忙和空虚而无力阅读，仿佛这一陷阱的背后是教师缺乏清晰的发展规划意识和落地可行的发展规划，然而追溯其根本，则是教师自身缺乏相应的习惯、意志以及决策和执行的问题。总之，教师因缺乏理性判断、随波逐流而陷入繁忙和空虚，导致漠视和放弃阅读，是一种职业价值的迷失和人生发展的误区。

核心要义：时间和内容的适配

在手机时代，若想提高阅读图书的效率，无论能否抵御玩手机的诱惑，都必须重视时间阶段和阅读资源的适配，这样才有可能提高时间的利用率和阅读的效率。

时间作为一种稀缺资源，其本身并无优劣之分，但时间总是与阅读者个人的体力、精力和心境息息相关、相辅相成。因此高价值的阅读内容，应当把它放在优质的时段内阅读，低价值的阅读内容，则应把它放在低质的时段内阅读，将阅读的时间和内容进行这样适切的组合搭配，才能称为适配。下面针对具体案例，作以解说。

案例一：

我每天最喜欢的事情就是看手机，经常不自觉地拿出手机翻翻看看。我差不多就是一个手机控，感觉现在的人可以离开很多东西，可能唯一离不开的就是手机。每天早晨醒来，第一件事就是摸手机，一是看时间，二是看手机短信、微信朋友圈、微博和QQ动态等各种消息。很多时候也会看朋友转发的文章，读了之后很受启发，但是印象不深，经常是感动一时，过一段时间就忘了。我自从有了手机，爱看各种消息，很少再翻书。以前我还翻翻报纸、杂志，现在几乎不看了，至于书，看得就更少了。大多数老师不订阅报纸、杂志，也不看书，主要原因就是摆弄手机，看新闻、翻消息、打游戏、聊天等，把原本想看书的时间和念头全都冲得一干二净。（笔者访谈所录：一位小学骨干教师的自述）

案例中的这位教师，完全未抓住教师阅读管理的核心要义，即时间和内容的适配。从起床到上班，再到下班和休息，这样一个完整的工作日内全部都是围绕手机而展开的浅阅读活动，完全是情绪化状态，根本没有考虑阅读的时间和内容是否适配。一周五个工作日，可以在一些工作日内挤出优质时段，例如上午9点到11点，下午3点到5点，拿出半个小时阅读数页乃至数十页的优质图书，做到优时优质阅读。否则，教师沉迷于案例中的那种手机阅读状态，对教师专业发展有何益处呢？

目前，很多教师认为手机携带方便，而且可以安装优质的阅读内容，在乘坐公交车、火车等时候阅读。其实，这正是阅读活动中内容和时间互相适配的经验之谈。如果一个人在等公交、电梯的时候，顺便回复了一条短信或微信，这属于充分利用碎片时间，就已经提高了时间利用率。同样是等公交、电梯，假如利用手机看一则《道德经》以便加强记忆和理解，那么就属于优质阅读。把碎片时间变成优质时间，变废为宝，这是大多数成功人士的通行做法。

案例二：

数据显示，手机和互联网成为我国成年国民每天接触媒介的主体，纸质书报刊的阅读时长均有所减少。从人们对不同媒介接触时长来看，成年国民人均每天接触时间最长，为100.41分钟，比2018年的84.87增加了15.54分钟；人均每天互联网接触时长为66.05分钟，比2018年的65.12分钟增加了0.93分钟；人均每天电子阅读器阅读时长为10.70分钟，与2018年的10.70分钟持平。(张贺：《第十七次全民阅读调查显示，2019年我国成年读者人均读4.65本纸质书：你的阅读，达标了吗》，《人民日报》2020年4月21日第12版)

本案例显示出国民日均手机阅读时长呈现出增长的趋势，其中日均微信阅读时长增幅较大。可见越来越多的中小学教师终日把玩手机，的确有着深刻的社会背景和现实基础。面对这种现实，爱玩手机的教师则需要因势利导地开展优质阅读，即下载优质图书，精选手机阅读内容，随时随地阅读专业性文章，进入专业阅读状态。欧阳修在《归田录》中说："余平生所作文章，多在三上，乃马上、枕上、厕上也。"欧阳修为了写文章，高效利用非优质时段，堪称人生大智慧。事实上，教师阅读也可效法古人写作，重视和开发车上、枕上、厕上等非优质时段，不仅可以手把书卷，而且可以携带手机，进而实现非优质时段的高效利用。

突围实质：理性决策和强大执行力

教师阅读的有效管理，涉及很多要素和资源，但归根结底，最需要的是理性的决策和强大的执行力。毕竟手机和电脑等都只是一种工具，而身为阅读主体的教师则具有能动性，可以做到趋利避害、化劣为优。

斯蒂芬·P.罗宾斯等人所著的《组织行为学》说："我们常认为最优决策者是理性的。也就是说，他在具体的限定条件下做出稳定的、价值最大化的选择。"教师读什么、如何读、读得如何这三个根本问题，无一不需要阅读者在具体的限定条件下不断做出选择。当然，只有稳定而又价值最大化的选择，才能使教师阅读具有高价值、产生高效益。而前面所说教师阅读内容和时间的适配，事实上就属于这类选择。因此，统筹阅读时间、阅读内容和阅读心态等阅读要素，都应以理性决策为基础，以防教师阅读出现"脚踩西瓜皮，滑到哪里是哪里"的非理性决策和非理性行动。

哲人说："一个行动胜过一打纲领。"在教师阅读中，理性决策提供了正确的思路，而强大的执行力则会让理性决策落地，化作改变自身和现实的行动力量。强大的执行力，需要阅读者训练有素、持之以恒而形成习惯和技能。例如："阅读活动从9点开始"这一阅读规划，执行力强大者通常会提前5分钟甚至10分钟备好书籍、纸笔等用品，然后平心静气地开始读，不久就进入全身心投入的"心流状态"；而执行力较弱者大多是时间到了9点才结束手头的工作，等到备好书籍、纸笔等用品，再平复心情而进入状态，时间早就过去十多分钟。两者的执行力度和时间概念形成极大的反差，其阅读质量自然大相径庭。在阅读执行力上，教师必须认清心理时间和物理时间的区别，以防自己拿主观时间混淆或代替客观时间，而产生拖延症、执行力弱等不良现象。

对教书育人的教师来说，手机时代是一把"双刃剑"，有利也有弊。正如著名作家狄更斯在《双城记》的开头所说："这是最好的时代，这是最坏的时代；这是智慧的时代,这是愚蠢的时代;这是信仰的时期,这是怀疑的时期;这是光明的季节,这是黑暗的季节;这是希望之春,这是失望之冬;人们面前有着各样事物,人们面前一无所有;人们正在直登天堂,人们正在直下地狱。"面对手机和手机时代的利弊共存性,教师阅读唯有理性决策,而且具有强大执行力,坚决摒弃情绪化、非理性的想法和做法,才能身处手机时代而免除手机之弊,甚至化弊为利,进而提高教师阅读管理的有效性,使教师阅读产生高价值。

二、教师阅读的评估方法和技术

教师阅读作为一种专业活动，其效果如何，对身为阅读者的教师来说至关重要。如何准确地观察、了解和监测教师阅读的效果，这就需要引入评估的方法和技术。教师阅读的评估，主要着眼于教师阅读的计划、方法、条件和过程等因素和环节，对教师阅读的效果力求作出客观、全程和全面的判断和评定。教师阅读的效果不仅可以呈现为外在成果，而且可以呈现为内涵素养，这使得教师阅读的效果具有综合性、多样性和复杂性。因此，研究教师阅读的评估方法和技术，对推动教师阅读确有必要。

经验性评估的方法和技术

在现实中，教师阅读的评估并不少见，但专项评估较少，大多包含在教育行政部门等单位组织的检查考核等活动中，例如"教育科研五星级学校"评审和复查、"书香校园"实地考核、"精神文明建设先进单位"迎评验收等活动。总体来说，只要涵盖教师阅读的这类检查、验收和考核等活动，均可归入教师阅读的经验性评估这一范畴。

事实上，这类评估、达标或创建活动，都对教师阅读有着一套属于自己的规定。例如，"书香校园"的评估验收就非常看重学校领导的重视程度、教师阅读的规章制度、教师读书的人数比例、教师读书的组织形式等内容，并且赋予一定的分值比重。当然，各种检查对教师阅读所提出的要求，也不乏一些相似之处，例如，读书活动的次数、教师读书的研讨笔记、教师读书的场景照片视频、教师读书的书目和学习参考资料等，并且要求装订成册整卷。

考核验收者依据具体规定，严格对照类别、细目和解释，逐一检查和翻阅卷宗材料，观其厚度、认真度和美观度，进而得出是否认真开展、是否扎实有效的结论。这种针对教师阅读所做的评估，其主要功能在于督促重视与否、鉴定达标与否，而不在于给受评对象指出问题症结、拿出建议方案。

对教师阅读所开展的经验性评估，除了上述的各种形式，还有一种形式非常具有代表性，即相关教师必须提交教师阅读总结材料。这种做法为广大教师所熟悉，在各级各类学校中也屡见不鲜。毋庸讳言，其之所以能够大行其道，大概是因为沿袭了教育行政部门等单位开展督导检查的方式。

由此可见，经验性评估主要采取眼看、耳听等运用感觉器官的方式，通过考察、核对、鉴定等方法，借助看材料、开座谈、听汇报等技术手段，得出结论。在技术手段上，对纸笔、计算机等工具的运用较少。在具体实践中，如何识别和把握教师阅读的经验性评估的实质和特征呢？一言以蔽之，其实质是只对做法（即如何做、做了什么）感兴趣，而缺乏对做法背后深层原因、原理和规律（为何这么做、这么做有什么利弊、还可以怎么做）的探究和求索；其特征是依靠行政力量推动，制定相关的规定与要求，对教师阅读进行考核与鉴定。

教师阅读走向专业性评估

教师阅读是一种基于教师个体的专业活动，其原初特征不在于集体性，而在于自发性。因此，自发性的教师阅读广泛表现在众多教师身上，有待于走向自觉性的教师阅读。教师阅读的评估也类似，有一个从自发到自觉的转变和升华。据此，教师阅读的评估可以分为经验性评估和专业性评估，还可以分为自发性评估和自觉性评估。自觉性评估，是广大教师开展阅读评估活动的发展方向和追求所在，将以专业性评估为归宿；自发性评估，是广大教师对自我阅读状况所做的感受性评价，也是一种经验性评估活动。在教育类报刊上，我们经常可以看到一些教师撰写的读书经历、阅读成长故事等文章。这些文章大体上属于教师阅读自我经验的梳理与描述，完全是一种教师阅读的经验性评估。

一篇充满个性、流露真情的阅读成长故事，通常是一个相对完整的教师阅读案例。在阅读案例的过程中，我们大多会对作者的自叙产生共鸣，甚至为之感动流泪。然而阅读之后，我们却收获很少，以至于我们十分困惑：这类文章如此感人，为什么很难对我们的教师专业发展产生应有的推动作用？其实，这类文章的教师阅读贡献值不高，究其原因，除了教师阅读的信息转码、内化机制和价值外化等因素，一个极为重要的原因就是，我们没有掌握和运用教师阅读的评估方法和技术，无法从诸多案例中提取教师阅读成功的共同要素，未能提炼教师阅读成功的内在规律。由于这类案例的作者在叙述时采用的是经验性评估这一方法，教师作为读者在阅读时使用的仍然是经验性评估这一方法，这是一种等位视点的观照，缺少方法的创新，信息流失率极高，阅读贡献不大也在情理之中。采取专业性评估的方法进行教师阅读，相对于教师采用经验性评估的方法撰写而成的文章，则属于高位视点的观照，已经有了方法的创新，信息采集率极高，阅读贡献变大也顺理成章。所以提高阅读的站位视点，对提高教师阅读贡献值的益处显而易见。

运用具有专业性的教师阅读评估方法和技术，其意义不容小觑。对名师和杰出教师而言，自己撰写的教师阅读成长类的文章，所蕴含的阅读贡献值更大；对阅读者而言，阅读名师、杰出教师撰写的阅读成长类文章，所获得阅读贡献值更大。因此，教师阅读评估从经验走向专业，是促进教师阅读贡献提高的需要，更是推动教师专业发展的需要。

目前，针对教师阅读的评估方法和技术所开展的研究，已经取得了相当丰厚的成果，虽然很多成果还处于自发实践、经验总结和零散无序的状态。从实践性和理论性两个层面来看，教师阅读具有实践方面的先天优势，这使得教师阅读的评估方法和技术呈现出不平衡发展状态，形成实践性层面研究重视一边倒而理论性层面研究相对匮乏薄弱的态势。

提高教师阅读评估的科学性和精确性，是教师阅读评估的价值所在。所以研究教师阅读的评估方法和技术，需要走向实践性和理论性并重互通的研究。实践性研究的长处和优势不可丢弃，理论性研究的短板也需要补齐。更为重要的是，理论研究不仅要对教师阅读的实践起到前瞻预示、指导反馈的作用，而且要对教师阅读的经验起到验证、解释、纠正和提升的作用。

专业性评估的方法和技术

教师阅读的专业性评估，相对于教师阅读的经验性评估而言，不仅要采取眼看、耳听等调动感觉器官的方式，而且要借助问题设计、量表、计算机等工具，力求对评估对象做出科学性、长时段、多方位的观察、测量和分析。其实质是对教师阅读做法（即如何做、做了什么）的背后深层原因、支撑条件、相关原理与规律（为何这么做、这么做有什么利弊、还可以怎么做）的分析、追问；其特征是依靠学术力量推动，通过症结诊断、数据驱动、系统意识，对教师阅读进行问题反馈、行动改进和质量提升。

根据教育评估研究的最新进展，教师阅读的评估方法和技术实现专业化至少可以在四个方面予以突破，即纸笔测试、专业谈话、阅读量表和过程管理。可以说，在考试学、心理学和管理学等科学理论和研究工具的介入下，教师阅读评估的操作性、精准性和可验性将大为提高。

纸笔测试。按照测试要求，编制主观和客观这两种试题，组成具有系统性的测评试题，有效地测量被测试者的基本知识、主要技能等方面的差异。这是目前广泛应用于大规模考试的常见手段。例如郑州市教育局教研室组织的高中语文教师评优达标笔试，集中考查教师对课程标准、考试说明等学科纲领性文件的掌握程度。填空题直接摘自这些学科纲领性文件的具体条文，设空要求填写，如近几年来，《普通高等学校全国招生统一考试·语文》（课程标准实验版）中明确要求，高考语文应考查考生识记、理解、分析综合、鉴赏评价、表达应用和探究六种能力，这六种能力表现为六个层级。问答题倾向于理论的具体应用，如：请运用认知心理学知识，谈谈如何指导学生提高背诵效率；近年来我市考生在高考论述类文本阅读中得分率均不理想，请从教学的角度分析原因并提出可行的教学建议。文本解读与教学题难度更大，如：请简述确定学习目标的一般原则，然后叙写《奥斯维辛没有什么新闻》一课的学习目标；请针对人教版高中《语文》必修5第一单元（包括《林教头风雪山神庙》《装在套子里的人》《边城》三篇文章）设计一个单元整合教学的方案（包括整合的依据和原则、整合教学的目标、具体的整合和实施方案）；请为《记念刘和珍君》设计一个长文短教（一课时）的教学方案。面对这类试题，没有专业的理论书籍的阅读则难以下笔，没有丰富的实践经验则难以答好。这种纸笔考试信度和效度较高，费用成本低，适于大规模测评，对教师阅读的推动起到了鲜明的导向作用。

专业访谈。按照评估的重点内容和具体要求，对教师阅读的相关知识、技能与素养进行整体布局，选取若干问题组成系统，聚焦于教师阅读的主要问题和根本症结，以求掌握教师阅读的真实状况。专业访谈属于面对面交谈，具有即时性、真实性和不可复制性。若这种面对面交谈实施难度较大，则可将预先拟定的系统性问题转换为书面访谈，在既定时段内供受访者书面作答。如郑州市教育局组织的第五届名师选拔考试的面试题：当前，导学案的应用很普遍，你对导学案有何看法？再如某校引进在职教师的面试题：教师要给学生一碗水，自己要有一缸水；现在有人说，教师要把自己变成源头活水，才能满足学生的需要，请问你如何理解？面对这些专业性的问题，评委和被试者并不互动，教师阅读的基础、视野和追求就能立即呈现。当然，被试者的应变、思考、表达等能力，还有经验和情怀，都在答辩中随之呈露。高水平的专业访谈如同名家名师切磋论道，对教师阅读的评估自有其不可替代的价值。

阅读量表。阅读量表分为词汇量、阅读问答、朗读、默读和听力等部分，旨在分析被试者的朗读能力、流利度、复述能力和理解能力，从而对被试者的阅读能力进行评估和记录。利用量表进行阅读测试的实践，在美国中小学的阅读课堂中得到了广泛的应用，但在国内中小学的阅读课堂中，特别是针对成年人的阅读活动，适切的阅读测试量表仍有待深入研究开发。鉴于这种状况，教师阅读测试量表的实践仍在起步阶段。依据教师阅读的基本知识与核心技能，教师阅读的测试量表应涵盖这些方面：1. 测试教师对相关原理的掌握程度，需要引入具体案例促使教师根据指令对相关原理进行提炼，摘录有关原理促使教师根据指令对相关原理举例加以解说，并置多个原理促使教师根据指令针对区别与联系进行表述；2. 测试教师对阅读技能的熟练程度，例如对信息的检索、拆分、整合、转码和储存等环节，引导教师运用信息论和阅读学知识提高教师阅读的实践技能；3. 测试教师对阅读策略的运用程度，例如阅读资源管理策略、文本结构的认知策略等内容。诚然，教师阅读的测试量表并不局限于这些内容，还可以通过精细研究、具体测算和多次校准，研发更加科学和精确的阅读量表。

过程管理。教师阅读是实践性极强的专业活动，其过程需要凸显专业的意味，不能任由过程失控而追求结果精确实现。对教师阅读过程进行监测、控制与矫正，正是一种基于专业立场的过程管理。这种过程管理对教师阅读来说，本身也是一种自然而然的过程性评估。所以，过程管理要求教师阅读的领导者、组织者和教师本人对教师阅读进行自我理论反思、主动咨询专家和行动研究改进，以便教师阅读的规划、过程和预期结果能够无缝衔接，实现教师阅读过程的流畅运行。

教师阅读评估的未来走向

随着多媒体技术工具的普及，教师阅读越来越离不开网络体系的支撑，如网上买书、网络阅读、手机阅读与分享等，教师阅读的评估将与时俱进，逐渐过渡到以网络、数据等为评估报告显示要素的时期。

《大数据时代》的作者、牛津大学教授维克托·迈尔·舍恩伯格指出：大数据的核心就是预测，不是要教机器像人一样思考，而是要把数学计算运用到海量数据上，来预测事情发生的可能性。借助互联网、智能阅读器等媒介，教师阅读将产生密集交叉的海量数据，教师阅读的评估不仅具有检测、诊断和改进的功能，而且具有预测和建议的功能。大数据时代的教师阅读，其相关数据经由阅读工具等媒介处理后，将自动给出教师阅读的评估报告。这份自动生成的教师阅读评估报告，包括描述教师阅读的轨迹趋势、精准分析教师阅读的偏好、教师阅读的历史对教师人格精神的影响、及时推送符合教师口味的最新书目、提出适切的教师阅读指导建议等内容。这种生成机制就像经常使用某种音乐播放器而留下大量数据痕迹后，播放器就能够精准推送符合使用者品位的歌曲一样。换言之，教师阅读评估在引入大数据的概念、方法和技术后，其观察与测量的工具升级，直接带来教师阅读评估的质的飞跃。

教师阅读根植于教师的心理活动，具有自我教育的性质。因此，教师阅读评估的重点应当放在教师阅读技能、教师阅读行动和教师阅读成就等层面上。其中，教师阅读成就不限于教师阅读的有形成果，还包括教师阅读的兴趣涨落、专业情意和素养积淀等情感、态度和价值观层面的表现。当前，教师阅读的评估方法和技术正在从经验走向专业，这主要是指教师阅读的评估者是否具有专业性的意识、科学性的观念、探求规律的精神，在做法和说法上是否尽量以信息论、管理学、教育学、心理学、学习理论等科学为基础，让经验性评估和专业性评估的某些相同形式，产生不同的程序、不同的内涵和不同的价值功能。

综上所述，面对教师阅读这一古老而又年轻的专业活动，经验性评估和专业性评估将长期并存，教师阅读评估中的质性研究和定量分析也将互通互释，我们只有综合而灵活地运用各种评估方法和技术，才能做到适切对路而有力地推动教师阅读走向纵深。

三、教师阅读的诊断与诊断方法

众所周知,教师阅读是个体多样而又非常复杂的活动,如果缺乏有效方法和适切手段就无法掌握教师阅读的具体状况。无法掌握教师的具体阅读状况,不仅会导致教育管理者对教师阅读指导乏力、浮于表面,而且会导致教师本人无法通过阅读落实教师专业发展规划。因此,无论是从教育管理的需要出发,还是从教师通过阅读进行自我教育的需要出发,教师阅读都需要诊断的介入。诊断的介入,有利于推动教师阅读走上科学管理、过程监测和结果评估的道路。阅读诊断有着特有的形式、方法和手段,其目的都是帮助我们找到教师阅读中可能发生的病理现象和已经存在的问题,实事求是地分析现象与问题的原因,对症施策而有效地推动教师阅读的健康发展。

教师阅读通常会受到自身阅读基础、阅读能力、阅读条件等因素的限制,但教师阅读诊断并不局限于这些方面。教师阅读诊断的重点是,对指向教师专业发展的教师阅读进行诊断,进而以此为核心对教师阅读基础、阅读能力和阅读条件等方面进行诊断。目前,教师阅读诊断的实践,还主要体现在教师个体阅读的层面,并未进入到学校、县市等集体性、区域性教师阅读的层面。因此,在教师阅读诊断的运用中,多以个体的教师阅读为例。实际上,这丝毫都不妨碍以不同的教师阅读为样本,来对特定区域的教师阅读作以诊断和抽样检查。

总结教师阅读实践和学术界对阅读进行研究的成果,教师阅读诊断方法是很丰富的，既有即时性的诊断，也有历史性的诊断；既有着眼于教师阅读书目的诊断，也有着眼于教师阅读成果的诊断；既有对教师阅读规划的诊断，也有对教师阅读方法的诊断……选择的侧重点、方式等不同，采用诊断的方法也不尽相同。对教师阅读诊断而言，只要选好诊断的重点，找准适切的诊断方法，其效果自不待言。为了便于操作，并跟教育管理与评价等工作紧密结合，我们把教师阅读诊断方法分为以下几种：

1. 现场观察诊断法。在特定的空间里，选择具有相关性的专业文献，对教师的阅读习惯、阅读技能和阅读内化等方面进行有针对性的观察诊断，以便了解教师阅读的实际情况，从中发现问题，对教师阅读受诊者形成初步印象，进而为教师阅读诊断提供病理依据。

在实践操作中，根据教师的学科特点，可以先按照文学、哲学、史学、经济学、教育学、数学、生物学等学科大类，初步判断并检验教师阅读的范围与种类。当然，也可以直奔主题，抓住教师阅读诊断的重点，即对指向教师专业发展的教师阅读进行诊断。按照教师的知识结构，尤其是对精深的系统专业知识和深厚的教育理论知识，选出经典的著作供教师阅读，考察教师在规定时段内展现出来的阅读视野、阅读兴趣、阅读习惯、阅读技能和阅读效果等内容。对教师阅读进行现场观察诊断，其结果虽然充满一些不确定因素，但是受诊者的视野、兴趣、习惯、技能等相对稳定的内容还是能够反映出来的。

2. 自述访谈诊断法。根据教师阅读诊断的重点，对教师阅读的相关问题进行组织设计，使教师围绕问题进行自述，以呈现教师阅读的生态和层次，进而对教师阅读诊断。必要时，还可加入访谈、提问等办法，激发和促进教师对阅读的习惯、经验、认识和技能等做出详尽的自述。

采用自述访谈诊断，观察者、诊断者应竭力避免对教师阅读的受诊者产生干扰，避免使受诊者思想波动过大，产生不愉快的体验。如果受诊者的自述出现议题严重偏离，可以作以微笑包容性的引导，使其沿着中心议题继续阐述。教师阅读的体验、见解和悟性，乃至教师阅读的毅力、意志以及情感、态度和价值观，都将伴随着自述而不同程度地流露出来。诊断者则需要根据诊断规范和诊断重点，及时捕捉关键信息，并予以记录，适时提出相关问题，促使自述者表达更为丰富、更加关键的信息。在适时提出相关问题时，问题应具有引导性、开掘性和愉悦性，以获取更加丰富的内容。

3. 资料查阅诊断法。这里所说的资料，并非教师随意可以提供的材料，而是跟教师阅读相关、可以反映教师阅读状况的资料。例如教师阅读史、教师阅读观、教师年度或近期阅读书目、教师阅读随笔、教师阅读方法等。诊断者可以根据诊断的重点事项，说明具体的要求，开列受诊者需要提供的资料目录，以便做出真实细致而又切中病灶的教师阅读诊断。

由于资料具有全息性和互文性，在多重文本的映照下，资料真实性如果能够得到保障，受诊者的阅读病症和基本状况的显示就会具有高度的稳定性。采用资料查阅诊断法，完全可以放宽时间限制，使受诊者提供极为详尽的诊断材料，以期对受诊者进行全面观察、了解和诊断，进而写出教师阅读诊断报告。若有必要进一步矫正诊断结果，可以进一步提出相关问题，连同诊断报告一起反馈给受诊者，使其研读并写出相应的看法和心声，再次补充和完善诊断报告。

4. 对照评定诊断法。教师阅读诊断作为一种方法和技术，有着自己应有的规范、程序和要求。对此，一线教师可以使用教师阅读的诊断手册进行自我诊断，以摆脱"跟着感觉走""阅读，只要读下去就好"这样的盲目阅读境地。这样的教师阅读诊断，可以称为对照评定诊断法。教师不仅可以判断自己的阅读状态和层次，而且可以对某些典型而又已有公论的问题、病灶进行反观和透视。

采用对照评定诊断法，实际操作并不困难，主要难在教师阅读诊断手册的获取。目前，教师阅读诊断手册并没有通行版本，这就需要进行自我诊断的教师采取积极主动的态度，通过自我提炼、寻求他人帮助和查阅研究文献等多种途径，而形成一定的诊断手册文本。当然，一线教师还可以向一些从事阅读研究的专业机构寻求相应的帮助，或者参加这些专业机构所举办的培训活动，建立相应的学术联系，实现教师阅读诊断技术的提升和手册的开发。

5. 考核测试诊断法。根据教师阅读的核心书目，受诊者事先向诊断者提供有关文本，供诊断者命制特定的试题，以名词解释、简答和问答等试题类型为主，形成纸笔测试的文本。这种依托纸笔测试的考核测试诊断法，既可以指向教师阅读的内容，也可以指向教师阅读内容的内化，还可以指向教师阅读的实践技能和具体做法，测试指向灵活、明晰而集中，具有较高的信度、效度和区分度。借助考核测试诊断法，可以十分准确地诊断和鉴定教师阅读的类型，对受诊的教师给予有效而明确的指导建议。

在实践中，考核测试诊断法具有成本较低、操作方便、受诊面广和时间集中等特点，尤其适合年级、学科组、学校乃至县区等团体性、区域性的测试。根据教师的阅读表现和理解状况等方面，可以对教师个体和教师团体进行专项排序和综合排序，并实现数据化的比较和分析。自然，考核测试诊断法也有其不足之处，主要是试题命制的信度、效度和区分度等不易保障，而且测试的结果容易沦为单纯位次的竞争，使组织者和受测者纠缠于排名的纷争中，忘记对教师阅读进行考核测试诊断的本意，即诊断教师阅读的类型、基础、问题、病灶和发展路线并提供适切而有效度的诊断报告。

阅读诊断，可以帮助我们从单纯地说"好""不好""还可以"等感受性的评价中走出来，给予受诊者即当事人最需要的指导，改变当下教师阅读盲目、随意和散乱等旧式阅读状态，而走向依靠科学、基于理据、指向实践转化的新型阅读状态。

有必要说明的是，阅读诊断和阅读测量、阅读评价不同。阅读测量主要是对阅读现象进行数量上的测定，阅读评价主要是对阅读效果进行价值上的评定，而阅读诊断主要是对阅读活动病症及其产生的原因进行判断。它们既有联系又有区别，我们对阅读测量、阅读评价不应该排斥，而应该积极地加以利用，使我们对教师阅读做出更加清晰、精确的诊断。教师阅读诊断的作用不仅是对教师阅读呈现出来的各种问题能进行仔细考察、甄别而做出科学判断，更重要的是了解和掌握问题产生的诸种原因，以便对症施策，促进教师通过阅读实现自我教育和专业发展。

四、教师阅读诊断：基于案例的分析与建议

教师阅读是教师专业发展的重要途径，受到了教育行政部门、相关业务部门及社会组织和学校等层面的重视。从实践来看，基于个体和集体的教师阅读，活动形式精彩纷呈。然而说到教师阅读的实际效果，无论是举办者还是参与者，常常不是发出不能期望过高的"自我安慰之叹"，就是生出盼望以后更好的"意犹未尽之感"。那么，从基于个体的层面看，如何使教师阅读的实效达到最佳呢？教师阅读诊断不失为一种适切的思路和做法。由于个体阅读是集体阅读的基础和落点，所有的教师阅读活动最终都要以促进教师专业发展为旨归。下面，就从具体案例（均为2016年暑假期间采集）出发，以教师专业发展为指向，对教师阅读的一些现状和做法作以诊断和解析。

小学办公室主任张老师的阅读案例

背景介绍：

张老师在城乡接合部的一所小学担任办公室主任，文字基础不错，担负着撰写学校通讯稿、起草文件等工作，由于今年刚上任就没有担任语文课，获得中小学一级职称，是省级骨干教师。早就想请她对教师阅读谈谈看法，即使多次打电话邀请，也迟迟不肯动笔，直到写作本书时，碍于情面，张老师才发来了阅读的

困惑。下面这段自述的文字就构成了案例的内容。

案例呈现：

都说教师要学高为师、行为世范，对知识的需求应该是源源不断的，那读书就是一个很好的途径。但是我们在读书时总会有这样那样的问题，比如：一、读教育专著坚持不下来，读不完就放下了。想想原因可能是没有养成好的读书习惯，没有固定的时间静下心来认真读，毕竟教育专著不像杂志上的小说故事性强、简单有趣，是要走心的，一天繁重的工作结束后，没心思读。二、总感觉没时间。现在好像很多老师都觉得学校的工作特别多，活动多、检查多、教学任务多。忙完分内分外的事，就没多少自己的时间了，于是就不读了。

诊断分析：

身为学校办公室主任，或许如同张老师在文章中所反映的"官不大，事不少"，人忙、时间少。无法静心读书，没有时间阅读，这或许是教师阅读中普遍存在的问题。只是有的教师说法不同，家务事太多，孩子还小，爱玩手机，理由不一而足。可以说，问题结果都是相似的，原因各有各的不同。归纳起来，正如张老师所言，造成这种现象的原因有二：可能没有养成好的读书习惯，工作繁忙导致身心疲累而难挤出时间。不可否认，读书习惯对教师阅读具有重要性，也不可否认大块的时间对教师阅读所起的作用。但是，我们除了呼吁学校改变现状，尽力消除繁杂事务、少折腾而务本，一线教师个人对整个学校环境的改变几乎无能为力。在不能改变环境的情况下，教师个体阅读取得实效，还是需要多从自身出发，优化事务处理与时间的安排，减少事务并提高效率挤出时间，以便静心阅读。

建议对策：

无论是教学岗位，还是管理岗位，或者兼任两种岗位，想实现较好的教师专业发展，培养良好的阅读习惯和优化事务安排挤出阅读时间都是非常重要的。

关于阅读习惯的培养，可采取缓坡度阅读、多处摆放同一本书、加入读书集体组织、多交阅读高手等策略和措施，使教师阅读处于一种自我驱动和外部驱动同时发生作用的态势，最终实现教师的独立阅读上路，逐渐过渡到阅读教育名著的阶段。

关于优化事务处理，需要教师学会用紧急且重要、紧急但不重要、重要但不紧急、不紧急也不重要这四个关键短语，落实坐标分析法，每天都如此优化处理事务，提高执行力和办事效率，挤出阅读时间。除了提高办事效率挤时间之外，还可以在统筹工作的时间分配中，划出相对独立而清净的时间版块，以保持必要的阅读时长。

教案书写可以考虑写成简案，读书笔记可以改为书页批注，对报刊快速而有重点地翻阅，以提高阅读的效率、养成阅读的可持续性习惯。在碎片化的时间内，根据时间长短、篇幅文段长短和个人阅读爱好，用手机下载并安装相关的书籍、软件，如《道德经》《圣经》等经典名著的手机版，再如《中国教育报》《教师博览》等报刊以及中国教育学会等学术机构的微信公众号，保证随时阅读适切的内容。只要教师个体抱有强烈的读书愿望，因况制宜地进行阅读，还是大有可为的。

初中班主任赵老师的阅读案例

背景介绍：

赵老师是一位在县城初中任教的英语老师，热爱读书，还加入了《教育时报》代修鹏编辑成立的河南教师读书会。在今年暑假期间，河南教师读书会的QQ群讨论如何读书，我发表了"教师阅读需要做好阅读规划"的看法，赵老师给我发来单聊的消息，我们进行了一个小时左右的交流，第二天赵老师专程来到学校找我面谈。下面案例的内容即摘自当时的网络对话。这则案例可以看成是借助网络进行的教师阅读诊断案例。为便于阅读和节省篇幅，我们两人分别简称赵、我。

案例呈现：

赵：熊老师好，我是英语老师，能给我指导一下我该如何做专业规划吗？

我：请说说您的困惑？您最需要什么？您对教育最想着手做的事情和动机是怎样的？

赵：我也读过不少书，也想在专业上有所提高，但不知怎么办。

我：针对专业想有提高这个问题，请列出您读过的书，请写出10本以上。如果有更多，能列出多少就列出多少。

赵：我的专业阅读可能不够，列出最近两个月读的书。《中国在梁庄》《教育西游记》《今生今世》《论对话》《白说》《巨流河》《自主课堂——积极的课堂环境的作用》《学校是一段旅程》《天堂蒜薹之歌》《苏东坡传》《镜花缘》《做最好的英语老师》《中国教育寻变》。

我：对英语老师来说，阅读这类书籍不足以让您成为优秀的英语教师。说句实在话，想在三年内见效而且提高英语课堂教学水平，几乎是不可能的。你要进行专业的阅读，提高阅读的贡献值。

赵：另外就是一些报纸、杂志，有《教育时报》《教师博览》《中小学外语教学》和《班主任之友》。

我：很多时候，教师阅读是无效的，至少在短期是无效的。你的这份阅读书单，正是如此，即使加上报纸、杂志，仍然不够专业。

赵：我有点明白了，我该怎么读呢？我该读些什么呢？

我：你的书单里，我除了不看《中小学外语教学》外，其余的，我作为语文老师，都非常适合，这能叫作英语教师应有的专业阅读吗？我是《教育时报》和《教师博览》的作者，也经常看这些报刊。但是，它们对英语教学有多大的帮助呢？

赵：我该怎么办呢？

我：教师是专业人士，要干专业的活儿。这是常识啊！你读过索绪尔的语言学著作吗？

赵：没有。

我：你读过关于语言哲学的著作吗？哪个大学教授写的都可以。

赵：没有。

我：你读过神经语言学吗？

赵：没有。

我：语源学著作读过吗？

赵：没有。

我：语义学著作读过吗？

赵：没有。

我：这样的话，你的英语谁都可以教啊，缺乏专业含金量，很可能是读读背背记记，甚至是死记硬背加做题罢了。

赵：我也意识到了这一点！

我：我觉得一些语文老师都可以去教，除口语不如你之外，说不定按照你的做法，狠抓记忆效率和练习题的效果，成绩比你还好呢！

赵：教学生活很没含金量啊。

我：像这样子持续多少年了？

赵：1992年到现在，想到专业发展是最近几年的事。

我：那么多年没读书，真是莫大损失啊。幸好现在意识到了，有了反思精神还不错。

赵：我很迷茫啊。

我：你出去请教过名家吗？

赵：没有，也不知道请教谁。

我：你读过多少英语教育名家的著作？

赵：鲁子问、焦晓峻等人的著作，手头还有几本，但没读，都是论文或关于教学设计的。

我：你这样说还不如我初中时候的那个英语老师呢！她是民师转正，高中学历，出去开会学习还知道去请教刘道义等人呢！

我：英语学习的本质是什么？能回答出来吗？

赵：说不清楚。

诊断分析：

在案例中，赵老师的阅读精神可嘉：一是坚持，已经持续阅读数年。二是阅读视野相对开阔，英语老师读文学类、英语专业类及教育类等图书。三是具有一定的反思意识，在平时自己阅读中以及对话中发现了教师阅读实效不佳的问题。

热爱阅读高投入，但教师专业发展的效果却是低产出，这在一些教师网友身上很有代表性。在对话时，我始终围绕教师专业发展这个指向，从阅读书籍的专业程度、阅读向实践的转化等教师阅读活动的关键项目，逐一询问，甚至是盘问而不乏犀利尖锐的言辞。可以说，对话即诊断。那么，赵老师的教师阅读存在什么问题呢？

其一，诊断教师阅读指向教师专业发展的程度问题。赵老师热爱阅读，身为英语老师，读了大量的文学著作，这本身也无可厚非。然而想立志成为一个英语教学方面的拔尖人才，这样的教师阅读是低效的，无法在语言产生与发展、语言习得与传播、语言与思维、心理等方面获得专业认识和理论，更无法转化为实践力量。简短地说，问题是阅读的书籍没有明确指向教师专业发展，表现为所阅读的书籍专业性不足、数量严重偏少。当然，班级管理方面，想成为专业人士，仅看《班主任之友》等报刊也是不够的，因为专业书籍仍然比较匮乏。

其二，诊断教师阅读进行实践转化的系统性问题。赵老师阅读书籍报刊的数量不算太少，能够在即时对话中凭着印象迅速写出十几种名称，的确难能可贵。遗憾的是，赵老师身为英语老师，阅读兴趣却偏重中国文学作品，在学科阅读上除了书籍专业程度不高，还有一个更为深刻的根源，那就是缺乏明确的规划意识。由于对本学科的相关学科、理论和技能，没有清晰的认识和把握，教师阅读只能是凭着兴趣和心情去读，当兴趣和心情发生改变时，教师阅读活动自然难以持续，至于阅读转化成实践的效果就更甭提了。

建议对策：

其一，抓住学科教学的核心要义。必须把握语言教学的根本，尤其要把握外国语言教学的规律，从心理学、神经科学、文化学等层面作以突破。马克思对语言有过精辟的解说，外语是人生斗争中的一种武器。也有人说，学习语言就是学习一种思维、一种文化。两种说法看似不同，其实完全可以融通，语言即工具性与人文性的统一，工具作为形式承载着人文内容，人文内容需要恰切的工具形式进行呈现。在阅读专业图书时，学习相关理论并指导自己的教学实践，必定胜过漫无目的的阅读和教学实践。至于班级管理，也要抓住管理学的本质、原理和规律开展阅读，在班级工作中将有关理论及时转化和应用。

其二，做好学科阅读的基本规划。通过查询网络、请教他人等途径，千方百计地了解和熟悉本学科的知识框架、结构体系以及相关学科、理论和技能，然后买来相应的书籍，此时可以凭着兴趣和阅读的难易度来挑选具体书籍来阅读，因为无论读哪本书，读哪一版块的书籍，都在学科阅读基本规划的范围之内。对每位教师来说，教育和心理学类的图书可以视为"公修课""通识课"，是阅读规划必选的内容，例如泰勒的课程理论、布鲁姆的目标分类学理论、加德纳的多元智能理论等书籍。

高中班主任王老师的阅读案例

背景介绍：

王老师任教于焦作市修武县第一中学，在今年秋季从初中调入高中，担任语文教师兼班主任，目前职称是中小学一级教师，获得过焦作市优秀班主任、修武县"巾帼建功"标兵等荣誉。任教高中后，王老师顿感压力增大，对高中语文教学感到不好把握，前不久还来到我们学校听了语文课，以便站好高中语文的讲台。鉴于此，我请王老师自述阅读的困惑、难点和思考，王老师发来了两条消息。案例是以问题形式呈现的，而非对话形式。王老师的难题是，教师一直坚持专业阅读，并努力朝向实践转化，然而效果不佳。在中小学教师群体中，这一现象非常典型。

由于这则案例是王老师的问题陈述，在无形中对相关内容作了有意或无意的省略，信息显得不够充分，诊断难度相对较大。我通过电话采访了王老师，采访的主要内容是提出问题的背景、教师阅读的专业程度等。

案例呈现：

文本解读能力是语文教师的专业能力之一。通过阅读孙绍振和钱理群两位教授的专著，备课时，我要求自己先"素读"教材，有意识地先自己解读，然后再看教参。几年过去了，觉得没什么效果。读一篇课文，思维依然是从字上滑过去，感受不到什么深刻内涵。我的困惑是，如何通过读书提高文本解读能力？

（下面系电话采访后的补充）最近几年才开始读书，都集中在文本解读、教学实录等书籍上，没有读过解构主义、叙事学等西方文论以及其他领域的书。例如钱理群的《名作重读》和孙绍振的《名作细读》《月迷津渡：古典诗词个案微观分析》等。在读书时，很注意作者所讲的文本解读方法，例如孙教授说的还原法，在书中以文章进行方法例说的部分写得很好，但是自己去用，效果却不太好。

诊断分析：

在围绕学科进行专业阅读上，王老师下的功夫很大，已有数年时间，尤其是精读了孙绍振和钱理群两位教授的书，这非常难得。在工作中，王老师注意学以致用，将学者们倡导的方法及时运用到课文解读上，这更令人钦佩。那么，为什么会产生实践效果不佳这个问题呢？

其一，诊断教师阅读的质和量。王老师的阅读焦点主要是文本解读方面的书，指向非常强，做到了依靠精读而保质、提质。然而教师想通过阅读而成为理论素养和实践技能兼备的高水平教师，必须进行大量而长期的阅读，通过"量"的积累才有可能促成"质"的飞跃。可见在长期泛读的"量"上，王老师做得还远远不够，尤其是对语文老师来说，谚语"活到老，学到老"可谓传神写照。想深刻理解和灵活运用文本解读的有关方法，自然需要看到其背后的理论来源，例如阅读叙事学、文字学甚至文化学等。这些恰恰是对方法的追问和深究，属于领会方法来龙去脉的组合拳。由此可见，纵使教师阅读的书籍强烈指向教师专业发展，但仅仅盯着一点，亦不足以领会某种方法和技能的精髓，导致在多次实践中仍然无法运用。之所以强调专精与广博结合，实质即质量兼顾，持续提升。

其二，诊断教师阅读的规划问题。在王老师的自述中，教师阅读紧盯文本解读方面的书籍，对一个语文教师来讲，无论是数量还是范围，都是远远不够的，读书的系统性和进阶性就更无从谈起了，自然也看不出明晰的规划意识。王老师说"低估高中的工作量和备课的难度",这的确是实情,高中语文的课文篇幅长、内容深、知识点多,如何取舍本身就是难题,怎样教好更是难题。王老师面对课文直接"素读",值得称赞。不过,"素读"需要丰厚的知识储备、理论素养和阅历积淀,不然收获不大,达到教参的水平已不容易,至于读出新意而超越教参水平则难上加难。没有教师阅读规划,没有系统性的"补课",教师阅读难以迎来实质性的飞跃和提升。

建议对策:

其一,从学科教学的基本技能、方法等层面入手,拓展有关内容。教师阅读在追求精读而"专"的同时,还要注意泛读而"博",以实现教师阅读的质量兼顾、齐头并进。惟其如此,才有可能让自己在学习一种技能、方法时,通过理清这种技能、方法的来源,学会对技能、方法进行环节分解、步骤分解,理解每个分解的环节和步骤背景的支撑条件,如思想基础、知识基础、心理基础等内容,然后再进行反复操作演练以提高熟练度和准确度。

其二,从学科阅读的核心书目和延伸书目着眼,做好阅读规划。阅读取得理想效果,除了专博结合,还应当注重提高进阶的循序渐进。就语文学科而言,文学理论、文字学、文化学、民俗学、历史学、文物学等学科都有所涉及,但是教师应当学会利用课程论、教学论等知识和方法将其转化为语文课程内容,因为许多支撑性学科的内容并不适合直接拿来用在语文课堂教学上。这一任务非常艰巨,可见教师专业阅读的增量提质是何等的不易。

三位教师分别来自小学、初中和高中,其阅读案例在某种程度上反映了当前中小学教师阅读的现状和症结。经过逐一诊断分析,我们也不难看出,教师阅读诊断关注教师阅读存在问题的病理是什么,进而思考怎样解决病理来促进教师阅读取得实效。所以教师阅读的诊断只是手段而并非目的,而促进和提升教师专业发展才是目的。教师阅读时刻以教师专业发展为指向,保持清醒而自觉的阅读规划意识,不断优化阅读的方式、方法和状态,将会使教师早日品尝教师阅读的丰收和喜悦。

第四辑
经典这样读

　　经典的重要性不言而喻。什么时候读经典？怎么读经典？读经典有什么用？

　　诵读经典，贵在专精，通达文字之心、文章之心、经典之心和文化之心。诵读经典，其意义不在于只是为了记住，而在于把诵读作为学习经典的重要方式，最终达到读有所悟、学有所得、学以致用。

　　中国文化经典有着书不尽言、言不尽意、立象以尽意的传统，文字和形象的背后总是充满深刻的哲思。当我们用教育的眼光和专业的立场体悟这种哲思时，中国文化经典就充满着教育的启迪，能给我们带来历久弥新的启示。

一、经典诵读的认识、目的和做法

经典诵读，是传统文化教育的热词。经典的重要性不言而喻，每个人都能对读经典、学经典发表几句感言，或赞叹支持或抨击批评，至于应该怎样诵读，再往深处说，例如怎样将诵读落到实处，遵循一种怎样的路径，这就很少有人谈论了。教师身为教育专业人士，有着相对丰富的阅读经历、阅读经验以及理论认识，对此不能不关注，不能不思考。

中国传统文化经典浩如烟海，博大精深，要想学得其精髓，教师最好是从当前社会、自身实际和诵读方法这几个层面着眼，建立起相对清晰而完整的认识，然后用思维指导行动。

树立一种认识：读比不读好，有方法地读更好

什么时候读经典？怎么读经典？读经典有什么用？关于读经典，我们可以提出无数个问题，但是这些问题都不是最重要的，只有"读"，行动起来，才是最重要的。面对经典，我们首先做的就是搁置所有的问题和分歧，直面那些文字，聆听和神会文字背后往圣先贤的心声和呼唤。

无论怎样谈论和强调经典的重要性，都比不过读的行动的重要性，所谓"百闻不如一见""坐而论道不如起而行之""腹有诗书"方能"气自华"。面对经典，

"读"是第一要务。开始了读,如何读、读的方法就成了接下来不可绕过的问题。怎么读,是"仰望星空"后的"脚踏实地",是经典诵读的实操技能。说到实际操作,这就要讲究一点策略:随意任性读,按部就班读,还是接受指导读,当事人应有一定的预想和估计,毕竟读法不同,过程不同,辛劳不同,收获也不同。随意任性读,接近于读书"蚕食法",最考验人的耐性和毅力;按部就班读,属于悟性极高的人的做法,只要有智慧,就像捅竹竿需要力气一样,剩余的只是时间问题;接受指导读,比较省时高效,拜师受教的意义通常就是这,因为有人指点,所以有疑则进。一言以蔽之:读法,取决于读者的天资、环境和资源。

关于经典诵读,就教师这一群体而言,可以如此看待:读经典如幼儿学步,关键是开读上路,其次才是讲究方法和多下功夫的问题。

明确两个目的:化字为慧、身体力行

经典诵读,有什么用?朱自清先生在《经典常谈》里说:"经典训练的价值不在实用,而在文化。"(朱自清:《经典常谈·序》,中华书局,2009年)文化价值是经典诵读的最大价值。如果我们抱着实用的心态,总想着通过多读经典进而改变自身的物质条件和生活境况,恐怕有点文不对题。当然,我们读经典,不是为了消磨时间,而是为了增进智慧、改善行为。消磨时间需要的常常是轻松愉悦的活动,例如读读流行杂志就可以。不过,诵读经典也不是毫无实用价值的,至少可以起到化字为慧、身体力行的作用。

化字为慧,就是通过读经典让人心灵智慧。换句话说,就是经典能优化人的思维、润泽人的心灵。经典是用文字书写的,但是文字具有两面性:遮蔽性和传输性。文字是智慧的桥梁,是我们通往圣贤心灵的门径,我们读书往往只停留在字面上,如同只站在通往圣贤智慧的桥梁和门径上,却不能登堂入室。在诵读经典中,一方面我们可以借助文字的传输性得到一些东西,另一方面我们也因为文字的遮蔽性而失去那些无法传达的信息。例如《论语》中大家非常熟悉的这句话:

"唯女子与小人为难养也"，一般都是翻译成"只有女人和小人难养"。杨伯峻先生的《论语译注》将这句话翻译为：只有"女子与小人"难养，其言外之意，并非所有"女子与小人"都难养，这句话是特称而非全称，而这个"养"字大概就是相处的意思。（杨伯峻：《论语译注》，中华书局，2006年）如何领悟孔子这句话的意思呢？从人际关系的层面去理解，反而不拘泥于具体对象而获得领悟：人际关系真的不好处，无论是最亲近的人，还是最功利的人，都是如此。这样的理解，属于《庄子·外物》说的"言者所以在意，得意而忘言"。《论语》是语录体的著作，孔子的言论很多是即兴所讲，当时有特定的场景和事件，如今我们怎么可能还原它们呢？所以圣贤的言说，重在"意"而不在字面。当然这不等于文字不重要，而是说疏解古代典籍需要意会通达，而非拘泥执拗文字皮相。大多数人读经典是为了涵养自身的智慧，而非做字字考据，更非钻牛角尖。循着这样的思路去读经典，人的心灵怎能不变得润泽柔软呢？人的思维怎能不得到优化和提升呢？

身体力行，就是通过读经典让人行为善美。经典给人提供一种思维的框架和模式、精神的启示和指向，这在总体上有益于人的行为改善，但不代表人的具体行为必将善美。否则，漫长的古代时期就不会产生奸佞之辈了。经典是美好的，问题是读经典的人能不能身体力行。民间俗谚"经是好经，都被念歪了"说的就是这个道理：知书达理，关键看行动。面对现实生活，虽然时代几经变迁，经典能给予我们更多的只是精神宏观层面的启迪，但是经典还是给出了不少千古不易的行为指南，值得我们一生奉行。例如《论语》说的"三人行必有我师""己所不欲，勿施于人""老者安之，朋友信之，少者怀之"，《孟子》说的"天时不如地利，地利不如人和""生于忧患，死于安乐""得道多助，失道寡助"，《庄子》说的"君子之交淡如水，小人之交甘若醴""好面誉人者，亦好背而毁之""众人重利，廉士重名，贤人尚志，圣人贵精"等，无一不是发人深省、警示百代、直接可用的格言或隽语。这些睿智之论都是值得我们躬行的人生准则，足以让自己言行美善起来。如果读经典只是满足于记住和知道，那就等于心甘情愿地把自己变成"两脚书橱"，因而成为存放知识或圣人言论的容器，心行并没有得到成长或改善。如果只满足于把古代圣贤的这些优美的言辞挂在嘴上,而行为完全相反,那无异于"金玉其外败絮其中",给牛马穿上衣服"裾马襟牛",类似于"衣冠禽兽"。一个人拥有美丽的言辞,再配上美好的行为,用孔子的话说,这才能叫作"文质彬彬",这才算得上君子啊。心行都能达到真善美,在任何时代都是很了不起的人,非常值得大家尊敬和学习。

诵读经典和读书求知的目的毫无二致,都是为了化字为慧、身体力行。当今不少人读了大学,却被认为有知识没文化,说起来头头是道做起来道道不行,归根结底问题就出在这里。所以说,读经典,看行动,一是读,二是做。读了多少,悟了多少,又行了多少,这才是我们在当今时代读经典的重要目的。

把握三个方面:整体认识、养好心态、量力而行

中国文化经典,数量之多令人咋舌,足以耗尽一个人一生的精力,所谓"皓首难以穷尽经典"。根据中国文化的产生和演进历程,儒、释、道三种文化,即儒家文化、道家文化和佛教文化是中国文化的基干,这已经成为中国文化史学者的共识。这三种文化,单说一种,其经典的数量也同样令人惊诧。多数教师作为一个普通人,并非专业研究,而是为了增进智慧、涵育言行,只需抓住纲领性文献、根本性典籍就够了。儒家经典的代表:"四书""五经",即"四书"《论语》《孟子》《大学》《中庸》和"五经"《诗经》《尚书》《礼记》《易经》《春秋》;道家经典的代表:"道家三玄"《易经》《老子》《庄子》;佛教经典,多不可言,其中比较有名的经典有《华严经》《金刚经》《心经》《楞严经》《阿弥陀经》《圆觉经》《地藏经》等。儒家经典和道家经典都将《易经》纳入其中,而佛教经典却没有,原因就是儒、道这两家都是中国土生土长的文化,而佛教是外来文化,最后才本土化,即中国化,而且《易经》在儒道两家的文化体系中代表着不同的含义。儒家"五经"有着各自的价值功能和文化指向,学《诗》以说、习《书》为政、知《礼》为交、研《易》为变、鉴古(即《春秋》)为今。其中,《易经》代表着变易、简易、不易,蕴含着

权变之道、不易之理。道家经典中的"道家三玄",其中的《易经》蕴含着道通天地、阴阳之变,"阴阳不测之谓神"。道玄相系,这是魏晋时期阮籍、嵇康、何晏、王弼等人创立新的道家流派——玄学的重要依据。事实上,除了这些明显具有哲学、宗教、伦理品质的经典,还有众多的其他经典,如文学经典楚辞汉赋、魏晋志怪、唐诗宋词、四大名著等,如思想经典《墨子》《潜夫论》等。总之,在以上所说的经典中,选择其中一部分,只要达到增益智慧、涵养德行的目的即可。

概观分类后,读经典就要抱定一种好心态。诵读经典,最需要的心态是什么呢?就一个字:静!静是为学之要,古代圣贤反复强调。用儒家经典《大学》的话说就是"知止而后有定,定而后能静,静而后能安,安而后能虑,虑而后能得",用道家经典《老子》的话说就是"夫物芸芸,各复归其根,归根曰静"。做不到静,就失去了经典诵读之根。一些受过高等教育的人,如果读读《读者》《意林》《青年文摘》等期刊尚且可以,如果再强读经典,实在是一种痛苦。这说明能否阅读经典,不仅仅取决于自己的识字水平和悟性等既有基础,还要看个人心态、心境。所谓上等心境,其实就是心静,静能生慧,潜心经典,我们可以同先贤对话。

修养好心态,紧接着就是好好地读。怎么读?量力而行。如果一下子甚至一两天就能读完一本书,随后就弃置了,那么这本书基本上不叫经典。经典不是一下子读完的,而是用一辈子来读的,也是需要反复来读的。经典常读常新,意义历久弥新。西方有个叫卡尔维诺的文学家,专门写了一本叫作《为什么读经典》的书,给经典下了十几个定义,对经典的价值和意义说得很详细也很全面。他认为经典可以满足多种层次的人的需要,给予人不同的意义和启迪。所以,经典贵在读,只要能读进去,读有所得并且在路上,字数多少则不必刻意限制。

其实,读经典在于通悟,书不在于多,而在于精和通。古人说:触类旁通,一经通,百经通。问题是,我们常常兴趣无定,三分钟热度,视线转移太快,不能专心致志,以至于"杂",导致杂而乱。

当前,很多学校都在推行经典诵读活动,可以说这是功德无量的事情。然而,在进行中也出现了一些不容回避的问题:一是师资缺乏,二是缺少规划,三是层次太浅，四是方法机械，五是效果不佳，六是功利导向。这些问题，足以写成一篇长文来好好做检讨。这里要谈的问题是，教师指导学生诵读经典，不顾学生实际，不能做到量力而行，我们应该如何看待？

　　就本人而言，虽然我也很热爱古代经典，但是我还是坚持对经典的诵读应该遵从理性、不能盲从的观点；我们应该给孩子留下一个名著或经典很美的印象，可以留待未来去读，用一生去读。在学校里，我听到很多教师持这样一种看法，甚至很多社会人士和学生家长也持有这样的看法，那就是趁着孩子小，记忆力好，能多背一点儿是一点儿，人一长大，很多内容就自动理解了。这种做法作为一种理想愿景未尝不可，但是坚持一刀切，往往振振有词地拿出古代大儒、现代大师们的例子来证明，这种做法是正确的。从实际效果来看，这种背诵像坚冰一样，更多的是伤害了孩子们的心灵，给他们终生读书的兴趣和行动带来难以修复的损害，导致他们在成年后厌恶读书、远离经典。因为古代大儒们和现代大师们，有的是家学渊源深厚，有的是遇到名师指点，更重要的是，他们的时代语境比起当今的时代，更加适合他们静心诵读经典，而且他们读经典想请教一个问题，远比今天的人更能得到基于历史文化语境的深刻指点。

　　不盲目读经典并不意味着不读经典，恰恰相反，我们要积极而正确地读经典，量力而行地读经典，可持续发展地读经典。一个教师即使领着孩子们辛辛苦苦地背下了整部《诗经》，却不解其意，而且在背诵过程中又给孩子留下难以名状的痛苦，这岂不是一种悲哀？岂不是得不偿失？相反，一个教师领着孩子们读《诗经》只学了一首诗，孩子们在学习中充分体验到了这首诗的诗意和魅力，而且人人愿意把它背下来，画一幅图并书写其上，孩子们的心中留下的是满满的诗意、喜悦和幸福，这样的经典阅读岂不是更美好？岂不是更让孩子们乐意去学？如果领着学生读经典，最终导致学生厌恶经典，讨厌背诵这种学习方式，我们宁可暂时缓一缓也不要赶鸭子上架匆忙上阵，以免败坏学生精神旨趣和学习生态的胃口。阅读经典，教师要心怀关爱和长远眼光，做些能够顺势而为、可为而能做成之事。诵读经典最终却让学生厌恶和远离经典，恰恰是对经典的最大不敬，也是对学生缺乏温度的教育。

经典诵读，最忌贪多嚼不烂。古语亦云：伤其十指，不如断其一指。诵读经典贵在专精，通达文字之心、文章之心、经典之心和文化之心。诵读经典，其意义不在于只是为了记住，而在于把诵读作为学习经典的重要方式，最终达到读有所悟、学有所得、学以致用。

诵读经典，完全信奉"背"："背，就是背！先背会再说。"这种做法，在现实中也不大行得通。在现实中，孩子们看重的是快乐，教师和家长们看重的是成绩，根本没给背经典留下多少空间。即使为了建设书香校园再强制推行经典诵读，在升学面前一切照样回到"分数才是硬道理"这个原点上，一味强制的背诵经典也只能给孩子们留下无尽的伤害和后患。读经典，可以选但不必非要选《诗经》《尚书》等看起来既古老又精深的这些"高大上"的经典，而要多结合学生的实际，着眼于提升学生学业、心灵、思维和行为的文本。如从《论语》《孟子》《大学》《中庸》乃至唐诗宋词、四大名著里面撷取适宜学生学习和应用的部分，做到虽有一本书而只学其部分甚至一页，让学生感到能吃透、吃得完、吃得好。照此做法，量力而行地诵读经典，我们根本不必担心读经典的学生会患上"厌食症"和"消化不良"等疾病。其实，我们诵读经典的益处就在于汲取正能量、传递正能量，最终让身心健康起来、和谐发展起来。

二、用专业的立场研读中国文化经典

教师阅读指向教师专业发展，不仅指教师阅读教育学、心理学等这些明显和教师专业发展密切相关的著作，以便直接而专业地促进教师专业发展，而且指教师阅读那些和教师专业发展相关度不高的其他著作，例如哲学、历史、文化学等著作，以期博观而约取地促进教师专业发展。所以，从中国文化经典汲取精湛的教育智慧和思想，有利于教师阅读广博而丰厚的中华优秀传统文化来促进专业发展。

中国文化经典浩如烟海，每种典籍中所蕴含的教育智慧和思想的浓度并不一致。教师耳熟能详的《学记》《论语》《孟子》等典籍，都是闪耀着教育思想光辉的古代经典著作，常常被列为促进教师专业发展的阅读进阶内容。而《道德经》《孙子兵法》《史记》甚至《西游记》《红楼梦》等中国文化经典，对教育智慧和教育思想的论述不如《学记》等典籍直接，以至于教师阅读对这些中国文化经典存在聚焦不足、收获不大等问题。下面从这些中国文化经典中提取较为常见而又富含教育意义的文字片段或情节概要，通过解读其教育智慧、教育思想和教育方法等内涵，不仅感受文化经典中蕴藏着的古老而深厚的智慧和魅力，而且为优化教师阅读内容和品质带来些许启发。

先秦经典片段的教育解读

儒家群经之首的《周易》

《周易》以爻、卦等符号作为把握世界的一种思想、方法和技术,揭示了简易、变易和不易的道理,对后世在人文哲思与现实日用等方面产生了深远的影响。《周易》既然有着如此深远的影响,那么教育也足可从中汲取丰富的思想营养成分。

片段一:

古者包牺氏之王天下也,仰则观象于天,俯则观法于地,观鸟兽之文与地之宜,近取诸身,远取诸物,于是始作八卦,以通神明之德,以类万物之情。(《系辞传》)

我们可以看出八卦是古人根据自己对世界的认识所总结出的一套认识体系,或者说叫作思维图式。这种图式和心理学家荣格说的原型理论有着相似之处,其价值在于不仅具有现象的广泛性,而且具有表达的概括性,能够增强人们改变世界的力量。蒙台梭利说:"唯有通过观察和分析,才能真正了解孩子的内在需要和个别差异,以决定如何协调环境,并采取应有的态度来配合儿童成长的需要。"这对教师认识和把握驳杂零碎的教育现象来说,有着深刻的启迪意义。一位教师想成为优秀的教师,需要进行多途径、全方位的观察和总结,积极提纯经验和规律,形成一套行之有效、可资借鉴的教学主张和教育哲学。马克思说:"哲学家们只是用不同的方式解释世界,而问题在于改变世界。"普列汉诺夫说:"没有革命的理论,就没有革命的行动。"由此可见,优秀的教师应提炼来自学生、自身和人类的经验和认识,而形成富有实践生命力的教育哲学,以此指导和改造自己的教育实践。

片段二:

昔者圣人之作《易》也,将以顺性命之理。是以立天之道,曰阴与阳;立地之道,曰柔与刚;立人之道,曰仁与义。(《说卦传》)

古人总结出《易》这一精神世界的集大成之作,目的是顺应人类本性的规律,应用在天、地、人三个层次,既相互关联交通,有各有侧重区分。从学校教育来看,国家课程、地方课程和校本课程，虽有层次之分，但是在落实教育理念、达成教育目的等根本方向上仍然是一致的。从一个优秀教师的修为来看，其涵盖课堂教学、教育写作和班级管理等方面，虽然表现形式极其不同，但其中折射出的教育理解和理念仍然是同一个思想内核。甚至可以说，教师应当育人如育己，立己立人一体化。教育家第斯多惠说："凡是不能自我发展、自我培养和自我教育的人，同样不能发展、培养和教育别人；教师只有先受教育，才能在一定程度上教育别人；教师只有诚心诚意地自我教育，才能诚心诚意地教育学生。"（第斯多惠：《德国教师培养指南》，袁一安译，人民教育出版社，2001年）同样表达了教师育己育人、立己立人一致的思想。

道家经典之首的《道德经》

《道德经》是一本在全世界的印刷量基本上可以和《圣经》相媲美的中国文化经典，蕴含着深邃的哲学思想，闪耀着教育智慧的光芒。在教育哲学和教育方法等层面上，《道德经》可谓是一口深井，足以让人们取之不竭、受用不尽。

片段一：
生而不有，为而不恃，长而不宰，是谓玄德。（第十章）

生育了万物而不将万物据为己有，促成了万物而不对万物自恃功恩，生养了万物而不自以为主宰，这是深奥而不容易理解的德行。在家庭教育中，父母常常认为自己生养了孩子，想完全掌控孩子的时间、思想和行为，容不得孩子有丝毫的自由，甚至是为所欲为，最终以爱的名义伤害了孩子。在这样的家庭中，孩子发展往往失常。父母的思想和行为之所以错误，就在于没有认识到孩子是独立的个体，无论当下自理能力强弱，还是思考能力强弱，将来都要走向独立生活的状态，家长需要顺应儿童的成长规律，根据儿童的潜质和基础来培养儿童、发展儿童，而非按照个人好恶去掌控儿童、打造儿童。其实家长的所作所为应当和教师一样，如教育家蒙台梭利所说，教育者必须信任儿童内在的、潜在的力量，为儿童提供一个适当的环境，让儿童自由活动。教育家第斯多惠也说："教学必须符合人的天性及其发展的规律。这是任何教学的首要的、最高的规律。"

片段二：

是以圣人常善救人，故无弃人；常善救物，故无弃物，是谓袭明。（第二十七章）

圣明的人总是善于拯救人，所以没有被遗弃的人；总是善于拯救物，所以没有被遗弃的物，这叫作深藏的明慧。这种救人救物的思想，在《礼记·学记》中有类似的表达："知其心，然后能救其失也，教也者，长善而救其失者也。"后人把这种思想总括为"长善救失"，意即教师要善于发现学生的长处并引导学生纠正自己的错误。这启迪教师发现和重视人的潜能和价值，正确对待学生成长中的缺陷和不足，既要使学生充满自信，又要使学生改掉不足，臻于至善。所以教师应因材施教，善于因势利导，将缺点转化为优点。正如教育家第斯多惠所说："教学的艺术不在于传授本领，而在善于激励唤醒和鼓舞。""应当考虑到儿童天性的差异，并且促进独特的发展。不能也不应使一切人都成为一模一样的人，并教以一模一样的东西。"

古代兵学圣典的《孙子兵法》

《孙子兵法》历来被奉为兵家经典，所讲的兵法都是谋略。谋略不是小花招和雕虫小技，而是大智慧和深远战略。《孙子兵法》已经被翻译成多种语言而走向了世界，在世界军事史上也具有重要的地位。

片段一：

知彼知己，百战不殆；不知彼而知己，一胜一负；不知彼不知己，每战必败。（《谋攻》）

既了解敌人又了解自己，百战都不会有危险；不了解敌人而只了解自己，胜败的可能性参半；既不了解敌人又不了解自己，每战都将有危险。从教学的本质来分析教学的矛盾运动，教学的过程是一种解决矛盾的过程，不仅需要解决教师已经熟悉的知识与学生相对陌生的知识之间的矛盾，而且需要解决教师和学生在技能、情感、态度和价值观等方面的落差所造成的矛盾。有鉴于此，教师必须了解学情，才能有效教学。所以，在课堂教学中，优秀的教师总是千方百计、想方设法地反复对学情进行"探底"，力图找准培养学生的空间和着力点。这种在优秀教师身上所表现出来的教育实践智慧，和维果茨基的最近发展区理论有着异曲同工之妙。

最近发展区理论表明，学生通过教育可能达到的发展水平，减去现有的发展水平而形成的这个区间，就是最近发展区。在某种意义上，教师的现有水平就是优秀学生将要达到的水平，教师要拉大这个差距。否则，教师原本只有一碗水，根本无法满足部分学生想要两碗水的需要。所以，教师既要知己知彼而了解学情，又要勤于自我修炼和不断提升自己，拉大师生在知识与技能、方法与手段、情感态度和价值观等方面的落差，才有可能使自己成为出类拔萃的教师的同时，使学生获得最大的受益和成长。

片段二：

凡用兵之法，全国为上，破国次之；全军为上，破军次之；全旅为上，破旅次之；全卒为上，破卒次之；全伍为上，破伍次之。是故百战百胜，非善之善者也；不战而屈人之兵，善之善者也。（《谋攻》）

"破"的意思是击破、打败，即采用武力手段而最终取得胜利。然而，"破"和"全"相比，并非善策，"全"主张的是一种保全实力、化敌为友的思想。在教育管理中，"破"即惩罚教育，而"全"就是非惩罚教育。关于教育惩罚，教育家的基本主张是应该有，但不应过、滥、乱。例如，教育家马卡连柯旗帜鲜明地指出："合理的惩罚制度不仅是合法的，而且也是必要的。"再如，教育家杜威主张"儿童中心论"，然而又认为儿童必须接受有关领导能力的教育，也必须接受有关服从的教育。那么一线教师应该如何看待教育中的惩罚呢？众所周知，赏识教育不是万能的。同理，惩罚教育也不是万能的。因此，完整的教育离不开惩戒，但教师始终应当把握"惩罚需慎重而有效"的原则。这要求教师应善于总结实践智慧，达到以少少许胜多多许，让教育的力量"柔弱胜刚强"，最终"不战而屈人之兵"。

汉唐经典的教育解读

《史记》,原称《太史公书》,为史学家司马迁所撰,是中国历史上第一部纪传体通史,被列为"二十四史"之首,与《汉书》《后汉书》《三国志》合称"前四史"。书中展现了帝王、将相、游侠、刺客等类型的人物,使人在气度、修为和境界上备受熏陶。

片段一:

古者富贵而名摩灭,不可胜记,唯倜傥非常之人称焉。盖文王拘而演《周易》;仲尼厄而作《春秋》;屈原放逐,乃赋《离骚》;左丘失明,厥有《国语》;孙子膑脚,《兵法》修列;不韦迁蜀,世传《吕览》;韩非囚秦,《说难》《孤愤》;《诗》三百篇,大底圣贤发愤之所为作也。(《报任安书》)

周文王、孔子、屈原等古圣先贤愤而著书的典故,表达了隐忍的苦衷、坚强的意志和奋斗的决心,使我们也深刻地感受到作者伟岸的人格和沉郁的感情。与此类似,教师专业成长需要付出,需要教师不怕磨难和困苦,用数年、十数年甚至数十年如一日的精神意志去修为,提高自己的水平,恰如苏轼所说"古之立大事者,不惟有超世之才,亦必有坚韧不拔之志"。思想家爱默生在论教育时说,学者应该高度集中精力,坚定信仰与追求,坚持缄默,继续观察。他要忍耐人们的忽视与责备,等待自己因为发现了某些真理而满怀欣喜的时机。可见,新手教师成长为优秀教师,必须具有超拔惊人的毅力。

片段二:

亦欲以究天人之际,通古今之变,成一家之言。草创未就,会遭此祸,惜其不成,是以就极刑而无愠色。仆诚以著此书,藏之名山,传之其人,通邑大都,则仆偿前辱之责,虽万被戮,岂有悔哉!然此可为智者道,难为俗人言也!(《报任安书》)

当一个人在耻辱和困境中苟且偷生,感受虽生如死的况味时,仍然想着著书立说,"究天人之际,通古今之变,成一家之言"。这种在痛苦中实现人生超越的行为，该是何等的境界！这足以鼓舞一些教师面对纷繁复杂的枷锁和沉重难言的压力，努力做一个了悟规律、教有专长的隐忍者和智者，进而在现实困境之中实现人生的超越。的确，在现实生活中，有一批教师凭借过人的毅力，勤奋写作而不刻意寻求发表，甚至是只写给自己，以推动自己思考，最后成为精通教育的有识、有志和有智之士。这样的教师令人钦佩，因为罗曼·罗兰说："世界上只有一种真正的英雄主义，那就是认清生活的真相后还依然热爱生活。"

《世说新语》，通过记录逸闻逸事和玄言清谈，呈现了魏晋时期名士的风流和气度。上卷分为德行、言语、政事、文学四门，中卷分为《方正》《雅量》《识鉴》《赏誉》《品藻》《规箴》《捷悟》《夙慧》《豪爽》九门，都是正面的褒扬，在识人、待人等方面有着令人称奇叫绝的智慧。

片段一：

王戎七岁，尝与诸小儿游，看道边李树多子折枝，诸儿竞走取之，唯戎不动。人问之，答曰："树在道边而多子，此必苦李。"取之，信然。（《雅量》）

王戎不取道旁之李，被时人和后世视为智者，其智慧就是王戎善于仔细观察，根据有关现象进行推理判断。教师在日常生活中面对芜杂的现象，只有去芜存菁，将经验判断上升到规律探究的层面，才能提升自己的智慧。例如课堂中学生发呆和做小动作，到底是习惯问题，还是自制力问题，抑或教师教学水平的问题，或者是其他问题，这就需要教师从动机与行为入手，探求因果联系。一个教师朝朝暮暮如此持久思考和探究，对教育的规律怎能没有精深的认识？苏霍姆林斯基说："在每个孩子心中最隐秘的一角，都有一根独特的琴弦，拨动它就会发出特有的音响，要使孩子的心同我讲的话发生共鸣，我自身就需要同孩子的心弦对准音调。"于漪老师也说："崇高的使命感和对教材的深刻理解紧密相碰，在学生心中弹奏的时刻，教学艺术的明灯就在课堂上高高升起。"（刘茜：《于漪：教师是教育的希望》，《教育家》2015年第6期）教师怎样对准心弦呢？唯有仔细观察、推理探究。

片段二：

时人道阮思旷："骨气不及右军，简秀不如真长，韶润不如仲祖，思致不如渊源，

而兼有诸人之美。"(《品藻》)

无论按照哪一个具体标准衡量，总会有人不能排在前列，这就意味着应当多寻找几把尺子来衡量。其实，教育的评价也是如此。学者加德纳的多元智能理论指出："每个个体有不同于他人的智能，在各个领域中，各种智能不是均等的。"教育家保罗·朗格朗也说："每一个儿童都是一个有个性的生命体，有自己独特的思维和学习方式。"教师应当深刻地认识到，树立现代学生观，不仅学生的现状具有不平衡性，而且学生的发展也具有不平衡性。教师应以发展的眼光来看待学生，在因材施教时需要像卢梭说的那样"不要急于对他作出或好或坏的评判"。

四大名著片段的教育解读

《三国演义》《水浒传》《西游记》《红楼梦》这四部著作历久不衰，是汉语言文学中不可多得的作品。其中的故事、场景、人物，细致的刻画和深刻的思想，数百年来为人们所传诵，已经深深地影响了中国人的思想观念、价值取向。

《三国演义》片段：

飞乃厉声大喝曰："我乃燕人张翼德也！谁敢与我决一死战？"声如巨雷。曹军闻之，尽皆股栗。曹操急令去其伞盖，回顾左右曰："吾向曾闻云长言：翼德于百万军中，取上将之首，如探囊取物。今日相逢，不可轻敌。"言未已，张飞睁目又喝曰："燕人张翼德在此！谁敢来决死战？"曹操见张飞如此气概，颇有退心。飞望见曹操后军阵脚移动，乃挺矛又喝曰："战又不战，退又不退，却是何故！"喊声未绝，曹操身边夏侯杰惊得肝胆碎裂，倒撞于马下。操便回马而走。于是诸军众将一齐望西奔走。(第四十二回)

张飞的勇猛，近似传说，勇猛成就了他在历史上的英名。其实，在《左传》里，曹刿论战说，作战是需要勇气的："夫战，勇气也。"而猛张飞之所以杀退敌军，最终反转局势，靠的就是勇气。在学校里，教学也是需要勇气的，尤其是寻找错误与失败的原因，更需要返回把目光投向自身，而非外在的条件和技术。这正如学者帕尔默在《教学勇气》里所说:"卓越的教学不能被降格为技术,卓越教学源自教师的自我认同和自我完善。"

《水浒传》片段:

这宋江自在郓城县做押司。他刀笔精通,吏道纯熟,更兼爱习枪棒,学得武艺多般。平生只好结识江湖好汉:但有人来投奔他的,若高若低,无有不纳,便留在庄上馆谷,终日追陪,并无厌倦,若要起身,尽力资助。端的是挥霍,视金似土。人问他求钱物,亦不推托。且好做方便,每每排难解纷,只是周全人性命。如常散施棺材药饵,济人贫苦,周人之急,扶人之困。以此山东、河北闻名,都称他做及时雨,却把他比的做天上下的及时雨一般,能救万物。(第十八回)

宋江赢得及时雨的美名,依靠的正是人格魅力。人格魅力对教师来说至关重要,教育家乌申斯基说:"在教育工作中,一切都以教育者的人格为基础。""教师的人格就是教育工作者的一切,只有健康的心灵才有健康的行为。"苏霍姆林斯基也说:"教育是人与人心灵上的最微妙的相互接触,教师是用整个的人格与学生接触的。"可以说,教育是人类灵魂的熏陶滋养,而非理智知识和认识的堆积。教育的本质意味着,一棵树摇动另一棵树,一朵云摇动另一朵云,一个灵魂唤醒另一个灵魂。

《西游记》片段:

如来道:"圣僧,汝前世原是我之二徒,名唤金蝉子。因为汝不听说法,轻慢我之大教,故贬汝之真灵,转生东土。今喜皈依,秉我迦持,又乘吾教,取去真经,甚有功果,加升大职正果,汝为旃檀功德佛。孙悟空,汝因大闹天宫,吾以甚深法力,压在五行山下,幸天灾满足,归于释教,且喜汝隐恶扬善,在途中炼魔降怪有功,全终全始,加升大职正果,汝为斗战胜佛。猪悟能,汝本天河水神,天蓬元帅。为汝蟠桃会上酗酒戏了仙娥,贬汝下界投胎,身如畜类,幸汝记爱人身,在福陵山云栈洞造孽,喜归大教,入吾沙门,保圣僧在路,却又有顽心,色情未泯。因汝挑担有功,加升汝职正果,做净坛使者。"(第一百回)

在取经返归东土大唐之际,唐僧、孙悟空、沙僧和猪八戒之所以被封为不同的果位，一个重要原因就是在取经、学习和修行的路上有着不同的情感、态度和价值观。虽然每个人都不完美，但整个取经团队堪称完美。从多元智能理论来看，这完全是一种基于个体差异的互补互助。所以在教师专业发展上，教师应当通过阅读、课题和上课等方式组成教师成长共同体，借助团体研修、同伴互助和自我反思等途径，实现和而不同、和谐发展。

《红楼梦》片段：

这熙凤携着黛玉的手，上下细细打谅了一回，仍送至贾母身边坐下，因笑道："天下真有这样标致的人物，我今儿才算见了！况且这通身的气派，竟不像老祖宗的外孙女儿，竟是个嫡亲的孙女，怨不得老祖宗天天口头心头一时不忘。只可怜我这妹妹这样命苦，怎么姑妈偏就去世了！"说着，便用帕试泪。（第三回）

王熙凤是天才的演员，说话在她那里完全是一门艺术。用"嫡亲的孙女"既安抚了林黛玉孤苦伶仃的苦痛，又讨好了贾母，可谓绝妙。从说话讲究艺术和走心的层面来看，教师应当修炼教学语言。苏霍姆林斯基在《给教师的建议》中说："教师的语言素养在极大的程度上决定着学生在课堂上的脑力劳动的效率。"教育家夸美纽斯的《大教学论》说："教师的嘴，就是一个源泉，从那里可以发出知识的溪流。"使用比喻的说法，指出了教师语言的重要作用。鲁迅先生说汉字有三美：音美以感耳，形美以感目，意美以感心。教师应当开掘汉语的审美价值，使自己的语言产生一种黏人的力量，牢牢地吸引孩子们的心。于漪老师说："我讲课时，悲的地方要讲得学生潸然泪下；喜的地方要讲得学生开怀大笑；乐的地方要讲得学生忍俊不禁；怒的地方要讲得学生义愤填膺；美的地方要讲得学生心向往之；丑的地方要讲得学生嫌恶讨厌。"（于漪：《语文要给学生以审美享受》，《教育》2010年第3期）

中国文化经典有着书不尽言、言不尽意、立象以尽意的传统，文字和形象的背后总是充满深刻的哲思。当我们用教育的眼光体悟这种哲思时，中国文化经典就充满了教育的启迪，能给我们带来历久弥新的启示。

三、用专业的立场读整本书之《论语》

孔子是儒家文化的集大成者，也是先秦显学诸子中的领袖人物，在中国文化发展史中具有群山崇阿、光照千秋的地位，史家司马迁的通史著作《史记》谓之"高山仰止，景行行止"，宋儒朱熹和弟子问答的语录《朱子语类》则说"天不生仲尼，万古如长夜！"孔子对教育的影响，无论是对教学法的探索和实践，还是对课程与教学的开发和建设，或者对社会人才培养的贡献和价值，抑或对教育理想的热爱和执着等，均可从"至圣先师""万世师表"等后世褒扬中见一斑。其"述而不作"却留下了《论语》，足以让我们谛听一代圣贤师者的灵魂之语。

对人的发现与珍视

幼少之年的孔子，体味过人世的艰辛，所谓"吾少也贱，故多能鄙事"，却勤勉而热爱学习，"好古，敏以求之者"，即使后来做了鲁国司寇仍然"敏而好学，不耻下问"，这让孔子对人的天赋和潜能的开发有了切肤的认识和体悟。这启示了教师先当一个本心坚定的终身学习者，通过孜孜不倦的学习来开发自己的天赋和潜能，才能言传身教地惠及学生。如果教师不爱阅读和学习，不能发现和珍视自己，不能开发和提升自己，而能带领学生阅读和学习、发现和珍视学生、开发和提升自己，这不可笑吗？对照至圣先师孔子，想必当下很多教育同人会汗颜。

人生而平等，但天性不同。在教育中，面对参差不齐的学生，孔子会说"有教无类"，但也会说"朽木不可雕也，粪土之墙不可圬也"。为了深入了解学生的内心世界，透过现象看清本质，孔子还会"听其言而观其行"，看学生是不是一个双面人和变色龙。为了反复探测学情，了解学生的学习基础和把握学生的最近发展区，孔子更会要求自己和学生一同做到"知之为知之，不知为不知"。为了遵循学生天生的节奏和教育的规律，孔子十分懂得"静等花开"的教育艺术，"举一隅不以三隅反，则不复也"，而不是像一些教师只会用海量的习题狂轰滥炸直至学生厌学。为了引导学生深度学习，实现有效教学，孔子采用了启发式教学，"不愤不启，不悱不发"。孔子首倡这种启发诱导的教学法，比古希腊教育家苏格拉底提出引导学生思考而自己得出结论的"产婆术"早几十年。历史告诉我们，伟大的教学，其方法常常有着惊人的相似。

孔子知人，善于因人而教，在《先进篇》里对不同学生请教同一个问题而有不同的回答，在《侍坐章》里让子路、曾皙、冉有、公西华各言其志。这种教学方法被宋人概括为"因材施教"，孔子可谓因材施教的首创者。程颐说："孔子教人，各因其材。"朱熹说："圣贤施教，各因其材。小以小成，大以大成，无弃人也。"在《颜渊篇》里，颜渊、仲弓、司马牛都问仁，孔子的回答也是各不相同，原因正是三个学生的禀赋天资、志向理想和行动修为等存在差异。孔子既能正视学生的短处，也能评价学生的长处。听到子贡、子夏这两个学生对《诗经》的见解，认为可以启发自己的思考，赞赏之情溢于言表。孔子通过言行看人，看得准确而具体，教学自然目中有人、手中有法、心中有道，实现人、法、道的契合同归。

为了给学生提供适切的教学，孔子当起了课程研发的高手。孔子时代，贵族教育流行的课程是名为礼、乐、射、御、书、数的六艺。孔子开私学，使广大平民子弟有了更多接受教育的机会。由于书写、计算为儿童阶段所学，孔子招收的学生多为青年或成人。"子以四教：文、行、忠、信。"孔子用文化典籍、品质行为、忠爱信仰和诚实守信教育学生。《史记·孔子世家》说："孔子以《诗》《书》《礼》《乐》教弟子。"《史记·报任安书》说："仲尼厄而作《春秋》。"《春秋》也是孔子的教材,可谓亲自编写教材。孔子重视历史文献的搜集、整理与编撰,"好古敏以求之",重新删定《诗经》等书,《史记·孔子世家》说:"孔子之时,周室微而礼乐废,诗书缺","序《书》传","孔子晚而喜易,序彖、系、象、说卦、文言。读易,韦编三绝"。孔子以人为核心,开展了包括礼仪、音乐等课程在内的文化与审美教育,还带领学生进行了周游列国的社会实践教育。

凡人成圣的成长路

君子是儒家的成人目标和教育理想。君子在《论语》中出现有百次以上。"君子务本,本立而道生。"德行情操是君子之本。人是生活在现实中的人,凡人都要面对柴、米、油、盐、酱、醋、茶等日常琐事以及食色等诱惑,成为君子,显然是切实可行而又不沉沦流俗的目标。唯其如此,才有可能成为志士仁人,进而成为圣贤。由此可见,圣贤并非是脱离尘世之人,而是普通人中的德行之杰。圣贤的成长路,是凡人优入圣域。其实,教育本身也是一种修行,每一位教师都应立足尘世的骨感而拥抱理想的丰满。

在《论语》中,君子具有六种道德品质:仁、智、信、直、勇、刚。《阳货篇》说:"好仁不好学,其蔽也愚;好知不好学,其蔽也荡;好信不好学,其蔽也贼;好直不好学,其蔽也绞;好勇不好学,其蔽也乱;好刚不好学,其蔽也狂。"其中,"仁"是成为君子的第一标准,在《论语》中出现有百次之多。

什么是仁?《论语》没有明确统一的定义和解释,而说:"君子去仁,恶乎成名?君子无终食之间违仁,造次于是,颠沛必于是。"指出了仁对君子的重要性,无论吃饭那么短的时间还是紧急或者颠沛流离,都要守仁。《孟子》说"仁者爱人",《大学》说"唯仁者能爱人",可见爱人是修仁的实践要义。夏丏尊在翻译《爱的教育》时说:"教育之没有情感,没有爱,如同池塘没有水一样。没有水,就不成其池塘,没有爱就没有教育。"时至今日,教育研究者依然认为,教师对学生的师爱,是师德的核心,统领着师能和师技。教师对学生要有仁心,师道乃仁道。"苟志于仁矣,无恶也。"教师如果立志于仁，就不会做坏事而产生负面的影响。

师爱是教师自己用仁爱之心修来的，所谓"泛爱众而亲仁"。对教育理想的坚守和践行，更是一种崇高的师爱。孔子说"力行近乎仁"，努力践行教育的理念和理想，即接近仁。行仁要靠自己行："为仁由己""我欲仁，斯仁至矣"。行仁应当做到忠和恕："夫子之道,忠恕而已。"既要有个人内心之仁的积极外化和推动："己欲立而立人，己欲达而达人"；也要有个人内心之仁的坚守和涵育："己所不欲，勿施于人"。内外兼修才能正确处理个人理想与社会现实之间的关系。

无论是在教育中，还是在社会中，人我是有边界的，君子总是向内三省吾身，小人常常向外苛责于人，所谓"君子求诸己，小人求诸人"。教师经常思考自己的教学行为，是否以学生为着眼点和落脚点，是否使家长放心和领导满意？做到孔子所说的"老者安之，朋友信之，少者怀之"。面对师生之间的不愉快，教师应当想到"克己复礼为仁"，"人不知而不愠，不亦君子乎？"教师遇到不如意的事，多从自身找原因，所谓"不怨天，不尤人"，"躬自厚而薄责于人"。

从凡人到君子，再到圣贤，是一条学、思、行相结合而不断修炼的人生之路。人一辈子需要学习，也需要思考，还需要有戒，在面对诱惑和人性之恶而修炼自己时，"君子有三戒：少之时，血气未定，戒之在色；及其壮也，血气方刚，戒之在斗；及其老也，血气既衰，戒之在得"。人一辈子应克服不足才能完善自身，即前面《阳货篇》说的"六蔽"应当去掉。从君子成为志士仁人，无论是读书，还是实践，孔子一生始终在用知识、文化和言行等引导学生成为君子，所谓"志士仁人，无求生以害仁，有杀身以成仁"。

任重道远的使命感

孔子的一生怀有强烈的使命感，在被匡地的人们围困时说："文王既没，文不在兹乎？"周文王死了以后，周代的礼乐文化不都体现在我的身上吗？仪地的长官请求见孔子，他说：凡是君子到这里来，我从没有见不到的。孔子的随从学生引他去见了孔子,他出来后对孔子的学生们说:"你们几位何必为没有官位而发愁呢?天下无道已经很久了,上天将以孔夫子为圣人来号令天下。"可见孔子对文化的坚守、传承和弘扬令人赞佩,这足以显示教师所肩负的文化保存和传承的历史使命与民族使命。

用一生来求道和闻道是孔子强烈的心愿,甚至心甘情愿为之付出生命。孔子说:"朝闻道,夕死可矣。"无论是修行仁道,还是推行仁道,孔子都有着坚强的意志和强烈的责任感:"士不可以不弘毅,任重而道远。"士人不可以不志向远大,意志坚强,因为他肩负重任,路途遥远。教师不只是教学生识字、求知,更重要的是传道。韩愈在《师说》的首段开宗明义,即说:"师者,所以传道授业解惑也。"将"传道"列作为师的第一要义。

任重道远的使命感,需要立足当下的生活,发现生命的意义,珍视人生的价值。学生问起鬼神和生死之事,孔子说:"未能事人,焉能事鬼?""未知生,焉知死?"这把人的事情看得更重要,不过,如果真得祭祀祖先就要恭恭敬敬,找人代替自己祭祀就不如不祭祀。这说明孔子对当下人生的重视和寄望,注重亲历和发掘生命过程的价值。"吾尝终日不食,终夜不寝,以思,无益,不如学也。"把每一天都变成学习的日子,这样生活才会变成诗。这影响到后来的儒学大师荀子,其《劝学》说:"吾尝终日而思矣,不如须臾之所学也。"说到底,人的生命感和人生价值感都是人的力量感,而力量感来源于学习力和学习的获得感。否则,生命处于能量输出和消耗的状态而缺乏有效补给,终将导致心灵的空虚和精神的萎靡。

在现实生活中,教师如何看待物质,决定着精神生活的品质和境界。孔子所生活的时代是一个物质匮乏的时代,孔子认为人不应局限于物质:"君子食无求饱,居无求安,敏于事而慎于言,就有道而正焉,可谓好学也已。"人可以用精神世界的自由与充实,抵消物质匮乏所带来的负面感受。即使物质匮乏,也可以有人生之乐:"饭疏食,饮水,曲肱而枕之,乐亦在其中矣。"孔子赞美子路,说他穿着破棉袍与穿轻裘的人站在一起而并不以为耻;赞美颜回有贤德,一盒饭,一瓢水,住在残破的小巷子里,别人受不了那种烦忧,但他却不改变自己的快乐。志士应当主动拒绝奢侈的衣食住行，否则不配当志士："士志于道，而耻恶衣恶食者，未足与议也。"由此可见，处于物质逆境之中的教师，应当与物质保持一定的距离，才能实现精神的自由和丰满，由立己而立人。

时至今日，人们基本解决温饱问题，那该如何看待物质生活呢？孔子认为，人依然不应当沉溺于温饱之中，而应当走向文明礼仪。子贡说："虽然贫穷也不谄媚，虽然富有也不骄傲，这样的人，老师以为如何呢？"孔子回答说："可以算不错了，只是还不如贫穷仍能乐道、富贵仍然好礼的人啊！"教师的物质收入基本处于比上不足比下有余的程度，此时教师应该拥有文化建设和智力投资的眼光和魄力，提升自己的文化审美品位和精神生活质量，把自己滋养成一个书香教师、腹有诗书气自华的教师。这对当今一些把教师只当成工作而没有当成事业和志业的人来说，自然显得任重道远。

先秦时代是一个巨人辈出的时代。孔子布衣，传十余世，以"我学不厌而教不倦""诲人不倦""发愤忘食，乐以忘忧""其身正，不令而行"等为师从教精神，用毕生的智慧、志向和乐趣，昭示着教师应从记问之学的经师走向立德树人的人师，成就了丰功伟绩，而成为中国千百年来能够对世界历史和文化产生最深远影响的思想家、教育家和学者。

四、用专业的立场读整本书之《道德经》

中国文化经典浩如烟海，其中能够在全球发行量名列前茅的经典当数《道德经》。当然，《道德经》也是中国先秦时代除了儒家经典外，少有被冠以"经"字而又广为流传的一本典籍。《道德经》又称《老子》，在《周易》的基础上，进一步阐明了"道"是天地的本源，主张"道法自然"。其丰厚深邃的思想，对中国人的思维方式、精神结构和文化追求等方面都产生了深刻而久远的影响。所以《道德经》虽然并没有专门明确地论述教育，但是对教育来说仍然是一本引人思道、启人智慧的书。

在教育里，知识、技术、方法和智慧都是重要的内容。其中，知识、技术和方法可教可学，而智慧似乎不可教，至少是难教难学。对师生来说，怎样通过知识、技术和方法的学习，来增益人的智慧，滋养人的灵性，让人成为真正的"万物之灵"，则需遵循教育之道。对此，《道德经》足以给我们带来深刻的启示。

归根守中是教育悟道之本

"道可道，非常道；名可名，非常名。"这是《道德经》的开篇之句，似乎揭示了一个困境：道是存在的，但很难言说和定义，然而又不得不言说和定义。其实，教育的道也是如此，不说不行，想说说不好。不过《道德经》主张不可言说的道理，完全可以少言说，甚至可以不言说，那就是"行不言之教""夫物芸芸，各复归其根"和"多言数穷，不如守中"。归根守中是一种返璞归真、向内悟道精神。

教育是人类的复杂活动，由无数难以界定和解释的现象组成。这些现象，每一位师生都在经历着，如果没有悟道的精神，就很难触及教育的本质，也终将导致所有的活动失去方向，进而成为反教育的失道行为。《道德经》说："五色令人目盲，五音令人耳聋，五味令人口爽，驰骋畋猎令人心发狂，难得之货令人行妨。"在教育中，一个教师不懂得教育之道，而迷失于声、光、电、色等知识、技术、方法和手段之中，最终必将遭受教育之道的惩罚。《道德经》说："是以圣人为腹不为目，故去彼取此。"所以教师要做化繁为简、归根守中的智者，从心灵出发，把心灵作为循道和行道的根本。如果教师没有思悟的精神而长期游离在教育之道的外围，这对学生来说是一种可怕而悲哀的教育过程，对教师来说也是一种盲目而妄为的教育过程。

在现实生活中，很多中小学的名师并没有高深的教育理论，也没有一本本的皇皇巨著，却能影响学生的一生，一个重要原因就是这些名师虽然不善于言道，但却善于悟道。这些名师不仅善于拨开和驱散教育现象的重重迷雾去思考和发现教育的本质，而且也善于利用和创造各种教育现象与条件去契合和达成教育的本质，深刻而辩证地践行了"夫物芸芸，各复归其根"和"道生一，一生二，二生三，三生万物"的道理互逆。中小学里大多数教师并非名师，然而只要拥有了思悟的精神，也会向道更近一步。于漪老师说："一辈子做教师，一辈子学做教师。"这句话既是于漪老师用一生来探求为师之道、从教之道的真实写照，也是她对自己用一生来实践悟道精神的生动诠释。归根守中的悟道精神，启示着每一位教师应当善于从纷繁复杂的教育现象中寻找教育的规律，把握教育的本质，实践教育的真义。

人是教育的对象，也是教育的目的。教育过程中所有的活动和现象，都要回归到人，让人站在教育的最中央。《道德经》说："故道大，天大，地大，人亦大。域中有四大，而人居其一焉。"人和道、天、地，共同构成域中四大。这是因为人不仅能够承天接地，而且能够体现道。恰如《周易·系辞传》所说："仰则观象于天，俯则观法于地，观鸟兽之文与地之宜，近取诸身，远取诸物，于是始作八卦，以通神明之德，以类万物之情。"教育的一切活动如同天地万物一样，都是道的一种载体和外化。这些活动的目的、价值和意义都需要把人作为核心，才能让各种活动遵循教育的规律、回归教育的根本，也才会让教育拥有"圣人常善救人，故无弃人；常善救物，故无弃物"的智慧和效果。归根守中的悟道精神，让教育重新认识人的价值和意义，让人成为教育的出发点和落脚点。

清静无为是教育体道之法

教育有道，教育循道，教育守道，都是在言说教育对自身之道有着一种坚守和回归的本能。那么教育如何追求道，如何更好地体现道？《道德经》说："躁胜寒，静胜热，清静为天下正"，又说"为无为，事无事，味无味"。这两句话回答了求道体道的方法：清静、无为。躁、寒、静、热，乃自然天地之道，皆在循环之中，而清静为正途。为、事、味，是人的活动和感受，皆顺道而行。对教育之道而言，情同此理，同样贵在清静无为。

清静是教育的自然状态，既包括外在的清静，也包括内在的清静。教育只有做到清静，才有可能守住其自然本真。教育能否做到清静，十分考验人的智慧。在教育界，不少中小学校一心一意地办学，潜下心来触摸到了教育的本真，形成了一些特色。然而，随着一些教改模式风起云涌，你方唱罢我登场，竞相宣称自己一个模式尽得天下之道，而更多的中小学校则认为天下教育之道皆在此而争相观摩学习，这在某种程度上造成了教育内部的乱象。用道的眼光来看，一个学校的教改模式不过是众多殊途同归一道的一途而已，大肆宣传无异于自毁清静，严重背离了"行不言之教"的行道要义。

更为严重的是，一些前去观摩学习的学校，像走马灯一样看遍全国各地的模式，寄希望于学得模式的真经妙诀，回去之后一改就灵，其实早已背离了清静为正的悟道方法。真正的教改，人是核心，要依靠教师。《道德经》说"圣人无常心，以百姓心为心"，就是这个意思。校长们唯有寄希望于潜心激发本校教师教改的意愿和热情，才有可能成功。否则，只是徒劳。一些所谓的外出观摩，不过是一种激发教改的手段，这对潜心教育的人来说，是可选动作而非必选动作。这些都是常识，犹如《道德经》说的"大巧若拙，大辩若讷"，"信言不美，美言不信"。

　　无为是教育的规律使然。在《道德经》中，无为不是什么也不做的无所事事，而是做事必须顺应自然规律，方可感到没有怎样费力气就做得很美。当然，教育也要遵循规律，否则将受到规律的惩罚，自然不可乱为妄为。然而，教育的规律并不是写在纸上就可以让人直接搬用的，也不是可以随便言说就能使人掌握的，我们需要借助知识、技术、方法、活动等来用心寻觅、体会和把握。所以教师要对自己所使用的知识、技术、方法、活动等进行思考，减少不合教育规律之处，逐渐进入无为之境。这一过程恰是《道德经》说的："为学日益，为道日损，损之又损，以至于无为，无为而无不为。"一味追求知识、技术、方法等，越学越多，最终将如《庄子·养生主》中所言的"吾生也有涯，而知也无涯。以有涯随无涯，殆已"而徒增苦恼和慨叹。不过，《道德经》又说"绝学无忧"，即这些内在相通的道理其实并不多。《道德经》说："道常无为而无不为，侯王若能守之，万物将自化。"符合规律、水到渠成的事情多想多做，万事才能顺遂。对侯王之人来说如此，其实对教育之人来说亦如此。现在，不是有一些中小学教师宣称"我的课堂我做主"吗？这不就是把自己看成课堂领地的君王了吗？

　　追求教育之道，应当清静无为，方可有顺应自然大化之为和大为，即所谓"为无为，则无所不治"。当然，守住了教育之道，教育便可自然而然、一派生机。《道德经》说："昔之得一者，天得一以清，地得一以宁，神得一以灵，谷得一以盈，万物得一以生，侯王得一以为天下正。"在《道德经》里，"道生一"，执一便可循道。所以教师守住了教育的根本，才会拥有清静、安宁、灵明、丰盈和生长。反过来说同样成立。清静无为地体道，让教师的工作从体力和技术的活动走向智慧和艺术的活动。

素朴自然是教育用道之境

　　道,需要悟,但更需要用。用道,可以促使人更深刻地悟道。《道德经》说:"凿户牖以为室,当其无,有室之用。故有之以为利,无之以为用。"窗户相对于墙壁是空虚的,正因为它是空的,对房屋才有用。其实,道对教育来说也是一扇窗户的作用,看似无形,其实却有着不可忽视的价值和意义。有人采用题海战术,压实、榨干学生所能挤出的一切时间,最终以高投入高产出而提高了学生的考试成绩,然而却让学生失去了学习的兴趣和乐趣。原因就是教育离开了道的关照,别说没有门窗,连一点缝隙都没有,最终成了一个封闭的铁屋子。如此一来,人还能和鲜活的世界连通吗?教育之道且不说,人道何在呢?

　　教育要守人之常道。将人的养成、人的发展和人的价值作为衡量的标准,朴朴素素地做教育,所谓"见素抱朴",因为"知常曰明,不知常,妄作,凶"。

　　求道需要智慧,体道需要智慧,用道更需要智慧。近年来在中小学里相当流行的精细化管理,本是为了细化落实共同愿景的一种管理技术体系,但是在执行过程中,因为执行者不了解或者忘记了目的和初衷,陷入纯粹的细节主义,最终走向了反人性,进而成为一种冠冕堂皇的评价体系和管理桎梏。有位教师说,我为什么从一个给我高薪待遇的民办名校离开呢?就是因为我上岗的时候,领导每一节课都会轮番派人监控我,有人站在后门从透视窗看我,有人打着学习的旗号到班里听课,有人让学生每一节填写上课日志……真不知道这样的教育管理到底是看人还是看贼呢?《道德经》说:"朴则散为器,圣人用之则为官长。"善于用道,管理者才能成为参透管理真义的管理者。其实,人是管理的出发点,也是管理的归宿。没有人道,没有对人起码的尊重,管理也就无道可言。

　　所谓管理,人需要管,更需要理,理包括理解、疏导和帮助。管理一旦目中无人,仅剩下所谓的目标,只提出要求、只看结果,毫无过程性的帮助和救济,所谓的共同愿景只能遭到实际承担者的唾弃。因为目中无人的机械管理是高度异化的管理，其最终结果必然是伤人。类似推理，教师对待学生又何尝不是如此呢？《道德经》说："上善若水。"最美的管理和教育应当如水润心，"居善地，心善渊，与善人，言善信，政善治，事善能，动善时"，这样用道，管理才会有无为而治、无为无不为的效果。

一个人的成长，是多方面综合作用的结果。无论是家庭还是学校，无论是家长还是教师，都要素朴自然地用道，发挥教育之道的作用。《道德经》说："生之、畜之，生而不有，为而不恃，长而不宰。是谓玄德。"无论是家长还是教师，都要生长陶冶人，都要循道育人而不依仗道外之物，都要促进人的发展而不主宰他们，这叫作玄德。在现实生活中，一些家长总是认为孩子是自己生的就想决定孩子的一切，一些教师总是认为学生是自己亲手培养的就想支配学生的一切，这是用道的表现吗？如此教育和管理，没有丝毫的尊重和自由，完全是背道而驰。

教育者需要广泛阅读经典巨著，和古今贤哲对话，汲取古往今来的智慧，让自己准确而深入地体道和用道，所谓："不出户，知天下；不窥牖，见天道。是以圣人不行而知，不见而明，不为而成。"用道，目的是用规律审视自己的教育行为，从而减少教育中妄为、失道的现象。《道德经》说："执古之道，以御今之有。能知古始，是谓道纪。"也就是说，掌握自古以来的规律，去理解今天身边发生的所有事，能够懂得原来道的初始，这叫作道的规律。这恰恰启示着教育者应善于抓住事物的端倪和发展之路，才能循道而为，更好地发挥教育之道的作用。

在《道德经》的思想体系中，悟道之本、体道之法和用道之境是相互联系支撑的，甚至是互为因果可逆的。以道观教育，也需要在探索、体悟和使用教育之道上采用一种拨开云雾见天日的思维，既不要陷于定义和说法的争论与困境，也不要纠结于说多还是说少的问题，而应对教育之道进行内悟和自省，方有如"水至柔而至刚，水善利万物而不争"的境界。

五、用专业的立场读整本书之《庄子》

在先秦时代,庄子是一个学问渊博却无意仕进的思想家。他虽然只是短期在宋国任职一个地方的漆园吏,然而他的才华却远远超过了曾经担任梁国国相的惠子。庄子是先秦中国道家学派的重要代表人物,继承和发展了老子"道法自然"的观点,按照司马迁《史记》的说法是"其学无所不窥,然其要本归于老子之言"。其著作《庄子》跟老子的《道德经》一样,并不是专门论述教育的著作,但其"精骛八极,心游万仞"的思想,足以让生活在考试重压之下的很多教师,重拾教育的勇气而打开一扇精神之窗,洞悉教育的真道,拥有教育的慧心,臻于教育的美境。

言事寓道的生命智慧

先秦中国的文化经典总是给人无穷无尽的启示,道家的经典亦不例外。《老子》给人的启发是,万物有道,教育有道;而《庄子》给人的启发是,万物合道,教育合道,《庄子》比《老子》更注重对道的阐扬和言说。如果说《老子》是一部用歌谣传唱悟道修德的经典,那么《庄子》就是一部用寓言故事教人合道的经典。《庄子》中的濠梁观鱼、庄周梦蝶、庖丁解牛、邯郸学步、东施效颦、涸辙之鲋、呆若木鸡等寓言故事,无一不是在故事中寄寓深刻的道理,教人寻道、学道、悟道、体道、合道和循道。这种言说,给教育带来深刻至美的启迪:教育应当言事寓道,教育过程应当是一个个体道、言道而合道的故事，知识教学如是，技能训练如是，方法习得如是，生命成长亦如是。教书也好，育人也罢，如果没有故事，教育对教师来说将是一个多么枯燥无趣的施教过程，对学生来说也将是一个多么乏味单调的学习过程。换句话说，教育仅仅剩下知识的记忆、技能的操练，崇信纸笔测试的唯分主义，而缺失了人的灵性、智慧和生命感，这样不合道的教育还能美吗？

教育是人的生命发展，人的生命发展是一个长长的故事。教育中的一草一木、一师一生，都是一个生命的故事。庄子在《知北游》中说，道在蝼蚁、稊稗、砖瓦、屎溺之中，这让东郭子越来越大发感叹：道怎么就能在这种卑贱不起眼的地方呢？的确，教育有道，教师应当将各种教育的事象合道，从不起眼的地方着手育人。汉语是富有特色的语言，每个字都是一幅画。陈寅恪先生说，凡解释一字，即是作一部文化史。教师有了言说的智慧，显性的课程就会变成故事，每个知识点也会成为故事。目前，个别教师让学生只看课本不看经典名著，一些教师只看教参和习题集等教辅用书，而严重缺乏挖掘隐性课程的意识，这样的教育人生哪里有故事可言呢？殊不知墙壁是课程，阅览室是课程，一花一草都是课程，每一种课程的背后都有一个或大或小的故事。在学校里，故事是人的生命成长的写照，也是教育过程的展开，更是学校传统的形成和延续。教育合道的要义在于，处处育人，事事育人，时时育人，留心育人皆故事。苏霍姆林斯基说："要使学校的每一面墙壁说话，发挥出人们期望的教育功能。"其实，说的也是这个道理。跟考分没有直接关联的课程和活动，恰似《人间世》里无人砍伐的"散木"，看似无用实有大用。如果教育只剩下考和分，而缺失读书、写作、行走、制作等诸多真正使人受益终生的过程性内容，那么这样的教育该有多可怕！

教师语言的质量，决定着教育的质量。人类在童年是听着歌谣和故事而走向理智和成熟的，最终创造出光辉灿烂的文化。爱听故事，这在儿童身上体现得特别明显，甚至一些成人也不例外。在《秋水》中，庄子对楚王派来请他担任国相的使者说，你们觉得神龟宁愿被杀死而披锦绣地供奉在国家宗庙里呢，还是宁愿摇着尾巴活在泥水中呢？用故事妙说自己的想法，令人叫绝。由此看来，教育之道需要言说的智慧。在自习课上，一位女生照镜子，三五分钟仍然手不释镜，我走过去，她对我全然未觉，我微笑柔声说：镜子里有个小美女，看够了没有？这位女生笑笑，就收起了镜子。教育效果，自在言说之中。教师言说的智慧，不仅决定着教育的质量，而且决定着教育是否合道。所以教师不仅应成为一个有故事的人，而且应成为一个会讲故事的人，尽力使教育的过程变成故事，抵抗日常生活的平庸、琐碎和无聊给生命带来的侵蚀和消磨。唯其如此，教师才能从人云亦云和习以为常的生活中，发掘出教育现象在理论和实践上的独特价值，进而实现教师专业发展的扩容提质，明悟而合乎教育之道。

天纵之教的使命追求

人是教育的核心和目的，教育的本质是育人。然而，教育一旦不讲天道和人道，对人的塑造和改变无疑将是一种摧残和损害。庄子在《大宗师》里说："不以心捐道，不以人助天，是之谓真人。"对教育来说，不应以心智伤害和背弃自然之道，也不应以人力干扰和改变生命之道。教育成人，成全人的精神，成全人的人格，成全人的天赋，成全教育之美。所以根于天道，行于人道，依凭人的天性而教，应当是教育者毕生的勇气、使命和追求。

教育衡量的标准是全人，而不能全唯功利是图。庄子在《山木》中说：山中的一棵大树，因为伐木者感到什么也做不成，而能得以终其天年；朋友有两只鸡，就杀了那只不会叫的鸡去招待客人。同样是无用的标准来衡量，然而树和鸡却是两种截然不同的命运结局。所以在教育中仅以有用这个单一的标准衡量人，将导致教育生态的乱象和人性的毁灭。一些教师和学校，为了提高班级和学校的平均分、升学率，大兴题海战术，竟然赶走所谓的"差生"，如此教育合道吗？其实，离开智慧的开启和生命的观照，学生在成绩上并无明显的提高。从人的发展来看，不论是因材施教还是多元智能理论，都应当秉承人的天赋而教，完全没有必要一把尺子量到底，力求让每一位学生都成为纸笔测试、运动锻炼、动手实践等不同方面的英雄。天纵之教，按照人的天然之道培育人。这恰如柳宗元的寓言性文章《种树郭橐驼传》所说"顺木之天，以致其性"，种树育人情理一致，合道则美。

天纵之教是一种人道，其价值和意义在于开掘人的灵性、天赋和优长。教育一旦失去了人这个核心，教育者就会用自己的意志以及人之外的目的和手段去伤害人，如同庄子《至乐》说的鲁侯养鸟："此以己养养鸟也，非以鸟养养鸟也。"学习知识有助于形成人的技能，了解最新信息有助于人的深度学习，然而知识和技能并非绝对正相关的关系，知识与智慧更非正相关的关系。所以教育者对人的培养和发展，在知识、技术、方法等媒介与手段上，必须保持高度的警惕和一定的距离。否则，以分数和名利为目的，知识、技术和方法等媒介手段，将深深地奴役教师和学生，把教室变成密闭的车间，各科教师变成流水线上不同节点的工人，学生则变成流水线上的器件，美好的教育旅程最终成为师生的互相奴役之路。《庄子·养生主》说："吾生也有涯，而知也无涯。以有涯随无涯，殆已！"放眼现实，岂不知，知有涯，题无涯；知无涯，题更无涯！面对知识试题无限和时间能力有限的矛盾，学生的解脱方法往往是消极之道，比如厌学。平庸的教师，总是试图用更多的试题和更加严苛的管理，强行把学生拴回题海之舟，把教育逼向奴役之路而毫不自知。而智慧的教师，总是站在教育合道的立场上，使学生在学习的过程中发现自己的存在和力量。真正的教育是唤醒人的心灵。第斯多惠说："教学的艺术不在于传授本领，而在于激励、唤醒和鼓舞。"斯普朗格说："教育的最终目的不是传授已有的东西，而是要把人的创造力量诱导出来，将生命感、价值感唤醒。"

教育激扬人的生命，实现天纵之教需要教师以道驭术。《山木》说，阳朱到宋国，住旅店时发现，旅店主人有两个妾，一美一丑，丑妾比美妾受宠，就问了旅店主人。旅店主人回答，美妾自认为漂亮，我却不觉得她美；丑妾自认为不漂亮，我却不觉得她丑。这个故事说明，一个人的言行是表达内心世界的技术与方法，而是否合道决定着效果的优劣。目的和手段对应太直接，知、术、技、法等就容易失道，犹如失控的乱箭，不是射伤教师便是射伤学生，给人留下终生难以愈合的心灵伤痕。雅斯贝尔斯说，教育是人与人主体间灵魂交流的活动，真正的教育要用现存世界的全部文化来导向人的灵魂觉醒的本源和根基。教育，意味着一个灵魂要用道唤醒知、术、技、法等媒介与手段，才有可能唤醒另一个灵魂。庄子的《应帝王》说，南海之帝和北海之帝为报答中央之帝恩德，感到人都有七窍而中央之帝没有，日凿一窍，七日后中央之帝就死了。可见教育不是想当然，虽然推己及人、换位思考有合理的成分，但也不能普遍化。教育只有回归到对受教育对象的个性上，教育者的知、术、技、法等才有可能合道。

生命合道的境界修为

在先秦道家思想中，生命合道是一贯不变的追求和境界。仅《庄子·逍遥游》就提到"至人无己，神人无功，圣人无名"，此外还有真人，都是不同程度的合道境界修为。庄子认为，只有物我两忘，达到无己、无功、无名的境界，无所依凭而游于无穷，才能到达"逍遥游"之境。在《山木》中，庄子身穿粗布补丁衣服，脚着麻绳系着的破鞋，去拜访魏王。魏王说：先生怎么这般潦倒啊？庄子答道：是贫穷，不是潦倒。士人身怀道德而不能够推行，这是困顿；衣服坏了鞋子破了，这是贫穷，而不是困顿。足见庄子是一个生活物资微薄而心怀高远理想的人。其实，每一位教师都是脚踩大地而又必须仰望星空的人。在社会生活中，教师需要面对现实利益的考量，采取一种基于现实利益而又不为现实利益所局限的态度，才可能通往精神自由的美境。

在教育中，生命合道需要所有的人、事、物等要素统整合一，而非互斥抵消。庄子说，夏虫不可语冰，朝菌不知晦朔，乃是时间所限；井蛙叹河之大，江河望洋兴叹，乃是空间所限；乡野之人，难以谈论大道理，乃是见识所限。教师需要用终身学习、开放心态和生命历练，来破除教育中的知识、技术和资源等种种局限。教师如果没有教育合道的意识，仅从本能和利益出发而产生的局限，将无异于夏虫、朝菌、井蛙和江河，始终难有高境界和大修为。

人是教育生态的产儿，既有自然属性，也有社会属性。人的发展变化，是社会、家庭和学校合力作用的结果。仅就学校而言，学校既是促进学生发展的学校，也是促进教师成长的学校。然而，不少人不仅将后者完全忘记，而且对前者还进行恶意的窄化。数理化等学科教师只讲知识而不管育人，阅读只是语文教师的事情而其他教师袖手旁观，校长只要分数而不看教师分数的取得过程和投入成本等，种种本位主义造成教育生态的严重恶化。校长也好，教师也罢，一旦失去教育生态的眼光，本位固然是工作的立足点和起点，最终却难免陷入画地为牢的束缚和局限。没有教育合道的思想，本位主义行为就割裂了育人的整体性和协调性，教师和学生都难以形成生命合道的境界修为。《大宗师》里的子祀、子舆、子犁、子来的对话，以及《逍遥游》说的"北冥有鱼，其名为鲲"，"化而为鸟，其名为鹏"，其所展现的都是一种道的运化。教育者如果不从道的运行来看，而仅仅站在自身的利益行事，置今日的学生承受劣质教育于不顾，学生明日变成教师，教育还有可能变好吗？可以说，教育者能否基于本位工作而最终摆脱本位主义，是对教师道行和境界修为的严峻考验。

　　生命合道的教育，是学生站在教育的最中央。教师和学校，只有统筹要素、整合资源、凝神聚力，如同《徐无鬼》里匠石抡起大斧砍去郢人鼻尖上的白色土那样默契，才有可能实现教育的道术合一、道与天合。让学成为教的起点和终点，通过激发学生的动机、培养学生的习惯和兴趣，变学生为学习的主人，教室和学校才会成为充满生机的学堂。《德充符》说，一群小猪围在刚死去的母猪身上吃奶，不一会儿都惊慌失措地逃走了，可见小猪不是爱它母亲的形体，而是爱主宰它母亲形体的精神。没有精神和灵魂的教育，又何尝不是行尸走肉呢？学生怎能喜欢呢？充满生机和活力的教育，才有可能走向人，散发出合道之美的浓郁气息。

　　诗人泰戈尔说："果实的事业是尊贵的，花的事业是甜美的，但是让我做叶的事业吧，叶是谦逊地、专心地垂着绿荫的。"教育事业又何尝不是叶的事业呢？每一位教师、每一所学校都像是一片绿叶、一截根茎，顺学生天性而成其美，而非成单个教师之独秀，才能形成教育的合力，使学生如花绽放。教育合道，天地有大美而不言。

六、陪伴学生在人类经典中散步寻美

书是人类的精神食粮。莎士比亚说："书是全世界最好的营养品。"学生正值青春韶华，应是渴望吸收精神的营养、补充人生的钙质的阶段。我想学生并非不爱读书，而是在青春岁月里常常错过了最适合自己也最应阅读的书。现在的学生爱读《小时代》《最小说》，我没有简单地表态反对，而是拿出一节课，请那些看《小时代》《最小说》最入迷的同学畅谈读后感。看着发言学生畅快淋漓、手舞足蹈的自由感，我从中听出了门道：错综迷离的语言风格符合学生试图高深成熟的心态，神经错搭的思维符合学生渴望自由而无力摆脱的现状，家长和老师觉得肤浅的品位正是学生能够全面理解的程度，过于艰深和费力的深阅读让人有挫败感，读的时候不快乐，读了在考试中也用不上……同学们教会我怎样看待《最小说》，怎样看待大家喜读《最小说》这种现象。这些书虽然阅读品质不如文学经典，但也并非诲淫诲盗之类，学生偶看一下也无妨，教师绝不该和学生怒目相向。因为只要学生还站在阅读的平台上，我一定会让他提升。

虽然我不反对学生看《小时代》《最小说》，但是我反对学生只看《小时代》《最小说》之类书，被一叶障目后眼中再无其他优秀作品。我深知禁令对天性和爱好常常是无效的，因为天性和爱好常常会偷偷越过禁令的篱墙出来玩耍。禁不如疏，疏必有致。因此，经过第一步的阅读现状调查和学生发言，我就在班级中实施了第二步，向同学们推荐郭敬明的《梦里花落知多少》，明晓溪的《明晓溪作品集》；

韩寒的《三重门》《杯中窥人》，一个月后再组织一次青春文学畅谈会。结果学生发言的时候，大家一致指出读了之后没啥可回味的，脑海中也没留下多深刻的人物形象。我追问大家：要想提高文学素养，学习人类的智慧，应该看什么样的书？同学们大多摇了摇头。课代表举手问我：老师，您认为我们该看什么书呢？给我们推荐一下吧？

面对课代表抛出问题这样一个大好的教育引导机会，我激动而又镇定，说："韩某、郭某和明某的书，至于大家读不读，我不会横加阻拦。今后如果想看书，请你写下自己看过的并且是你认为最好的书名。"我当场翻看学生交上来的十几张阅读书单，大多是《唐诗三百首》《假如给我三天光明》《名人传》《小王子》《中华上下五千年》等少儿文学经典。有意思的是，几乎每个同学都写有《西游记》，一问才知道大家都是看的电视剧，根本没看原著，其他三本名著无人通看，就这样四大名著在全班学生的阅读中集体沦陷了。问高尔基的三部曲《童年》《在人间》《我的大学》，没读过；再问《呼啸山庄》《红与黑》《战争与和平》，没读过；又问"四书""五经"，听说过但是没看过，读不懂，各种各样的说辞都是一个结果，同学们和文学经典的原著之间的距离已经远得不可想象。学生的青春岁月被考试、练习题、上网、玩手机和跑着玩儿都给挤得七扭八歪，那些阐扬理想、价值和理性的文学经典，都成了远景和背景，和学生们当下的考试成绩、练习题根本没有多少关系，因为学生们要活在当下。高尔基、巴尔扎克、莫泊桑、拉伯雷、雨果……都被浮躁蒙上了一层灰尘，像裹挟在泥石流中的金玉一样无人问津。

为了引发大家的兴趣，我将《韩非子》记载的小寓言故事、《西游记》里面写景的词作、《世说新语》中的风流逸事摘选出语言浅近、意趣丰富的段落，印成材料，请大家玩味。由于内容不多，学生一节课可以阅读完毕，足以领会旨意，顺势请学生说出材料选段出自何书，不少举手学生答对。提问三五个学生作答，学生回答时论据充分而有逻辑，我甚感欣慰，学生也很欢欣雀跃。随后，我又将网络上广泛流传的一百本名著浓缩成的一百句经典，印发给大家。但是只有名句哲言，还是没有出处，让大家用一堂课的时间猜测都是哪些名著里面的话，是谁说的。随后，交由课代表利用晚自习的时间公布答案。据说，在答案公布前不少同学私下里找课代表说好话，迫不及待地想将出处写在每句话的后面，因为这些句子很有思想，语言也很优美。

学生一旦有了思想，心灵便会逐渐地排斥低俗和庸俗的书籍，新我和旧我在斗争，精神品质在阅读中呈现出螺旋上升的趋势。两次大讨论后，学生热衷青春写手的疯狂劲儿没了，班级中读玄幻小说、邪魔传奇和穿越小说的现象就一下子奇怪地消失了，读郭敬明、明晓溪等人作品的学生也少了许多。接下来，我的阅读实验第三步就开始了。我将《培根随笔》中的《论友谊》《论人生》等单篇文章分别掺入到时下散文随笔《中国古代我最向往的十个时期》《人生哪能只如初见》《哈佛大学图书馆的夜景》《锐眼锐语》等作品中，印成材料，同样不注明作者，以便让学生评选本周阅读材料中自己最喜欢、收获最大的文章。培根的《谈美》《论友谊》《论读书》只要选印，每次投票的学生都超过了三分之一。就这样，在选印六篇培根的随笔后，我隆重地推荐了《培根随笔》，讲述包括从作者的人生经历到文学科学成就至选本译本情况。学生大多都能听懂，还听得津津有味，原来有同学在课后已经上网查询文章的作者都是谁。我调查发现购买《培根随笔》的学生占到全班的五分之一。知道这件事情，比起知道学生多买几本《五年高考三年模拟》《教材全解》和《导学练》，还让我激动不已！学生就这样在完成了从句段到篇章的阅读转变后，又实现了从单篇文章到整本书的阅读转变。

在阅读《培根随笔》的日子里，有五个同学明确向我表示不再害怕作文，句子想优美就用修辞，排比、比喻、拟人手法的使用多多益善。突然间，我发觉学生阅读《培根随笔》效用良多，培养了学生的文法之根和性情之根。这段时间，学生买安意如的《陌上花开缓缓归》《人生若只如初见》等书的人多了，还有人买了卢梭的《瓦尔登湖》、简·奥斯汀的《傲慢与偏见》等文学经典。这让我欣喜若狂！此刻，教学的感觉是那样的曼妙而轻盈。因为这是我精神坚持的胜利，也是我应用智慧的胜利。此后，我更深信，苍天不负有心人，学生终会走进阅读经典的大门。

陪伴学生漫步树林的时光中，我为了弥补自身为师为学的不足，每学期放假前总会进行一次网购图书千元计划。我时常邀请同事相助，敲定高中语文教学必读教育学、教学论书目。我还按照类别列举了自己大学时代想读而未读的书，如哲学系列：海德格尔的《存在与时间》《人，诗意地安居》、萨特的《存在与虚无》、康德的"三大批判"等；文学理论系列：兰色姆的《新批评》、韦勒克和沃伦的《文学理论》、朱光潜的《诗论》等；历史系列：黄仁宇的《万历十五年》《中国大历史》、钱穆的《国史大纲》、严耕望的《治史三书》等。期待开学后，和同学们一起谈论"寒假读书心得""暑假里我读的书"。当我读完西方的五六本哲学经典时，我的语言和思维都会有欧化的痕迹；然而每次读完五六本中国先秦的文化经典后，语言和思维又开始带着文言雅化的特征。经典价值深厚，既然能吸引我畅游书海，也必会吸引我的学生谛听那些人类的圣哲先贤的诉说。道不远人，经典也不远人，我相信我在陪伴学生们走过花花草草的浅林后，必会走进文学艺术的经典森林中散步寻美。

七、读书年报：营造一座人生的精神花园

元旦的欢歌声，久久地在校园里飘荡，这使我想起《大学》之句："苟日新，日日新，又日新。"回望旧年，我用书筑起了一座人生的精神花园，捧书而读，拥书而眠，每天都在书中遇到最美而崭新的自己，不断走向新的一天。

去年今日，我翻开李希贵先生的《为了自由呼吸的教育》，看到学生阅读像呼吸一样自然。人人可以泛舟书海，在流连徜徉中送走一个又一个日升与日落，确立生命的价值，氤氲教育的诗意。为此我更加坚信，在我的精神花园里，不可缺少一片让师生共读泛舟的湖海。雨果的《巴黎圣母院》如一艘大船，载着青葱闪亮的同学少年，感悟奇丑无比但又非常善良的伽西莫多和一表人才而又浮薄自私的弗比斯，通向美丑对照这一美学原则的深处；沈从文的《边城》像一叶扁舟，载起爱情萌动的少男少女，倾听大佬二佬的月光曲和翠翠的青春悸动，驶入人情人性的淳美；王小妮的《上课记》恰似一条缆绳，牵系青春韶华的莘莘学子，体验阅读发育精神化知为慧的诗性力量，重新构建青春的价值和意义。河岸、书店、教室和阅览室等，有着数不尽的空间，都成了师生心灵泛舟的一片湖海。

泛舟书海，读书的方法就是指南针和灯塔。一年来，我孜孜求索阅读理论。艾德勒和范多伦的《如何阅读一本书》、奥野宣之的《如何有效阅读一本书：超实用笔记读书法》、外山滋比古的《阅读整理学》和斋藤孝的《深阅读：信息爆炸时代我们如何读书》等译著，"整本书""实用性""技术性"和"信息论"使我探

索"教师阅读方法论"时,逐渐摆脱了经验主义的描述与研究,坚定了读必有法、读无定法、读贵得法、法亦可求的信念。读了中国人民大学出版社"工商管理经典译丛"中罗宾斯的《管理学》《组织行为学》,还有心理学家马斯洛的《动机与人格》和华生的《行为心理学》等书,我仿佛获得了一台台高倍显微镜,看到了阅读意识、阅读行为、阅读习惯、阅读动机乃至阅读环境背后的内蕴和根源。

古老的经典,是人生精神花园里的常青树,在人类的思想王国里伟岸挺拔、高耸入云。《论语》说:"岁寒,然后知松柏之后凋也。"其实,在观念多元、思想混乱的时期,经典就是岁寒中依然葱茏碧翠的松柏,内蕴生机而历久弥新。读到卡尔维诺《为什么读经典》,惊讶于经典有着如此丰富的定义。"一部经典作品是一本每次重读都好像初读那样带来发现的书。"这句话,令我顿生欢喜。经典让人循着精神生命的常青树,返回人类起源和发展的精神根基,聆听先知和智者的悟见。《道德经》说:"知人者智,自知者明。"阅读经典,聆听古人和今人或自我的对话,实现知人和自知,然后自觉而觉人。

十年经典研读路,每年我都要买一本《论语》和《道德经》,今年也不例外。这些经典书籍偶有学生借阅,却常常在我的催还声中不了了之。我以杨伯峻先生的《论语译注》和楼宇烈先生的《老子道德经注校释》为核心,今年扩展至刘文典先生的《庄子补正》、杨伯峻先生的《孟子译注》以及黄寿祺和张善文两位先生的《周易译注》。每一个对经典校释和译注的人,都是一个重新点燃经典之灯的人。明年,我仍将从心出发,注目经典燃灯者,直至通读"十三经",让内心之灯和经典之灯交相辉映,用阅读行动致敬经典、礼敬先贤。

诗意,是人生精神花园里无处不在的格调。其中,充满诗意的语言形式当数诗歌。诗歌,是诗人用文字留下的心迹,源于内心不由自主的诗意歌唱,等待着我们用声音发出精神的邀约,生成月圆是诗月缺是画的生命美学意蕴,回溯月有阴晴圆缺、人有悲欢离合、喜怒哀乐总是情的生命过往与情感体验。余冠英先生的《诗经选》《三曹诗选》《乐府诗选》,曹旭先生的《古诗十九首与乐府诗选评》,李山先生的《楚辞译注》,精审的注解和精彩的译文,让云雨雷电、山石河流、花草鸟雀甚至戈矛剑戟，都在我的精神花园里展开了一幅幅或精美或壮阔的画卷，诉说着先民先贤的日常生活世界及其所向往的精神家园。

品读新世界出版社"家藏四库"中的《乐府诗集》，乐府诗中生命情感的涌动，不断击中我的心弦。《战城南》中的阵亡者，《十五从军征》中的老兵，令生者喟叹战乱无情而珍视人生。再看那美丽的女子，又是多么的生动鲜活。《白头吟》："愿得一人心，白头不相离。"这样直白而有意境的诗句，在前些年还成了爱情诗中的网红。《子夜吴歌·春歌》："秦地罗敷女，采桑绿水边。素手青条上，红妆白日鲜。蚕饥妾欲去，五马莫留连。"来自吴地的这首"春歌"，用采桑起兴，歌咏罗敷不为富贵动心而拒绝达官贵人挑逗引诱的高尚品质。《陌上桑》："罗敷善蚕桑，采桑城南隅。""使君自有妇，罗敷自有夫！"同样歌咏罗敷采桑而拒绝轻狂"使君"的坚贞与睿智。《上邪》："上邪，我欲与君相知，长命无绝衰。山无陵，江水为竭。冬雷震震，夏雨雪。天地合，乃敢与君绝！"这又是何等痴情的歌唱！罗敷虽有其名，实乃众多史册无名女子之化身；《上邪》女子无名，堪称古往今来有名女子之心声。不胜枚举的诗歌及其蕴含的情感和塑造的人物形象，形成若隐若现的和声，成为我精神花园里的背景音乐。

文字有着内在的灵魂，吟诵便是用声音赋予文字生命的活力，用情感的活水融化时空的坚冰，唤醒文字的灵魂，再温暖我们的心灵。叶嘉莹先生的《古典诗歌吟诵九讲（附讲座光盘）》《给孩子的古诗词（讲诵版）》《与古诗交朋友》等著述，在平长仄短的吟咏诵读中，用声音演述"兴发感动"的姿态、表情和人生际遇，那些遥远的诗歌千载之下顿时恢复了往昔的生命。多年来所研读的《唐宋词十七讲》《小词大雅：叶嘉莹说词的修养与境界》《人间词话七讲》《中国古典诗词感发》《顾随诗词讲记》等书，两代学者讲述中的思想、观点和卓见，随着声音的律动，顷刻之间有了生命的回响。

读到布瓦洛的《诗的艺术》："万勿让一个元音流转得过于匆促，遇到另一个元音在中途发生冲突。精选和谐的字眼自不难妙合天然。要避免拗字拗音碰起来丑恶难堪；最有内容的诗句，十分高贵的意境，也不能得人欣赏，如果它刺耳难听。"

（布洛瓦著、任典译：《诗的艺术》，人民文学出版社，2009年）唐人卢延让的《苦吟》："吟安一个字，拈断数茎须。"我恍然大悟，古今中外的人，果真英雄所见略同：一首诗歌是声音的一段生命之旅，诗歌把声音作为眉目、表情和身姿，对心灵进行传神写照。我相信那些不朽的经典，都是生命书写的诗行，需要我们歌唱。《诗经》的风雅颂，可以歌唱；《论语》的师生对话，可以歌唱；《道德经》的语录体韵文，可以歌唱；《学记》的教育箴言，可以歌唱。我在精神花园里，或浅吟低唱，或引吭高歌，兴之所至，一片诗情。陈琴老师的《经典即人生：文字是修正心灵的良药（附3DVD）》、薛瑞萍老师的《诵读课（配课堂实录光盘）》、孔海钦先生的《论语课本（附光盘）》等，先后在我的精神花园里生根发芽，经典诵读恰似金声玉振，精神花园随之成为诗意与哲思的美境。

在读日本作家井上靖的《孔子》和钱穆先生的《孔子传》时，一边细读，一遍遥想《论语》中诸多说话者的音容笑貌。我猛然发现，人物传记是精神花园里的桥梁。若想抵达前贤时俊的精神世界，人物传记比诗歌更直白，比小说更确切，比戏剧更具体。周汝昌先生的《泣血红楼：曹雪芹传》和王充闾先生的《逍遥游：庄子传》，洞幽烛微，或长于精密考证，或挖掘微言大义。我站在这些桥梁上，回味《红楼梦》和《庄子》的精妙与哲思，遥想无限的精神风景。

在春光明媚的精神花园里，有一座桥梁铭刻着献词："献给所有为国家献身的人。那英挺有大志的父亲，牧草中哭泣的母亲，公而忘私的先生；那唱着《松花江上》的东北流亡子弟，初识文学滋味的南开少女；含泪朗诵着雪莱和济慈的朱光潜；那盛开着铁石芍药的故乡，那波涛滚滚的巨流河，那深邃无尽的哑口海……"犹如汉白玉上凸出的鎏金大字，在洁白质地上，字字熠熠生辉。这便是齐邦媛女士的《巨流河》，河水呜咽，讲述着祖、父、女几代人的家国情怀。无独有偶，叶嘉莹先生的《红蕖留梦：叶嘉莹谈诗忆往》，梦境依稀，更述说了祖、父、女以及师生几代人的家国情怀。也许，叶嘉莹先生的"构厦多材岂待论，谁知散木有乡根。书生报国成何计，难忘诗骚李杜魂"，这些饱含热泪的诗句，足以倾诉海外游子的共同心声。

诗人雪莱说：冬天到了，春天还会远吗？时值寒冬，我却感到我的精神花园有四季，在时间维度上有着四季轮回，在空间维度上可以四季同现。每一本书都是一个人生四季，经过阅读会成为我们人生世界里或近或远的风景。我愿意在人生的精神花园里，当一个农夫，耕种一片教育的天地，丰衣足食，怡然而乐。在新的一年里，两年前已经摆上书架的《人是教育的对象：教育人类学初探》《林哈德和葛笃德》等人民教育出版社的这套"外国教育名著丛书"和《课程愿景》《学校课程史》等教育科学出版社的这套"世界课程与教学新理论文库"，自然应该继续读下去。甘当农夫的我，读了源创图书编辑李玲老师赠送我的《教与学的秘密：解读佐藤学的课堂教学观》等书，在精神花园里迟早会发现万物生长的秘密和大道。

博尔赫斯说："如果有天堂，应该是图书馆的模样。"我想，一座人生的精神花园就是人间的天堂，在自己的书房里手不释卷，立躺坐卧，悉听尊便，畅享人类思想的盛宴，焕发思想的生机与活力，有一天自己也许会成长一棵绿意葱茏的树。